한국전쟁 발발 전후 미국의 개입정책 분석

미국의 전략문화와
한반도 개입정책

한국전쟁 발발 전후 미국의 개입정책 분석

미국의 전략문화와
한반도 개입정책

하성우 **지음**

올해는 한미동맹 70주년이 되는 뜻깊은 해이다. 하지만 세계의 경찰 역할을 담당했던 미국 주도의 단극체제를 시험이라도 하듯 러시아-우크라이나에 이어 중동의 이스라엘-하마스 간에도 전쟁이 한창이다. 많은 이들이 다음은 어딘가 하고 걱정한다. 동아시아에서 전쟁이 발발한다면 양안 사태에 이어 두 개의 대규모 전쟁을 감당할 역량이 제한된다는 전제하에 북한의 남침공격을 우려하는 분들이 많다.

태평양전쟁 직후 일제의 압제 아래 신음하던 한반도를 해방하고 군정을 실시하였던 미군은 한국 정부가 수립되자 한반도에서 철수하고 말았다. 6.25전쟁 발발 직전 주한미군 철수를 중지해 달라는 이승만 대통령의 간곡한 호소, 군정사령관 하지 장군의 미군 철수 반대, 그리고 현지 조사를 수행했던 웨드마이어 장군의 주한미군 철수를 반대하고 한국군의 무장을 대폭 강화해야 한다는 정책 건의에도 불구하고 주한미군 철수를 멈출 수 없었다.

뒤이은 극동방위선에서 한반도를 제외한다는 애치슨의 발표는 안 그래도 호시탐탐 적화를 노렸던 스탈린과 김일성에게 공교롭게도 남침의 초대장이 되고 말았다. 그동안 우리는 제2차 세계대전 이후 급격한 감군과 동원해제를 단행했던 미국이 6.25전쟁을 기회로 재무장을 시도한 게 아닌가, 혹은 미국이 6.25전쟁을 유도한 것은 아닌가 하는 의구심을 가진 많은 문헌을 보아왔다. 일각에서는 NSC-68이 미국의 재무장을 위한 남침유도설의 확실한 증거라고 오해도 해왔다.

역사적 사실은 하나인데 이를 해석하는 방편은 여러 갈래가 있다. 이런 다양한 의견에 비추어 진실을 밝히는 귀한 저서가 출간되었다. 왜 미국은 6.25전쟁 직전에 한국의 간곡한 군사력지원 호소를 뿌리쳤던가에 대하여 간략하게 넘어갔던 부분에 대하여 그 배경을 미국의 전략문화를 통해 명쾌한 시각으로 정리한 명저가 본서이다.

제2차 세계대전 종전 직후 미국은 유일 핵보유국으로서 소련이 유럽에서 팽창정책을 펼치고 위성국을 확장해 나가는 시도에 대하여 장차 전쟁은 핵으로 봉쇄하겠다는 전략과 방침을 갖고 있었다. 하 박사는 이러한 소련에 대하여 미국이 대소련 작전계획으로 PINCHER, MOONRISE, GUNPOWDER, OFFTACKLE 등으로 대응하고자 하였음을 밝히고 각 계획이 가진 특징을 설명하고 있다. 이러한 대응계획이 있었음에도 한반도를 소홀히 다룬 이유가 무엇이었던지 그 배경을 구체적으로 논증했다.

이 책은 미국의 전략문화인 예외주의, 해양국가와 더불어 "정치와 군사의 분절"을 결정적 영향요인으로 보고 있다. 제2차 세계대전 직후 소련의 팽창을 저지하고자 트루먼 독트린과 마셜 플랜으로 그리스와 튀르키예를 보호하고 원조했던 미국은 동아시아를 상대적으로 소홀하게 생각하였다. 중국 대륙이 공산화되는 것을 막지 못한 최악의 정책 실패에도 불구하고 극동방어선을 38도선으로 올리지 못한 것은 또 하나의 정책 실패로 분석한다.

각 군 간의 이해조절을 위하여 국방부와 국가안보회의가 생긴 지 얼마 되지 않았고 미 합참도 제2차 세계대전 중에 생겨나 확고한 역할과 위상을 확보하지 못한 것도 하나의 요인이지만 역대 미국의 대외정책의 주도권을 미 국무부가 갖고 있었으며 정치와 군사의 분절이 초래한 정치의 실패로서 군의 독자적 영역 인정이라는 전략문화가 6.25전쟁 발발 전후 미국의 한반도 개입과정에 연속적으로 영향을 미친 사실을 규명하고 있다.

이러한 전략문화가 생성된 바탕에는 미국의 역사와 지리적 특성 그리고 문민 우위와 평시 강한 군대보유를 거부하는 미국의 독특한 사고방식이 있다고 저자는 주장한다. 이러한 부분은 전쟁이 다른 수단에 의한 정치의 계속이라는 클라우제비츠의 명제를 받아들이지 않은 문화 탓이라고 주장하고 이유를 밝혔다. 38도선과 극동방위선 간 상당한 간격이 발생한 것도 "정치적 목표와 군사적 자원의 불균형" 때문이었다고 저자는 강조하고 있다. 이 간격과 약점을 김일성과 스탈린이 정확하게 치고 들어왔다고 주장한다.

소련이 1949년 핵실험에 성공함으로써 미·소가 핵을 상호 보유한 상태로 시작된 6.25전쟁에서 미국은 핵 억지를 위한 적극적·선제적 사용 주장을 펼치지 않았다. 전쟁 중 미국은 4차례 핵 사용의 유혹을 받았다. 최초에 지연전과정, 중공군 대규모 개입 시, 장진호 철수작전 간, 그리고 휴전협상이 지지부진했을 때였다. 북한군의 공격 후 개입과 반격 과정에서 최초 미군은 해군과 공군력만으로도 반격할 수 있다고 판단했으나 맥아더의 한강방어선 시찰 후 지상군 파견을 결정하고 증원군을 보내고 지원을 위해 수백 회의 국가안보회의가 치열하게 전개되었던 과정도 낱낱이 밝히고 있다.

여태껏 나온 한국전쟁 발발 전후 미국의 한반도 개입정책에 관한 주장을 미국의 전략문화라는 시각과 기준으로 정리한 종합 결정판으로 보아도 충분한 명저이다. 6.25전쟁의 정치적 차원과 정책적 차원에서 숨 막히게 전개되었던 과정을 이렇게 알기 쉽게 정리하기가 쉽지 않았을 것이나 저자는 뛰어난 통찰과 종합적인 시각으로 이를 규명하고 저술했다. 장차 한반도에서 전쟁의 창이 다시 열리려고 할 때 전략문화에 기초한 미국의 군사적 개입정책을 가늠하고 적실하게 대응하는 데 이바지하리라 생각한다.

　저자 하성우 박사는 생도 시절부터 알았던 기갑병과 장교다. 육군대학 전술학처장 시절에 교관으로 같이 근무했다. 명확한 개념과 혜안으로 교범을 작성할 때도 기동전의 진수를 잘 포착하여 교리를 잘 정리하였고 "지략"이라는 저서도 편찬한 바가 있다. 이번에 학위논문을 책으로 펼쳐내었는데 우리가 잘 아는 듯한 착각에 빠지고 있는 6.25전쟁 시 미국의 한국전 개입과정과 정책에 대하여 이토록 잘 정리된 책자를 세상에 내놓는 노고에 감사하고 여러분의 일독을 권한다.

한국전략문제연구소장 주은식

역사란 과거에서 현재에 이르는 연속적 서사이며, 과거의 사실이 원인이 되어 현재의 산물로 이어진다는 견해는 너무 단선적이다. 왜냐면 역사를 구성하는 개별 행위가 결정되는 데는 원인적 과거 사실만이 아니라 현재 존재하는 각기 다른 방향성을 지닌 힘들이 복잡하게 작동하기 때문이다. 국내적인 정치·경제적 상황, 의사결정권자나 조직의 정치적 성향, 권력의 편중 정도, 주변국과의 역학적인 관계 등 여러 역동적 요인이 현재의 결정에 영향을 미친다.

그렇다고 우리는 역사의 개별 사건을 카오스적 산물로만 여기며 역사의 진행에 관한 지적 탐구를 소홀히 하지 않았다. 역사의 진행에 관한 맥락을 이해하기 위한 연구를 부단히 이어왔다. 앨리슨(Graham T. Allison)은 1962년 쿠바 미사일 위기에 대한 케네디 정부의 의사결정을 합리적 의사결정모형, 조직과정모형, 관료정치모형 등 세 가지 배타적인 모형으로 분석한 바가 있다. 이 중에서 지배적인 위치를 차지해 온 것이 합리적 의사결정모형이다. 이는 전략적 의사결정 주체인 국가 또는 정부가 일관된 선호, 목표, 평가 기준을 가지고 합리적이고 단일적인 결정자로서 국가의 목적을 극대화하기 위한 대안을 선택한다는 이론이다.

하지만, 합리적 의사결정이론은 냉전기 핵 경쟁에서 소련이 비용과 효용에 의해 합리적인 결정을 내릴 것이라고만 기대할 수 없는 현실을 맞닥트리게 되었다. 그래서 각국이 처한 고유의 특성에 기초하여 의사결정을 돌아보는 전략문화이론이 자연스레 등장하였다. 전략문화는 1977년 스나이더(Jack L. Snyder)에 의해 처음 사용된 이후 1990년대에 이르러 체계화되었다. 전략문화이론이 정책 선호에 대한 분석 틀을 제공할 수 있는가라는 논쟁은 여전히 존재한다. 초기의 전략문화 대표 이론가인 그레이(Colin S. Gray)와 존스턴(Alastair I. Johnston)도 전략적 행위를 둘러싸고 있으면서 선택을 한정하는 환경으로서 전략문화의 존재에 대해 공감하였다. 하지만 전략문화의 범위에 대해서는 차이가 있었다. 그레이는 전략문화가 갖는 다양한 요소를 모두 강조하고 담아내야 한다고 주장했지만, 전략문화의 모호성만을 키웠고 실상 도출한 전략문화가 너무 간략하다고 비판을 받았다. 존스턴은 키 텍스트에서 전략문화를 모델링하여 인지 지도(Cognitive map)로 나타냄으로써 전략적 선호를 가시화하는 전략문화 연구방법론을 정립하였다. 하지만, 선택한 전략문화를 대표하는 키 텍스트가 항상 존재하는지, 키 텍스트가 전략적 행위의 정당성을 위해 변론적으로 해석하거나 조작되지 않았는지 등의 의구심을 완전히 제거할 수 없었다. 전략문화 연구는 두 이론가의 주장 언저리쯤에서 여전히 논쟁을 이어가고 있다. 하지만, 전략문화이론은 합리적 의사결정이론의 성긴 간극을 메꿀 수 있는 이론으로 자리매김하였으며, 국제정치 연구에서 중요한 분석의 틀로써 활용되고 있다.

본서는 전략문화이론을 토대로 미국의 한반도 문제에 대한 개입정책을 조망하고자 한다. 미국은 21세기 시작과 더불어 장기간 지속한 테러와의 전쟁을 성과 없이 끝낸 이후 대규모 전쟁을 염두에 둔 대중국 전략으로 전환하였다. 미국은 지역 분쟁에 대한 개입으로 특정 지역에 미군 전력이 고정 운용되는 것을 피하고자 한다. 미국이 개입을 고려할 수 있는 전략적 이익 지역은 유럽 지역, 중동 지역, 대만해협, 한반도 지역이다. 이 중에서 유럽과 중동 지역에서 우크라이나-러시아 전쟁, 이스라엘-하마스 전쟁이 연이어 발생하였다. 이런 혼란한 틈을 이용한 중국의 대만 공격 가능성이 점쳐지고 김정은의 오판에 의한 한반도 전쟁 발발 가능성도 우려되고 있다. 다수 지역에서 동시 전쟁수행에 한계가 있는 미국은 다정면에서 전쟁 발생으로 고민되는 상황에 놓이게 되었다. 과연 장차 한반도에서 전쟁이 다시 발발한다면, 미국이 지상군을 포함하여 즉각적인 개입을 결행할 수 있을까 하는 의문이 제기된다.

우리는 한미동맹의 연방방위체제에 기반하여 대북 억제와 대응을 지속해 왔다. 북한이 비대칭적 무기인 핵무기와 장거리 투발수단을 확보하고 보복타격 능력을 확보하기 위해 핵무기의 수적 확대와 더불어 SLBM, 극초음속 다탄두탄을 개발하고 있는 현실에서는 더욱 그렇다. 이런 상황에서 확장억제력을 포함한 미국의 한반도 개입정책은 우리의 안보에 더 중요해졌다. 한반도 유사시 미국의 개입에 대해 의구심을 갖는 것 자체가 방위력을 약화할 수 있기에 지금껏 터부시되어 왔다. 자체 핵을 갖지 못한 우리가 적에게 감내 못 할 피해를 줄 수 있는 재래식 고위력 미사일만으로 완전한 대북억지력을 갖추기 어려운 현실 탓이다.

본서는 미국의 한반도 개입에 관해 조망하기 위해 한국전쟁 발발 전후 시기를 사례로 하여 미국의 전략문화 관점에서 미국 한반도 개입정책을 고찰하고자 한다. 한국전쟁 발발 전후 미국의 한반도 개입정책은 소극적인 개입에서 적극적인 개입으로 전환한 것으로 보인다. 미국이라는 거대 행위자가 한국전쟁 발발 전후에 각각의 전략적 선택을 사안별 기대와 효용에 기초하여 단편적인 결정을 이어갔다고만 볼 수는 없다. 미국의 개입정책 선택에 내재된 정책적 선호, 즉 정책적 연속성을 미국의 고유 특성인 전략문화를 통해 고찰하였다.

이를 위해 먼저 미국 전략문화를 도출하는 것부터가 큰 도전이다. 일국의 전략문화를 구성하는 요소는 매우 다양하지만, 연구목적에 부합하도록 지속성과 차별성 있는 요소로 한정하여야 했다. 이러한 과정을 통해 도출한 미국 전략문화를 기초로 한국전쟁 발발 전후 한반도 개입정책의 기저에 놓인 일정한 맥락을 확인하였다. 동시에 미국 전략문화가 한국전쟁 발발 전후 미국의 한반도 개입정책 선택의 저변에서 연속성 있게 작동하고 있음도 확인하였다. 도출한 미국 전략문화를 기초로 장차 한반도 유사시 미국의 개입정책에 대한 조망을 도와 우리의 효과적인 전략적 대응을 도울 수 있으리라고 기대를 하게 한다.

본서는 박사학위 논문을 다듬어 출간하는 것이다. 책을 펴내는 일에 언제나 머뭇거려지지만, 공유하고픈 메시지가 가져온 맥놀이를 못 이기고 또 이렇게 세상에 내보내려 한다. 책 속엔 여전히 영글지 못한 생각도 없지 않을 테지만, 국가 안위를 위한 그간의 주장이 미처 채우지 못한 틈을 조금 더 메꿀 수 있으리라는 바람으로 맘을 다잡아본다.

책을 펴내기까지 감사드릴 분들이 많다. 먼저 논문 작성 간 지도와 심사를 통해 큰 가르침을 주신 김동엽 교수님께 큰 감사를 드린다. 또한, 전략문화 연구방법론에 관한 논쟁 속에서 연구의 마무리에 큰 힘을 실어 주시고 심사해 주신 김근식 교수님, 황일도 교수님, 정한범 교수님, 정재욱 교수님께도 감사드린다. 주류 국제정치 이론과 전략문화이론의 관계에서 방향성을 지도해 주신 박후건 교수님께도 감사드린다. 그리고 박사학위 논문을 흔쾌히 단행본으로 출간해 주신 한국학술정보(주)와 편집에 수고해 주신 양동훈 님께 감사드린다.

누구보다 부모님께 깊이 감사드린다. 몇 해 전 작고하신 아버지의 근학 정신과 어머니의 한결같은 근면하심이 이 모든 것의 원동력이었음을 고해 드리며 보람이 되셨기를 못내 바라본다. 또한, 늘 격려와 신뢰를 보내 주신 처부모님께도 감사드리고, 정성으로 뒷바라지해 준 아내와 응원을 보내 준 두 아들, 정욱, 재욱에게도 고마움을 전한다. 끝으로 늘 함께하시는 하나님께 모든 영광과 감사를 올린다.

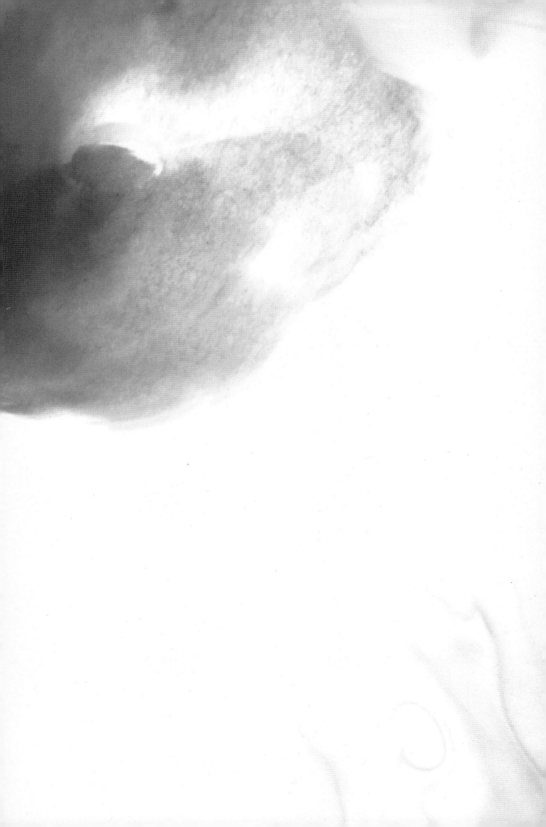

I

서론

1. 문제 제기: 한국전쟁 전후 미국의 개입정책 재분석

　미국은 1871년 강화도 원정에 실패한 이후 7년 만인 1878년 조선의 개항을 재차 시도하였다. 마침내 미국은 1882년 5월 22일 서양 국가 중에서 가장 먼저 조선과 조미수호통상조규(朝美修好通商條規)를 체결하였다. 이후 미국은 조선에 전권공사를 보내고 근대식 군사교육을 위해 군사교관을 파견하였으며 최초의 사관학교인 연무공원(鍊武公院)을 설치하였다.[1] 하지만 미국은 한반도에서 일본의 지배권을 사실상 인정하는 결과를 낳은 1905년 가쓰라-태프트 비밀 협정(Katsura-Taft Agreement)을 체결한 이후 주한미국공사관을 즉각적으로 철수하였고, 사실상 외교관계를 단절하였다. 외세의 침탈 속에 의탁할 곳 없던 조선의 하염없는 기다림에도 미국은 태평양 너머로 사라져 돌아오지 않았다. 다만 일제 강점 시기에 태평양 전쟁 간 대일전을 위한 정보 수집 목적으로 임시정부의 광복군, 중국·미국 내 한인과의 한미군사합작훈련이 있었을 뿐이다.

　미국이 한반도 문제에 다시 등장한 것은 1945년 태평양 전쟁에서 패망한 일본군의 무장해제를 위해 남한에 군대를 진주한 때부터다. 이때로부터 미국은 한반도 문제에 직·간접적으로 관여하였고 미국의 개입은 줄곧 한국의

1　남정옥, 『한미 군사 관계사』 (서울: 국방부 군사편찬연구소, 2002), pp. 17-102.

안보에 중요한 변인이 되어 왔다. 특히 북한이 비대칭 무기인 핵무기와 다양한 투발수단을 개발하고 미·중의 전략적 경쟁이 심화하고 있는 21세기에 이르러 미국의 한반도 개입정책은 우리 안보에 더욱 중요해졌다.

　미국은 2022년 국방전략서(National Defense Strategy)에서 지역분쟁에 대한 개입정책에 있어서 변화가 필요함을 언급하고 있다. 미국은 전략적 경쟁관계인 중국을 유일한 최대의 주적으로 지목하고, 중국과의 대규모 전쟁에 대비하기 위해 기타 지역 위협에 대한 개입 수준을 상당히 낮출 것을 선언하였다. 또한, 미국은 특정 지역의 위협에 한정하여 전력을 고정적으로 사용하는 것을 지양하고, 전략적 경쟁자인 중국에 대응하는 데 노력을 집중하려는 기조를 명확히 밝히었다. 미국은 지역 개입에 대한 축소 의지를 명확히 하고, 개입 여부에 철저한 기준을 적용하리라고 반복 주장하였다.[2] 미국이 전략서에서 이란과 테러리스트, 북한에 대해 방심하지 않는 태세를 유지할 것이라고 언급하였지만, 이들 국가와 대립 관계에 있는 당사국들은 해당 지역의 분쟁 발생 시에 군사강대국 미국의 개입 여부가 주요 관심사다. 북한과의 갈등이 재점화되고 있는 한국 역시 한반도 유사시에 미국의 적극적인 개입을 약속하는 수사적인 선언 이상의 확정적인 장치를 위해 노력하고 있다.

　미국의 개입정책은 역사적 사례에서 당사국의 예상과 다르게 전개되는 경우가 관찰된다. 최근 미군의 아프가니스탄 철수도 그러한 사례이다. 2021년 8월 30일, 20년간 진행되었던 아프가니스탄 전쟁은 마지막 미군 수송기의 카불 공항 이륙을 끝으로 막을 내렸다. 급작스러운 미군 철수로 인해 탈레반 정권을 피해 무려 12만 명의 아프가니스탄인들이 카불 공항을 통해 탈

2　Department of Defense, *The 2022 National Defense Strategy of the United States of America* (Washington, United States, 2022), pp. 7-12.

출하는 혼란이 빚어졌고, 미군은 약 9조 원 상당의 군사 장비를 탈레반 손에 남기고 떠나왔다.[3] 21세기 초 단일패권국으로 군사적 개입에 스스럼없었던 미국이 성과 없이 전쟁을 끝내며 준비되지 않은 모습으로 전장을 빠져나가는 모습은 전 세계에 충격을 안겨주었다. 미국은 20년에 걸친 아프가니스탄 개입에서 일순간에 빠져나와 불개입으로 돌아섰다.

미국의 한반도 개입정책 기조를 분석하는 데 한국전쟁 전후 시기 미국의 한반도 개입정책 선택을 살펴보는 일은 매우 가치가 있다. 왜냐하면, 미국은 20세기 중반 한반도 개입문제에서도 한국전쟁 발발을 전후하여 다른 선택을 했기 때문이다. 한국전쟁 발발 이전 신생 독립국 대한민국은 이념 경쟁의 혼란 속에서 다각적으로 미국의 군사지원을 요청하였다. 하지만, 미국은 주한미군 철수 이후 한국에 대한 군사적 지원에 있어 국내 치안 유지와 국경경비에 필요한 경무장 지원 이외에는 소극적이었다. 그런데 막상 전쟁이 발발하자 미국은 UN 안보리 결의, 해·공군 지원을 시작으로 지상군을 파견하는 등 한반도 문제에 적극적으로 개입하였다. 전쟁 발발 이전의 소극성에 견주어 본다면 예상 밖의 적극적인 개입이었다.

여기서 본 연구는 '한국전쟁 발발 전후 미국이 선택한 한반도 개입정책의 기저에 어떠한 연속성을 기대할 수 있는가'라는 의문을 제기한다. 동일한 트루먼 행정부에서 한국전쟁 발발 전후에 다른 개입정책을 선택했다. 합리적 의사결정이론은 미국이 한국전쟁 발발 전후에 선택한 정책이 기대와 효용에 따른 합리적 선택이었다고 말한다. 하지만, 본 연구는 미국이 국제정치의 거대 전략적 행위자로서 해당 시기별로 환경과 여건에 따른 합리적 선택만을

---

3 "美, 아프간에 9조 원 상당 군사 장비 남기고 철군", 뉴시스(2022. 4. 28.); https://www.newsis.com/view/?id=NISX20220428_0001851664(검색일: 2022년 9월 19일).

이어온 것 이외에 일정한 맥락이 있다고 보았다. 즉, 정책결정자들 사이에 존재하는 고유 특성에 기초하여 '정책적 선택의 밑바탕에 연속성이 존재한다'라고 가정하였다.

본 연구는 미국의 한반도 개입에 관한 정책적 선택의 기저에 존재하는 연속성을 발견하기 위한 분석 도구로 '전략문화'를 선택하였다. 전략문화 연구는 상대주의적이고 역사문화적인 관점에서 전략적 행위자의 고유 특성을 통해 정책적 선택을 이해하려는 연구방법이다. 즉, 동시적 관점에서 전략적 환경이 같더라도 다른 선택을 하는 전략적 행위자의 전략적 선호를 찾기 위해 전략문화적 연구가 시작되었다. 본 연구는 통시적 관점에서 지속성과 포괄성이 있는 미국의 전략문화 특징을 구분해 내고, 전략문화 특징을 통해 한국전쟁 발발 전후 정책적 선택의 기저에서 연속성을 발견하려고 한다.

따라서 본 연구는 먼저 미국이 정책적 선택을 하는 데 있어서 고유한 특성이 될 전략문화의 특징을 도출하는 데 많은 지면을 할애하였다. 미국 전략문화의 특징은 여러 관점에서 다양하게 도출할 수 있지만, 한국전쟁 발발이라는 외생변수에도 불구하고 전쟁 발발 전후에 걸쳐 지속성 있게 개입정책 선택에 영향을 미치는 특징 위주로 도출할 것이다. 도출한 미국 전략문화의 특징을 통해 한국전쟁 발발 전후 미국이 선택한 한반도 개입정책의 이유와 배경을 살펴봄으로써 선택의 기저에 존재하는 연속성을 확인할 것이다. 이 과정을 통해 역으로 적실한 전략문화의 특징만이 남게 될 것이다. 이로써 본 연구는 전략문화에 기초한 개입정책의 선택에 관한 분석이 합리적 의사결정이론의 부족한 부분인 개별 정책의 기저에 존재하는 연속성 측면을 보완할 수 있음을 입증하고자 한다.

2. 문헌 고찰

국내외의 관련 기존연구 노력을 살펴서 이를 보완하기 위한 본 연구의 방향을 설정하고자 한다. 본 연구를 진행하기 위해 살펴봐야 할 기존연구는 두 가지다. 먼저는 한국전쟁 발발 전후 미국의 개입정책 선택의 비교에 관한 연구다. 미국의 개입 자체에 관한 사실 연구보다는 한국전쟁 발발 전후에 선택한 개입정책을 비교하는 연구를 중심으로 살펴보았다. 그리고 미국 전략문화에 관한 연구이다. 미국의 전략문화가 가지는 특징을 도출하는 연구와 전략문화를 도구로 하여 현상을 확인하는 연구를 포함하여 살펴보았다.

(1) 미국의 한반도 개입정책에 관한 기존연구

미국은 한국전쟁 발발 이전에는 한반도에 대해 소극적 개입을, 발발 직후에는 적극적 개입을 택하였다. 이러한 미국의 선택은 당사국인 한국의 군사적 지원요청이나 지원에 대한 기대와는 달랐다. 한국은 전쟁 발발 이전에는 미국의 적극적인 지원과 주한미군의 주둔을 절실하게 요구했고, 전쟁 발발 직후에는 전쟁 이전 미국의 태도에 견주어 미국의 즉각적인 지원이 이뤄지지 않을 것이라고 우려를 하고 있었다. 한국의 요청이나 기대와는 달랐던 미국의 한반도 개입정책 선택의 배경에 관한 연구를 살펴볼 필요가 있다. 한국전쟁 발발 전후 미국의 한반도 개입 여부의 선택 배경에 대해 효과적으로 설명하는지를 연구하면서 현상에 대한 해석인지, 근원적인 이유와 배경을 통해 전쟁 발발 전후의 선택들을 관통하는 연속성을 설명하고 있는지에 주목하고자 한다.

온창일은 한국전쟁 이전의 '내키지 않은 단독안보개입'을 거부했던 정책은 한반도에서 손에 잡히는(tangible) 이익을 발견하지 못했던 것이 주요인이라고 보았다. 그리고, 전쟁 발발 이후에는 동·서 간 이념전에서 한국에서의 침략행위 저지를 위해 '전략적 가치에 따라 UN을 통한 개입'을 하였다고 주장했다. 전략적 가치 판단에 기초한 목표와 자원의 배분이라는 국가 이익 기반 정책 결정으로 설명하고 있다. 전쟁 발발 이후에는 미국의 명예를 위한 군사개입이었고, 중공군의 대거 개입이 있고 난 이후에는 명예로운 철수를 모색했다고 주장했다. 이런 주장은 미국의 전략적 이익과 명예에 기초한 전략적 선택이라는 현상적 이해에는 적절해 보인다. 하지만, 국가의 이익과 명예에 기초한 결정이라는 합리적 의사결정이론만으로는 단편적인 정책 선택을 넘어선 연속적 시각에서 저변에 놓인 일정한 맥락을 온전히 설명하지 못하는 면이 있다. 미국과 같은 거대 행위자가 정책을 선택하는 데 기초하는 미국의 고유한 특성에 대해 알고자 하는 주변 국가행위자의 갈급함을 해소하지 못하는 면이 크다.[4]

서용선은 미국의 한국전쟁 개입정책에 있어서 봉쇄정책과 NSC-68을 중심으로 분석하였다. 한국전쟁 발발 이전에 미국은 자원의 부족으로 인해 봉쇄정책에 있어서 내적 일관성을 유지하지 못한 현상에 주목했고, 전쟁 발발 직후에는 전쟁 전에 입안했던 NSC-68 완성을 통해 강력한 군사적 봉쇄를 넘어 반격(roll back)을 추구하기 위한 근거가 마련되었음을 제시한다. 하지만, 봉쇄정책 대비 군사자원의 불균형, 전쟁 발발 이후 NSC-68을 통해 재군비를 위한 개입이라는 현상 해석만을 제시하였다. 봉쇄정책과 NSC-68은 미국의 전략적 행위이며, 국가 안보전략의 말단에 존재하는 전략적 선택의 결과물이다. 전쟁 발발 전후 한국전쟁 개입에 대한 전략적 선택의 내면에 존

---

4   온창일, "美國의 對韓 安保介入의 基本態勢, 1945~1953", 『국제정치논총』, 25집 (서울: 한국국제정치학회, 1985), pp. 3-47.

재하는 지속성 있는 이유와 배경에 대한 분석은 보이지 않는다.[5]

김계동은 전쟁 발발 이전의 주한미군 철수 과정과 철수 이후의 소극적인 정책, 전쟁 발발 이후 한국전쟁 참전 결정 과정에서 이뤄진 미국의 전략적 선택에 대해 열거하고 미국의 전략적 판단과정 위주로 기술하였다. 특히, 전쟁 발발 이후 미국의 개입은 유엔헌장의 원칙을 지지하고 자유세계를 통솔하는 자부심을 앙양하고 서방세계의 집단안보체제에 대한 공신력을 유지하기 위해 개입했다고 기술하였다. 하지만 미국이라는 거대 전략행위자의 정책 선택의 이면에 존재하는 연속성 있는 배경에 관한 연구는 부족해 보인다.[6]

이상호는 미국이 한반도의 가치를 일본 방위를 위한 완충지대로만 생각하여 주한미군을 철수하였고, 전쟁이 발발하자 한반도가 적의 수중에 떨어지면 일본의 안보가 위협받고 태평양을 적과 양분해야 한다는 위기감으로 개입하게 되었다고 설명한다. 즉, 한반도 문제를 일본 방위를 위한 중요한 전제조건으로 바라보고 있었다고 논문은 분석하고 있다. 김남균[7]도 미국의 개입이 대소봉쇄정책의 방위거점인 일본이 위험에 처했기 때문에 이뤄졌다고 보았다. 두 연구는 공히 지정학적 이익에 근거한 합리적 선택이라는 측면에서 분석하였다. 이러한 지정학적 연구 접근도 여전히 전쟁 발발 전후 미국 정책 선택의 근원적인 배경에 관한 연구 접근으로는 부족하다.[8]

김철범은 관료주의 이론을 토대로 전쟁 발발 전후의 전략적 행위를 분석

---

5 서용선, "미국의 한국전쟁 개입정책에 관한 연구: 봉쇄정책과 NSC-68을 중심으로" (서울: 단국대학교 대학원 박사학위 논문, 1998).

6 김계동, "미국의 대한반도 군사정책변화(1948-1950): 철수 · 불개입정책에서 한반도 참전으로의 결정 과정", 『군사』, 제20호 (서울: 국방부 군사편찬연구소, 1990), pp. 141-187.

7 김남균, "6 · 25전쟁기 대통령 트루먼의 전쟁지도", 『군사』, 제87호 (국방부 군사편찬연구소, 2013), pp. 1-24.

8 이상호, "미국의 한국전 개입과 태평양안보정책", 『미국사연구』, 제9집 (서울: 한국미국사연구회, 1999), pp. 149-181.

하였다. 전쟁 발발 이전의 철군이 전략적 가치를 낮게 평가한 미 육군과 군사·경제 원조가 한국의 국가 생존에 절대적이라는 국무부 간 타협의 결과라고 분석했다. 전쟁 발발 이후에 신속한 개입은 전쟁 발발이라는 변수에 의해 집단 간의 갈등이 해소되었기 때문이라고 보았다. 미국이라는 행위자의 전략적 선택을 관료집단 사이의 갈등 측면에서만 분석하고 있어 과도하게 단순화한 한계가 있으며, 전략적 선택의 근원적 분석이 부족하다.[9]

남주홍은 미국의 개입은 사전에 계획된 것이 아니었으며, 소련이 얄타체제에 도전하기 위해 북한의 남침을 허락한 것으로 간주하여 대소 관계 인식을 변경하고, 기선을 제압하기 위해 투입했다고 주장하고 있다. 전략환경과 미국의 인식에 기반하여 분석하고 있지만, 근원적인 이유와 배경이기보다는 합리적 의사결정이론에 기초한 현상에 대한 해석에 가깝다.[10]

미국의 한국전쟁에 관한 연구는 한국전쟁 발발 전후 미국의 개입정책을 비교하는 연구는 부족했다. 한국전쟁의 기원, 미국의 전쟁지도와 수행 등에 관한 연구가 주를 이루었다. 한국전쟁에 관한 학위논문으로는 기비(Bryan R. Gibby)가 한국에서 미 군사고문의 한국군 조직, 훈련, 멘토링 등 양병 임무에 대해 분석하였다.[11] 제이콥슨(Mark R. Jacobson)은 한국전쟁 중 심리전 수행에 대해 분석했고,[12] 영(Charles S. Young)은 전쟁 포로에 관해 연구하였다.[13] 미국 내 학위논문 중에서 미국의 개입정책에 관한 연구는 없었고, 한국

---

9   김철범, 『한국전쟁과 미국』 (서울: 평민사, 1995).

10 남주홍, 『한국전쟁의 정치외교사적 고찰: 미국의 참전』 (서울: 평민사, 1889).

11 Bryan R. Gibby, *Fighting in a Korean War: The American advisory missions from 1946-1953* (The Ohio State University, 2004).

12 Mark R. Jacobson, *Minds then hearts: United States political and psychological warfare during the Korean War* (The Ohio State University, 2005).

13 Charles S. Young, *Name, rank, and serial number: Korean War POWs and the politics of limited war*

전쟁 지도와 수행에 관한 연구가 그나마 소수 존재하고 있었다.

한국전쟁 발발 전후 미국의 대한반도 개입정책에 관한 기존연구는 합리적 의사결정(Rational Decision Making) 이론을 통한 정책적 선택의 배경 연구, 그리고 선택의 결과로 나타난 현상에 대해 합리적 의사결정이론에 근거한 해석이 주를 이루었다. 이는 미국 국가 이익에 비추어 가능한 대안을 분석하여 최적의 결과를 얻거나 문제를 해결하거나 목표를 달성하고자 한다는 논리이다. 하지만 현실에서는 제한된 시간과 정보, 복잡한 상황 등으로 인해 완벽히 합리적인 의사결정은 제한된다. 합리적 의사결정이론이 개별 전략적 선택과 배경을 설명하는 데는 유용하겠으나, 전략적 선택들에 내재된 연속성이라는 시각을 통해 개별 정책적 선택을 바라보는 시각은 부족하다.

한국전쟁 발발 이전에 북한의 무장강화로 남북한 군사력의 불균형 심화, 중국의 공산화와 소련의 핵 개발로 핵에 의한 전쟁 억지나 38도선에서의 대소봉쇄가 제한되는 현실에서도 한반도에 대한 소극적 개입을 공개적으로 노출했던 사실은 합리적 의사결정이론만으로 설명하기에는 제한된다. 또한, 전쟁 발발 직후 미국의 명예나 국제사회에 대한 책무라는 측면에서 적극적 개입을 선택하였다고 주로 해석하고 있으나 전쟁 발발 전후에 연속성 있는 미국의 정책적 선호를 말해 주지는 못한다.

현상적 해석에 치중하는 합리적 의사결정이론에 의한 분석은 개별 정책결정을 넘어 '정책적 선호의 연속성에 대한 탐색 노력'이 필요해 보인다. 한반도 위기상황 전후에 미국의 개입정책에 대한 고유한 정책적 선호를 찾아내는 노력이 필요하다. 즉, 개별적인 정책적 선택의 이면에 정책결정자도 의식하지 못하는 정책적 선호를 갖게 하는 고유한 특성의 존재를 분석해 내는

(Rutgers The State University of New Jersey-New Brunswick, 2003).

일이 필요하다.

　합리적 의사결정이론 이외에 미 육군과 국무부의 갈등과 타협이라는 관료정치 모델, 일본 방위를 위한 수단으로 한반도를 바라보는 지정학적 접근 등을 통한 기존연구가 있었다. 이들 연구는 의사결정 결과를 특정 관점을 통해 분석하는 현상 해석의 다양한 접근이다. 하지만, 미국이라는 거대 행위자의 정책 결정에 연속성이 존재하리라는 본 연구의 가정적 시각에서 바라본다면, 정책 결정에 대한 선호에 관한 연구와는 상당한 거리가 있어 보인다.

(2) 미국 전략문화에 관한 기존연구

　전략적 행위자가 같은 외부환경과 조건에도 불구하고 다른 정책적 선택을 하는 현상을 분석하기 위해 행위자의 고유 특성인 전략문화를 돌아보는 연구가 1970년대부터 시작되었다. 전략문화는 합리적 의사결정이론으로 설명하기 곤란한 전략적 행위자나 전략적 선택을 분석하는 데 유용한 도구를 제공하기도 하고, 본 연구처럼 개별 정책의 밑바탕에 있는 연속성을 발견하게도 한다. 한국전쟁 발발 전후 미국의 개입정책에 관한 기존연구 중에 전략문화에 기초한 분석 사례는 없었다. 국내적으로는 미국 전략문화에 관한 연구사례 자체도 많지 않았는데 학위논문은 아직 없었고 학술논문이 소수 존재한다.

　양희용은 이라크 자유 작전에서 미국 전략문화의 관점을 빌려 문화적 요인과 정책결정자의 전략적 선택 간의 상관관계를 추적하였다. 미국의 대외정책과 전략적 선택에 영향을 주는 대표적인 전략문화의 특징을 반클라우제비츠적 전통, 자유주의적 이상주의, 극단성과 절대적 승리를 제시하였으나 각각의 특징을 도출하는 과정을 명시하지는 않았다. 전략문화의 관점에서 이라크 전쟁을 분석하여 전략적 목표와 수단의 심각한 괴리가 발생했고, 일시적인 전쟁의 정치 수단화 현상은 성찰 과정을 거치면서 전통적인 전쟁과 정치의 분절로 회귀하였음을 분석하였다. 미국의 전략문화를 통해 개괄적으로 나마 이라크 자유 작전을 분석한 것은 의미 있는 연구사례다. 하지만, 양희용의 연구는 미국 전략문화의 특징을 도출하는 구체적 과정을 제시하지 않았으며, 전략문화의 특징이 개별 전략적 선택에 영향을 미치는 작동과정을 세세히 제시하지는 않았고 전쟁 전반에 영향을 미친 결과만을 일반적으로 제시하였다는 점에서 아쉬움이 남는다.[14]

김영준은 전략문화가 아닌 전쟁수행방식, 전쟁문화라는 단어를 사용하여 미국의 정책적 선호를 살펴보았다. 캔자스(Kansas) 대학 역사학과 교수인 루이스(Adrian R. Lewis)의 연구결과를 인용하여 미국의 전쟁문화를 헌신의 공정성, 부와 소비의 문화, 스스로 획득한 부를 철저히 개인이 소비할 권리와 자유, 과학 기술을 신뢰하는 문화, 인명을 중시하는 인권 중심의 문화로 제시하였다. 그리고 미국이 제2차 세계대전 이후 왜 지속해서 전쟁에서 패배하고 있는지를 전쟁수행방식을 통해 분석하였다. 먼저 인명을 중시하고 과학 기술을 맹신하는 미국의 문화가 공군, 화력 중심의 전쟁수행방식만으로 승리할 수 있다는 착각을 나왔다고 말한다. 또한, 과학 기술 중심의 전쟁문화가 헌신에의 공정성을 파괴하여 국가 존립 자체를 위협한다고 보았다. 특히 한국전쟁이 제1·2차 세계대전과 달리 제한전으로 수행되면서 전쟁은 군인의 몫으로 남게 되었으며, 국민과 전쟁의 괴리현상은 월남전에서 극심해졌다고 분석하고 있다. 그러면서 실패한 방식으로 나아가는 미군을 맹목적으로 따라가려는 한국군의 태도를 강하게 지적하고 있다. 루이스의 연구결과를 소개하는 형식으로 정책 선호의 기반에 존재하는 고유한 문화를 제시하고, 이

---

14 양희용, "미국 전략문화의 관점에서 본 이라크 자유 작전", 『국제관계연구』, 24(2) (2019), pp. 73-110.

를 분석의 틀로 하여 파생되는 문제점을 제시하였다. 그러나 전략문화의 도출과정과 전략문화의 작동을 추적하기 위한 역사 사실에 대한 분석이 부재하여 전략문화 연구의 일반적 모습과는 차이가 있었다.[15]

이처럼 전략문화에 관한 많지 않은 국내연구 사례의 주 연구대상은 북한이고, 그다음이 중국이다. 미국 전략문화 연구 노력이 많지 않은 이유는 미국이 북한이나 중국과 비교해 정보공개법에 따라 공식자료들이 지속적으로 공개되고 있어 정보 접근이 쉬우므로 합리적 의사결정이론으로 접근할 수 있다고 생각하기 때문이다. 70년 넘는 미국과의 동맹 관계 지속은 서로에게 익숙한 상대로 만들었다. 하지만, 외교의 특정 시기나 개별 정책으로 좁혀보면 전략적 선택의 배경은 확정적이지 않다. 또한, 전략문화 연구는 권위주의 체제에 정합성이 높다. 과거로부터의 유산이 교조적으로 대물림되는 경우에 전략문화는 정책적 선택에 더 강력한 영향력을 발휘하기 때문이다. 미국은 상대적으로 전략문화 분석에 잘 맞지 않는 나라라는 인식이 존재한다. 하지만 본 연구는 미국은 유럽 사회의 기존 질서와 다른 특유의 전략문화가 존재한다고 보았다.

미국 내에서 이뤄지는 전략문화 연구는 냉전기에는 소련과 공산권 국가, 냉전 와해 이후 부상하는 중국, 주변의 개별 국가와 지역 공동체 등에 관한 연구가 주를 이뤘다.[16] 자국의 전략문화에 관한 연구는 많지 않은데, 먼

---

15 김영준, "미국과 미군, 몰락하고 있는가?: 미국의 전쟁수행방식과 전쟁문화를 중심으로", 『전략연구』, 24(3) (2017), pp. 263-279.

16 2010년도 이후에 진행된 전략문화 관련 미국 내 전략문화 연구사례는 다음과 같다. Mohammad Eslami, and Alena Vysotskaya Guedes Vieira, "Iran's strategic culture: the 'revolutionary' and 'moderation' narratives on the ballistic missile program." *Third World Quarterly* 42.2 (2020), pp. 312-328; Christopher Reeves, "From Intervention to retrenchment: Poland's strategic culture and the 2011 Libyan Campaign." *Europe-Asia Studies* 71.7 (2019), pp. 1140-1161; Mark Beeson, and Alan Bloomfield, "The Trump effect downunder: US allies, Australian strategic culture, and

저 웨이글리(Russell F. Weigley)는 전략문화라는 용어가 등장하기 이전인 1977년, 미국의 '전쟁수행방식(American Way of War)'의 형태로 독립전쟁부터 베트남전쟁까지 미국 특유의 군사전략 개념을 제시한 바가 있다.[17] 이후 전쟁수행방식을 주제로 한 책들의 발간이 계속 이어졌으며, 최근 카빈(Stephanie Carvin)과 윌리엄스(Michael J. Williams)가 2014년 유사한 제목의 단행본을 통해 미국의 전쟁수행방식이 섬멸전과 제한전 사이에서 미국의 전쟁법 준수, 과학 기술 의존 성향에 따라 초정밀 무기체계를 통한 제한전으로 나아가고 있다고 주장하였다. 전쟁수행방식은 전략문화의 하위인 군사전략문화라고 간주할 수 있으나 해당 연구는 분석된 결과로서 전쟁수행방식의 특징을 제시하였을 뿐 도출과정을 제시하지 않았다.[18]

웨스트 플로리다(West Florida) 대학의 해리스(Brice F. Harris)는 '기술 의존적인 미국 전략문화'를 특징으로 제시하고, 이러한 특징이 네트워크 중

---

the politics of path dependence." *Contemporary Security Policy* 40.3 (2019), pp. 335-361; Alessia Biava, Drent Margriet, and Graeme P. Herd, "Characterizing the European Union's strategic culture: An analytical framework." *JCMS: journal of common market studies* 49.6 (2011), pp. 1227-1248; Fredrik Doeser, "Finland, Sweden and operation unified protector: The impact of strategic culture." *Comparative strategy* 35.4 (2016), pp. 284-297; Christopher Stone, "The implications of Chinese strategic culture and counter-intervention upon Department of Defense space deterrence operations." *Comparative Strategy* 35.5 (2016), pp. 331-346; Brice F. Harris, "United States strategic culture and Asia-Pacific security." *Contemporary Security Policy* 35.2 (2014), pp. 290-309; Andrew L. Oros, "Japan's strategic culture: Security identity in a fourth modern incarnation?." *Strategic Cultures and Security Policies in the Asia-Pacific. Routledge*, 2016, pp. 62-83; David G. Haglund, "What can strategic culture contribute to our understanding of security policies in the Asia-Pacific region?." *Contemporary Security Policy* 35.2 (2014), pp. 310-328; K. P. O'Reilly, "A Rogue Doctrine?: The role of strategic culture on US foreign policy behavior." *Foreign Policy Analysis* 9.1 (2013), pp. 57-77.

17 Russell F. Weigley, *The American way of war: A history of United States military strategy and policy* (Indiana University Press, 1977).

18 Stephanie Carvin, and Michael J. Williams, *Law, Science, Liberalism, and the American Way of Warfare* (Cambridge University Press, 2014).

심작전, 효과 중심작전으로 나타났으나 전략적 실패 위험이 존재한다고 지적했다. 또한, 기술에 대한 과도한 의존은 아시아 태평양 지역을 포함한 세계의 사람과 문화에 대한 이해를 저해한다고도 지적했다. 아시아 태평양 지역의 안보 역학적 부상에서 전략적 계산에 앞서서 역사적 연속성을 더 많이 고려해야 한다고 주장한다. 해리스는 미국 전략문화 전반을 분석한 것이 아닌 '기술 의존적 전략문화'라는 부분적 특징을 제시하고 아시아 태평양 지역 안보에 대한 영향을 분석하였다.[19]

오레일리(K. P. O'Reilly)는 전략문화가 외교정책에 미치는 영향을 탐구하기 위해 냉전 이후 미국 전략문화 중 '불량국가 독트린(Rogue Doctrine)'의 발전상을 살펴보았다. 이 독트린이 전략적 선택을 제한하여 불량국가로 낙인찍힌 국가에 대한 공격적인 정책을 초래했다고 주장한다. 클린턴(William J. Clinton)과 부시(George W. Bush) 정부의 군사작전을 분석한 결과, 불량국가로 인식 여부에 따라 뚜렷한 차이를 보였음을 확인했다. 불량국가를 다룰 때 정책결정자들은 더 공격적인 전술과 무력 사용 경향을 나타냈다고 분석하였다. 이 연구 역시 미국 전략문화 특징 중 하나인 선악 분립에 의한 '불량국가 독트린'에 한정하여 그 영향을 분석하였다.[20]

아담스키(Dima P. Adamsky)는 미국의 군사혁신 방향을 미국 전략문화적 측면에서 고찰하였다. 먼저 군사혁신의 현실태를 돌아보고 이어서 미국 전략문화 요소를 제시한 후 결론에 가서 혁신 방향에 대해 고찰하였다. 전략

---

19 Brice F. Harris, "United States strategic culture and Asia-Pacific security", *Contemporary Security Policy*, 35.2 (2014), pp. 290-309.

20 K. P. O'Reilly, "A Rogue Doctrine?: The Role of Strategic Culture on US Foreign Policy Behavior", *Foreign Policy Analysis*, Volume 9, Issue 1, January 2013, pp. 57-77; https://doi.org/10.1111/j.1743-8594.2011.00171.x(검색일: 2022년 5월 3일).

문화의 요소로는 미국의 전쟁수행방식인 신속한 격멸과 화력에 의한 마찰, 전략적 사고, 안보에 관한 낙천적이고 공학적인 접근, 미국의 시간 접근 태도인 현재와 근미래, 민주주의적 전통으로 하의상달의 조직과 합참의 역할, 기술 의존성, 자기 민족 중심적인 성향 등을 제시하였다. 이 연구에서 전략문화의 도출과정은 제시되지 않았으며, 전략문화가 특정 변수로 활용되지도 않았다. 앞서 제시한 군사혁신 현주소를 전략문화를 통해 고찰하는 정도로 마쳤다.[21]

주변국에서는 미국 전략문화에 관한 연구 노력이 다수 확인되는데 그중에서 프랑스 장군인 데포르트(Vincent Desportes)가 타국인의 시각에서 미국의 전략문화를 통찰하여 냉철한 분석과 조언을 해 주고 있다. 전략문화에 대한 분석과정은 없으며 백과사전식으로 미국 전략문화 전반을 열거하고 있다. 주요 특징으로 특별한 종교적 운명, 섬나라 사람들의 군대, 실증적인 군사사상, 양적 우세 추구, 총력전 선호, 섬멸 전략, 미군의 제도적 취약점 등을 제시하고 있다. 미국과 미군이 가진 장·단점 전반에 대한 통찰결과를 제시하고 있음이 특징적이다. 다만 데포르트가 분석한 전략문화의 특징은 다양하고 폭넓은 세부특징을 포함하고 있어서 미국의 전략적 행위와의 상관관계 연구를 위한 분석 도구 또는 변수로 활용하기에는 어려움이 있다.[22]

미국 전략문화에 관한 기존연구를 살펴본 결과, 미국 내에서 '전략문화'라는 용어가 등장하기 이전에 미국의 '전쟁수행방식(American Way of War)'

---

21 Dima P. Adamsky, "American Strategic Culture and the US Revolution in Military Affairs," *Norwegian Institute for Defence Studies*, 2008; http://www.jstor.org/stable/resrep20325.2.(검색일: 2022년 5월 3일).

22 뱅상 데포르트, 최석영 역, 『프랑스 장군이 바라본 미국의 전략문화』(서울: 21세기군사문제연구소, 2013).

에 관한 연구가 존재했고 유사한 연구 산물이 이어지고 있었다. 이는 국가전략의 하위인 군사전략문화 개념으로 볼 수가 있다. 미국 내 자국의 전략문화에 관한 연구는 전략문화 전반의 특징이 아닌 부분적인 특징이 특정 분야에 어떻게 영향을 미치는가에 대한 분석이 주를 이룬다. 하지만 도출방법을 제시하지 않았으며 보편적으로 인정되고 있는 특징을 선택하여 분석 도구로 삼았을 뿐이다. 미국 이외의 국가 중에서 프랑스 장군이 바라본 미국 전략문화 연구는 전략문화 전반을 통찰하는 탁월한 산물이나 워낙 다방면에 걸친 특징을 제시하고 있어서 연구를 위한 분석 도구로 활용하기에는 제한되었다. 따라서 미국 내 자국의 전략문화에 관한 연구는 전략문화의 특징을 도출하는 과정, 지속성과 포괄성 있는 전략문화의 특징, 도출한 전략문화가 구체적으로 작동하는 과정 등이 제시되지 않았다. 구체적인 분석과정이 있어야만 도출된 전략문화 특징의 적실성이 검증될 수 있고, 통시적 관점에서 정책적 선호의 연속성을 입증하는 도구로서 적합한지를 따져 환류 과정을 거쳐 전략문화의 특징을 최적화할 수 있다.

3. 연구방법과 범위

선행연구를 검토한 결과와 연구목적을 토대로 설정한 본 연구의 방향은 다음과 같다. 먼저 미국 전략문화를 체계적으로 도출하고, 도출한 미국 전략문화의 특징이 한국전쟁 발발 전후 미국의 개입정책 선택의 기저에 놓인 연속성을 효과적으로 설명하고 있음을 확인하고자 한다. 이를 통해 연속성을 통해 정책적 선택을 살펴봄으로써 사안별 합리적 이유와 배경만으로 정책적 선택을 합리적 의사결정이론을 보완하여 개입정책의 선택을 설명할 수 있을 것이다.

　이를 위해 연구방법은 전략문화의 분석을 위해 컨텍스트(context, 맥락)적 분석방법을 적용하고, 사례에 대입하여 전략문화 특징이 전략적 행위에 일정하게 영향을 미치고 있음을 증명하기 위해 문헌 조사를 통한 역사 문화적 분석방법을 적용하고자 한다.

　우선 미국 전략문화를 도출하기 위한 '컨텍스트적 분석방법'은 전략문화는 역사 문화의 일부로서, '일정 사회는 역사적으로 형성된 산물이고, 그 사회가 전승하는 문화와 전통은 후세대의 사회화과정을 통하여 내면화된 문화 가치로써 뿌리를 내린다'라는 가정에 기초하고 있다.[23] 이 방법은 전략적 의사결정기구와 구성원 사이에 역사적으로 내면화되어 있어 맥락적으로 이해되는 문화가치를 살펴서 지속성과 포괄성이 있는 특징만을 선택하는 연구방법이다.

　컨텍스트적 분석방법은 해당 국가의 전략적 선택에 영향을 미치는 문화적 요소에 관한 분석방법이다. 이는 전략문화가 전략적 행위의 이해를 제공하는 컨텍스트(context, 맥락)라고 인식하는 것이다. 텍스트적 분석은 컨텍스트적 분석과 비교하면 변수 조작이나 주관성을 줄여서 연구 방법적인 면에서 더 튼실한 구조를 제공할 수 있다. 하지만 미국은 과거의 유산이 교조적으로 대물림되는 한정된 텍스트가 존재하지 않는다. 또한, 대외적으로 폐쇄성이 높은 북한, 중국, 구소련 등과는 달리 정보 공개가 자유롭고 개방성이 높아 한정된 텍스트만으로 전략문화를 추출할 수도 없다.

　컨텍스트적 분석은 미국의 전략문화를 연구하는 데 텍스트적 분석보다 더 적합하고 사실상 유일한 경로이다. 다만, 컨텍스트적 분석으로 도출한 전

23　안병영, 『현대 공산주의연구: 역사적 상황 · 이데올로기 · 체제변동』 (서울: 한길사, 1982), pp. 357-358.

략문화의 특징이 과도하게 확장되지 않고, 분석도구로서 적합하도록 지속성과 포괄성 측면을 고려하여 한정적으로 선택할 것이다. 또한, 전략문화 특징이 조작되지 않도록 한국전쟁 전후 개입정책의 선택에 내재된 연속성을 설명할 수 있는지를 살펴서 환류 과정을 통해 전략문화 특징을 최적화하였다.

그리고 분석된 미국 전략문화의 특징이 미국의 전략적 선택에 영향을 미치고 있음을 확인하기 위해 문헌 조사를 통한 '역사 문화적 분석방법'을 적용하고자 한다. 미국의 개입정책과 연관된 전략적 행위가 전개되는 과정에서 앞서 분석한 미국 전략문화의 특징이 어떻게 작동하는지를 문헌에 기록된 실제 행위를 통해 입증할 것이다. 더불어 전략문화가 전략적 행위에 대한 근원적인 배경을 제공하고 있는지를 부단히 반추될 것이며, 부단한 질문을 통해 적실성이 검증된 전략문화의 특징만이 최종적으로 기록될 것이다.

분석대상 문헌은 다양한 1차 자료를 중심으로 하였다. 이들 자료로는 미국 정부의 공식·비공식 문서와 개인의 기록들이다. 정부 문서로는 한국전쟁 초기 애치슨(Dean G. Acheson) 국무 장관의 지시로 작성된 후 정보공개법(The Freedom of Information Act, 1966)에 따라 70년대부터 공개된 '미 국무부의 대외 관계 문서철(FRUS, Foreign Relations of United States),[24] 한국전쟁 기간 미국의 전쟁지도기구 역할을 수행했던 국가안전보장회의(NSC, National Security Council) 문서,[25] 군사기구인 국방부(DoD,

---

24　U. S. Department of State, *Foreign Relations of United States*(이하 *FRUS*), 1946, Vol. 8, The Far East (Washington, D.C.: Government Printing Office, 1969); *FRUS*, 1947, Vol. Ⅵ, The Far East, 1973; *FRUS*, 1948, Vol. Ⅶ, The Far East and Australia, 1976; *FRUS*, 1950, Vol. Ⅶ, Korea, 1976; *FRUS*, 1951, Vol. Ⅶ, Korea and China, 1983.

25　U. S. National Security Council, NSC-8(1948. 4. 2.); NSC-8/1(1949. 3. 16.); NSC-8/2(1949. 3. 22.); NSC-48(1949. 6. 10.); NSC-48/1(1949. 12. 23.); NSC-48/2(1949. 12. 30.); NSC-48/3(1951. 4. 26.); NSC-48/4(1951. 5. 4.); NSC-48/5(1951. 5. 17.); NSC-68(1950. 4. 14.); NSC-68/1(1950. 9. 21.); NSC-68/2(1950. 9. 30.); NSC-68/3(1950. 12. 8.); NSC-68/4(1950.

Department of Defense)와 합동참모본부의 문서'[26] 등이다. 개인의 기록에는 주요 정책결정자와 군 장성들의 회고록 및 전기,[27] 그 외에 의회 기록이나 주한 미국대사 무초(John J. Muccio)와 국무부 사이 전신기록 등도 의사결정자들의 인식과 태도를 추적할 수 있는 중요한 사료들이다.

한국전쟁 발발 전후 미국의 개입정책 변화를 연구대상으로 하는 본 연구의 범위는 다음과 같다. 시간 면에서는 한국전쟁 발발 전후, 구체적으로는 1948년부터 1950년까지이다. 연구의 시점은 독립 이후 신탁통치에서 벗어나 정부 수립을 전후하여 UN에 한국 문제 이양과 주한미군 철수, 원조계획 수립 등 한국전쟁 발발과 연관된 미국의 전략적 행위가 집중적으로 발생했던 1948년이다. 연구의 종점은 전쟁 발발로 밀도 높은 전략적 행위가 이어져 미국 국가비상사태를 선포했던 1950년 말까지이다. 논의되는 사안에 따라 독립 이후 또는 한국전쟁 전체 기간까지 확대하여 통찰하는 경우가 부분적으로 있을 수 있다. 공간 면에서는 전쟁이 치러진 한반도를 주된 공간으로

---

12. 14.); NSC-80(1950. 9. 1.); NSC-81(1950. 9. 1.); NSC-81/1(1950. 9. 9.).

26 JCS 1483/47(1947. 11. 24.), JCS 1483/49(1948. 1. 15.), JCS 1483/58(1948. 11. 22.), JCS 1483/60(1949. 2. 1.), JCS 1483/72(1949. 7. 21.), JCS 1641/4(1946. 4. 6.), JCS 1641/5(1946. 4. 11.), JCS 1769/1(1947. 4. 29.), JCS 1776/3(1949. 6. 13.), JCS 1776/4(1949. 6. 20.), JCS 1776/6(1950. 6. 29.), JCS 1776/8(1950. 6. 29.), JCS 1776/9(1950. 6. 30.), JCS 1776/10(1950. 7. 1.), JCS 1776/16(1950. 7. 3.), JCS 1776/20(1950. 7. 6.), JCS 1726/5(1950. 7. 9.), JCS 1776/27(1950. 7. 10.), JCS 1776/39(1950. 7. 18.), JCS 1776/41(1950. 7. 19.), JCS 1776/54(1950. 7. 24.), JCS 1776/61(1950. 7. 28.), JCS 1776/62(1950. 7. 29.), JCS 1776/70(1950. 8. 5.), JCS 1776/76(1950. 8. 16.), JCS 1776/78(1950. 8. 21.), JCS 1776/96(1950. 9. 4.), JCS 1776/102(1950. 9. 13.).

27 Harry S. Truman, *Memoirs by Harry S. Truman, Vol. 2. Years of Trial and Hope* (Garden City, NY: Doubleday & Company, 1956); Dean Acheson, *The Korean War* (New York: W. W. Norton, 1969); Forrest C. Pogue, *George C. Marshall: Statesman* (New York: Penguin, 1987); George F. Kennan, *American Diplomacy, 1900-1950* (Chicago: University of Chicago Press, 1951); William Manchester, *American Caesar: Douglas MacArthur, 1880-1964* (New York: Dell, 1978); Schaller, Michael. *Douglas MacArthur: The Far Eastern General.* (New York: Oxford University Press, 1989).

하여 UN과 미국 전쟁지도 및 지휘기구가 위치한 공간을 포함한다. 연구대상 내용은 해당 시기에 이뤄진 한반도에 대한 미국의 개입정책과 관련한 전략적 행위가 된다.

본서의 구성은 앞서 제시한 연구방법을 통해 연구목적을 달성하기 위해 총 7개 장으로 구성하였다. II장에서는 전략문화이론을 고찰하여 전략문화의 작동원리에 대한 이론가들 사이의 논쟁을 검토하고 본 연구에 적용할 분석의 틀을 도출할 것이다. III장에서는 전략문화 형성에 영향을 미치는 주된 요소를 정하고 요소별로 컨텍스트적으로 분석하여 미국 전략문화와 세부 특징을 도출하였다. IV, V, VI장은 본 연구의 본론으로서 미국 전략문화의 특징들이 한국전쟁 발발 전후 미국의 개입정책 선택에 어떻게 영향을 미치고 있는지를 분석하여 정채적 선호의 연속성을 확인하였다. 끝으로 VII장에서 연구성과를 요약하고 기존연구와의 차이와 시사점, 본 연구가 가진 한계와 후속 연구과제, 전략적 함의 등을 제시하였다.

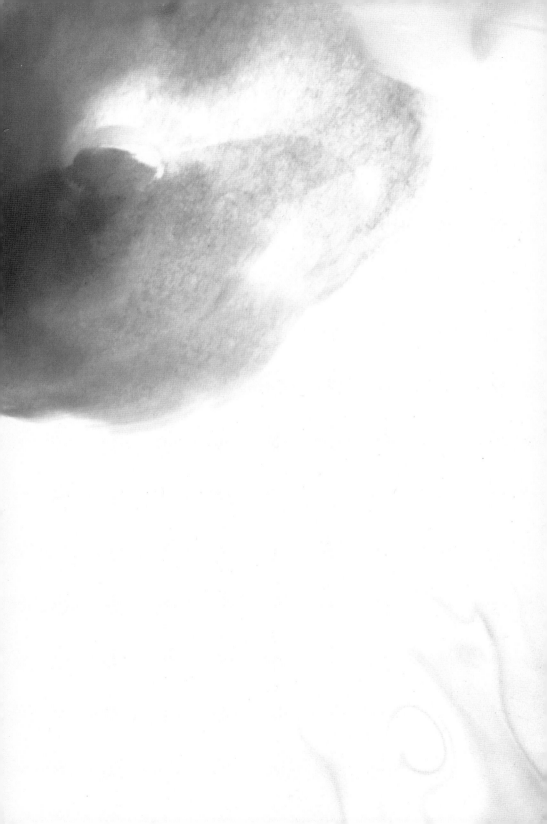

II

전략문화의 이론적
고찰과 분석의 틀

20세기 초, 해당 국가만이 지닌 고유 특성을 나타내는 표현으로 '전략문화'는 아직 사용되지는 않았고, '전쟁수행방식'이 사용되기 시작했다. 1924년, 리델 하트(B. H. Liddell Hart)는 『나폴레옹의 오류(The Napoleonic Fallacy)』라는 논문을 통해 적군의 주력에 맞서서 싸우는 나폴레옹의 소모적인 절대전쟁 개념을 비판하고, 영국은 예부터 '간접접근방식'의 전략적 전통을 갖고 있다고 하며 프랑스와의 차별화된 문화의 존재를 언급했다. 그로부터 약 50년 후인 1977년 미국의 군사가 웨이글리는 미국의 독립전쟁부터 베트남전쟁까지 미국이 전쟁을 수행한 방식을 분석한 『미국의 전쟁수행방식(The American Way of War)』을 발간했다. 그는 다른 국가들과 다르게 미국의 전쟁 수행에서 나타나는 독특한 전략문화적 특징을 제시했다.[1] 이처럼 전쟁의 주된 행위자인 국가가 가진 고유 특성인 전략문화의 존재를 인식하는 연구들이 20세기 초부터 있었다.

전략문화이론이 안보이론으로 자리를 잡기 시작한 것은 냉전체제가 와해하기 시작하고 안보문제에 대한 문화적 접근이 있으면서이다. 일반적이고 합리적인 접근으로 전략적 행위를 예상하기는 제한된다고 인식하면서 정책결정자의 신념, 태도 및 행동 양식의 집합체라고 할 수 있는 전략문화가 존

1 　로렌스 손드하우스, 이내주 역, 『전략문화와 세계 각국의 전쟁수행방식』 (서울: 화랑대연구소, 2007), pp. 12-14.

재한다고 보기 시작했다.[2] 유사한 구조적 환경과 이익 조건에 놓인 국가임에
도 서로 다른 선택을 내리는 현상을 설명하려는 점이 기존의 합리적 의사결
정이론과는 다른 전략문화이론의 특징이다.

　　전략문화이론은 1970년대에 처음 등장하여 짧은 역사 속에서도 꾸준히
확산하고 있으며, 전략문화의 개념과 연구방법에 관한 다양한 연구 노력이 이
어지고 있다. 따라서 본 연구를 위해 진행 중인 논쟁에서 전략문화의 개념과
연구방법에 대한 보완적 선택이 필요하다. 먼저 전략문화의 개념에 관한 연구
추이를 살펴서 본 연구에 적용할 전략문화에 대한 조작적 정의를 채택하고,
전략문화이론의 발전 과정을 추적하면서 이론가들 사이에 존재하는 연구방
법의 논쟁을 들여다보고 본 연구를 위한 분석의 틀을 설정하고자 한다.

1. 전략문화의 개념

　　합리적 선택에 기초한 전략이론에서는 동일한 안보환경에 처한 엘리트는
동일한 안보전략을 선택한다고 가정하지만, 전략문화이론은 서로 다른 문화
적 영향 아래에서 사회화가 된 엘리트들이 비슷한 상황에서도 서로 다른 전
략적 선택을 할 수 있다는 점을 인정한다.[3] 전략문화이론은 기존 이론의 시
각에서는 매우 도전적이었지만 개별 국가의 고유한 특성을 고려하지 않은
일반이론만으로 해당 국가의 정책적 판단을 설명하기에는 한계가 있었기 때
문에 설득력이 있었고 상당한 지지를 얻었다.

2　Jack L. Snyder, *The Soviet Strategic Culture: Implications for Limited Nuclear Operations* (Santa
　　Monica, CA: The Rand Corporation, 1977), p. v, 6.

3　홍용표, "북한의 전략문화와 안보정책", 『통일연구원 연구총서』, 2000-34 (서울: 통일연구원, 2000), p. 2.

전략문화는 행위자를 둘러싼 외부환경인 문화 일부로 쓰임을 시작했다. 초기 전략문화의 정의는 광의적이었다. 스나이더(Jack L. Snyder)는 전략문화 개념을 "사회화과정의 결과로 설정된 일반적 신념·태도·행위양식"이라고 보며, 미·소 간의 핵전략을 연구하면서 핵전략도 단순히 정책 수준을 넘어서 반영구성을 가진 문화적 요소의 영향을 받을 수밖에 없다고 주장하였다.[4] 같은 시기의 그레이(Colin S. Gray)도 역사적 경험의 구체적인 흐름에 깊이 뿌리내린 특정 '국가의 스타일'에 주목했다.[5] 그레이는 전략문화를 "국가의 역사적 경험과 자기 성격 규정에의 열망에서 비롯된 인식을 바탕으로 만들어진 물리력(force)에 관한 생각과 행위 양식"[6]이라고 보았다. 초기 전략문화의 개념은 물리력을 둘러싼 일반적인 신념, 태도, 행위 양식 등 비교적 광의적인 개념을 가졌고, 이 점은 존스턴(Alastair I. Johnston)에 의해서 광의적인 정의에 비해 너무 간명한 결과물을 도출했다는 지적을 받기도 하였다.[7]

제3세대 연구자들은 전략문화 개념의 이론적 정당성 확보를 위해 과학적 방법론의 구축이 선결돼야 한다고 주장했다.[8] 앞 세대의 거친(rough) 개념 규정과 달리 특정한 정책결정 사항에 영향을 미친, 더 구체적인 전략문화적 요소를 하나하나 추적해 내는 작업에 초점을 맞췄다.[9] 이 세대에 이르러 전략문화이론 연구는 전략문화적 요소에 대한 구체적 추적과 특정 정책 선호

---

4   Snyder, *The Soviet Strategic Culture: Implications for Nuclear Options*, p. 8.

5   Colin S. Gray, "National Style in Strategy: The American Example", *International Security*, Vol. 6, No. 2 (1981).

6   Gray, "National Style in Strategy: The American Example", p. 22.

7   Alastair I. Johnston, "Strategic Cultures Revisited: Reply to Colin Gray", *Review of International Studies*, Vol. 25, No. 3, 1999, pp. 519-523.

8   로렌스 손드하우스, 『전략문화와 세계 각국의 전쟁수행방식』, p. 23.

9   Alastair I. Johnston, *Cultural Realism: Strategic Culture and Grand Strategy in Chinese History* (N.J.: Princeton University Press, 1998), pp. 6-8.

와 같은 분명한 결과물과 연결을 짓는 구체화한 연구에 주목하였다. 3세대 전략문화 연구자로 일컬어지는 존스턴은 전략문화를 "행위 선택(behavioral choice)을 제한하는 관념적(ideational) 환경(milieu)"이라고 정의했다.[10] 3세대는 앞 세대의 미흡함을 지적하며, 협의적 정의로 수렴하는 모습을 보였다.

전략문화의 개념에 있어서 초기 광의적 정의에서 협의적 정의로 발전했고, 여기에 추가하여 전략문화의 환경 속에서 발생하는 전략적 선택, 산물(Output)에 집중하여 정의하고 있음을 알 수 있다. 존스턴은 전략문화의 산물이라 할 수 있는 물리력 또는 행위의 선택과 연관하여 정의를 지향적으로 정립하였다.

본 연구는 도출한 전략문화가 전략적 행위들의 기저에 놓인 일정한 맥락을 효과적으로 설명함을 입증하려고 한다. 따라서 전략문화의 정의는 전략적 행위와 관계성을 염두에 두고 내려져야 한다. 다만 두 변수 사이에 필연 관계나 단선적 인과관계가 아니라 문화에서 벗어나는 행위, 의도된 비일관적인 행위 등의 발생 가능성을 고려하여 전략문화를 '전략적 행위의 선호를 한정하는 관념적 환경'이라고 정의하고자 한다.

연구자가 내린 정의의 특징은 전략적 행위와의 관계를 명시하고 있고, 단선적으로 입력과 산물을 연결하려는 일부 연구의 한계를 극복하고자 '~을 한정하는~'으로 기술하여 전략문화가 전략적 행위를 이해하는 맥락을 제공함을 규정하였다. 또한, 전략문화를 신념, 태도, 행위양식, 사고체계, 계승체계 등 이론가별로 다양한 대체 단어를 사용하고 있어 이를 아우를 수 있는 '관념적 환경'으로 정의하였다.

---

10   Alastair I. Johnston, "Thinking about Strategic Culture", *International Security*, Vol. 19, No. 4 (1995b), p. 46.

2. 전략문화이론의 발전

(1) 전략문화이론의 전개

미국 학계에서 전략문화라는 용어는 1977년 스나이더에 의해 처음 사용되었으나, 국가별 전략 스타일에 따른 전략적 선택이라는 개념에 대해 오래도록 비판이 있었다. 이후 전략문화는 조금씩 조명을 받기 시작하다가 1990년대에 들어서 체계화되었다.[11] 1990년대 전략문화의 주요 연구자인 존스턴은 『문화 현실주의: 중국 역사에서 전략문화와 대전략(Cultural Realism: Strategic Culture and Grand Strategy in Chinese History)』에서 1970년대부터 90년대까지의 전략문화이론의 발전 과정을 3개 세대로 구분하였다. 존스턴이 구분한 세대를 기준으로 세대별 연구의 성과, 한계 등을 통해 전략문화 연구의 초기 발전 과정에 대해 살펴보고자 한다.

1950~60년대는 합리적 게임모델에 의한 '핵 억지' 이론이 번성했다.[12] 하지만 게임이론이나 합리적 선택이론의 한계를 직시하고, 상대주의적이고 역사적인 관점에서 한 국가의 전략에 관해 연구하기 시작하였다. 1세대 전략문화 연구자는 소련 정책행위자들이 미국이 기대하는 전략적 합리성과는 다르게 사고하고 행동한다는 점에 대한 이유와 배경을 전략문화에서 발견하고자 했다.

전략문화의 개념을 처음으로 제시한 학자는 냉전시대 미·소 간 핵전략 차이에 관한 연구를 통해 전략문화를 도출했던 스나이더이다. 스나이더는

---

11 Johnston, *Cultural Realism: Strategic Culture and Grand Strategy in Chinese History*, p. 4.

12 Thomas Schelling, *Arms and Influence: With a New Preface and Afterward* (New Haven: Yale University Press, 2008); Herman Kahn, *The Nature and Feasibility of War and Deterrence* (Santa Monica, CA: Rand Corporation, 1960).

1977년 RAND 연구소에서 소련의 제한된 핵전쟁 독트린에 관한 연구를 하면서 전략문화를 사용하였다. 그는 전략문화 개념을 "사회화과정의 결과로 설정된 일반적 신념·태도·행위양식"이라고 보고 핵전략도 단순히 정책수준을 넘어서 반영구성을 가진 문화적 요소의 영향을 받을 수밖에 없다고 주장하였다.[13]

스나이더의 뛰어난 연구에서 영감을 얻었던 존스(David R. Jones)와 그레이가 1세대 연구자들이며, 1980년대 초에 등장하였다. 이들은 미·소 핵전략의 차이가 역사적 경험, 정치 문화, 그리고 지리적 환경과 같은 독특한 환경 변수로 인해 발생한다고 주장하였다.[14]

1세대 연구는 전략과 문화에 관한 연구의 방향성을 잡아주는 성과를 이루었지만, 몇 가지 한계를 안고 있다. 우선, 전략문화의 정의에 관한 문제다. 전략문화가 지정학, 역사, 경제, 이데올로기는 물론 심지어 국제체제의 구조 등 다양한 문화요소에 영향을 받아서 형성된다고 보았다. 결과적으로 그 영향요인의 다양성으로 인해 더욱 구체적이지 못한 결론을 도출한 것을 비판받았다. 존스턴은 1세대의 전략문화 정의는 중요한 결론과 증거들을 놓칠 수 있다고 언급하면서 이른바 '광범위한 정의로 간략한 결론을 도출'했다고 설명했다.[15] 다양한 변수에 대한 실제 적용이 구체적이지 못했기 때문에, 존스턴은 국가의 전략문화를 편협하게 해석할 수 있는 우려를 벗어나지 못하였다고 1세대 연구를 비판하였다.[16]

---

13 Snyder, *The Soviet Strategic Culture. Implications for Limited Nuclear Operations*, p. 8.

14 David R. Jones, "Soviet strategic culture", *Strategic Power: USA/USSR*, Carl G. Jacobson ed. (London: Palgrave Macmillan, 1990), pp. 35~49; Gray, "National style in strategy: The American example", pp. 21~47.

15 Johnston, "Thinking about Strategic Culture", pp. 36~37.

16 Johnston, "Thinking about Strategic Culture", p. 38.

존스턴은 전략적 행위와 전략문화의 관계가 밀접한 인과관계에 있다고 암시한 사실에 대해서도 비판했다. 이러한 입장은 '독립변수와 종속변수를 뒤섞어 문화와 행위와의 관계에 대한 기계적 결정론을 만들었다'라는 비판을 불러일으켰다.[17] 존스턴은 전략문화에 있어 검증할 수 있고 신뢰할 만한 방법론을 구하기 위해서는 문화적 변수와 행위를 포함하는 물질적 변수를 구분해야 한다고 주장하였다.[18] 하지만 현실에서 물질적 변수를 통해 인과관계를 물리적으로 확인하는 것은 제한적이다.

1세대 연구는 전략문화와 행위의 불일치 가능성에도 주목하지 못했다. 전략문화가 전략적 선택에 영향을 미친다는 가정으로 전략문화를 독립변수로 간주했으나, 의사결정자들이 전략적 선택을 정당화하기 위해 전략문화를 왜곡하거나 선동 도구로 사용할 수 있다는 점이 간과되었다. 그리고 행위와 문화 사이에 인과관계를 증명하지 못하면 해당 전략문화의 특징은 없는 것으로 단정할 수 있다는 점을 지적했다.

2세대 연구자들은 1980년대 중반에 등장했고, 1세대 연구의 주된 주장인 '전략문화와 실제 행위의 인과관계'에 차이가 있다는 것을 비판하면서 등장했다. 이들은 국가의 전략문화가 단순히 정치적 헤게모니를 양산하기 위한 수단이기 때문에 자칫 그 국가의 전략문화를 통해 정책적 판단을 읽는 것은 잘못된 방향으로 갈 수 있음을 지적했다.[19] 이들은 전략문화의 내부적 핵심 가치가 문화적 상황과 정치적 환경에 따라 변화할 수 있다고 믿었으며, 소위 '전략적 유연성'을 하나의 특성으로 제시하였다.

---

17   Johnston, "Thinking about Strategic Culture", p. 37.

18   Alastair I. Johnston, "Strategic cultures revisited: reply to Colin Gray", *Review of International Studies*, Vol. 25, No. 3 (1999), p. 521.

19   Johnston, "Thinking about Strategic Culture", p. 39.

대표적인 연구의 예로, 클라인(Bradley S. Klein)은 국가정책결정자가 내놓는 전략적 수사와 실질적인 행위 사이의 간극에서 그들의 전략문화가 가진 패권의 동학을 확인하였다. 클라인의 주장에 따르면, 냉전시대 미국 엘리트들이 주창한 억지 전략은 선언적인 전략과 실제 군사작전 전략이라는 서로 상충하는 두 개의 영역을 결합하는 동인이었다.[20] 실질적인 미국의 전략은 무력을 공격적이고 위협적으로 사용하여 자국의 이익을 지켜내는 것이지만, 국가정책결정자들은 억지와 보복 위협에 기초한 수세적 전략을 선언함으로써 자신들이 추구하는 국가전략에 대하여 대내외적으로 수용할 수 있고 정당하다고 인정받고자 하였다.

분명 2세대 연구는 전략문화와 행위 사이에 발생할 수 있는 단절, 특정 집단이나 소수 엘리트가 국가의 전략적 선호 형성에 어떤 영향을 주는지를 규명하는 데 도움이 되었다. 그렇지만, 여전히 몇 가지 단점을 가지고 있다. 먼저, 2세대 연구가 1세대 연구의 단점으로 지적되었던 전략문화와 행위의 인과관계를 설명하면서 한계를 완전히 극복했다고 말할 수는 없다. 전략문화의 도구성을 밝혀내어 전략문화와 전략적 행위 간의 불일치에 관해서 설명하였지만, 문화와 행위 간의 인과관계를 포괄적으로 설명하지는 못했다. 또한, 2세대 연구는 전략문화가 헤게모니라는 등식에 과도하게 매몰되어 있었다. 존스턴은 2세대 연구자들이 단순히 국가의 정치적 관점, 이익의 관점(헤게모니)에 치우치면서, 헤게모니를 위한 '정치적 도구'로만 전략문화를 설명했다고 지적했다. 그는 정책결정자들을 상황에 따라 전략문화를 조작할 수 있는 존재로 만들어 놓았다고 비판했다.[21] 2세대 연구는 전략문화를 그 국가

20   Bradley S. Klein, "Hegemony and Strategic Culture: American Power Projection and Alliance Defence Politics", *Review of International Studies*, Vol. 14, No. 2, 1988, pp. 139-140.

21   Johnston, "Thinking about Strategic Culture", p. 40.

의 역사 · 문화적 관점에서 정의했던 1세대 연구에서 다소 후퇴한 듯했다. 2세대 연구는 전략문화와 전략적 행위 사이의 인과관계에 융통성을 부여하여 증명의 부담을 줄였지만, 그럴수록 이론적으로는 전략문화가 지닌 전략적 선호에 대한 제한이 줄어들게 되어 입지가 줄어들게 되었다.

3세대 연구자들은 1990년대에 등장하여 기존 방법론을 보완하여 독립적인 설명체계로서 전략문화에 위상을 부여하고, 명확한 이론적 기초를 정립하기 위해 노력했다. 전략문화에 관한 독립변수를 개념화하고, 특정한 전략적 선호라는 종속변수에 초점을 맞춰 접근했다. 3세대 연구의 주된 특징은 '행위'의 요소를 배제했던 1세대 연구의 오류를 벗어나기 위해 철저히 실증적으로 경험의 영역에서 문화가 미친 영향의 증거를 찾고자 하였다. 또한, 전략문화의 영향력을 실증할 수 있는 사례들을 찾아 실제적인 분석을 통해 전략문화를 분석했다. 그리고 전략문화의 지속성과 더불어 변화 가능성에도 주목하였다. 전략문화는 역사적 사건이나 정치적 재편으로 부분적으로 변할 수 있다는 점을 고려하였다.

3세대 연구자인 레그로(Jeffrey W. Legro)는 제2차 세계대전 당시 독일과 영국의 행위특성을 비교하면서, 양국의 잠수함 전략, 공습 전략, 화학무기 사용전략 등 세 가지 전략을 비교하였다. 이 과정에서 독립변수는 양국의 군사 '조직문화'를, 종속변수로는 양국이 당시에 보인 전략으로 설정해 행위특성을 비교했다.[22] 전쟁의 수준(level of war)을 고려하여 군사전략 측면에서 전략문화와 행위를 분석하였다. 레그로는 '조직문화' 차원에서 전략문화를 다루었으며, 전략문화는 외부환경에 적응하고 내부구조를 관리하게 하는 신

---

22   Jeffrey W. Legro, "Military Culture and Inadvertent Escalation in World War II", *International Security*, 18-4(Spring, 1994), pp. 118-138.

념, 개념, 추정의 패턴이며, 조직이 처한 상황에서 자원할당의 우선순위를 언제, 어디서, 어떻게 결정할지를 정하는 중요한 기준이 된다고 말하고 있다.[23]

한편, 키어(Elizabeth Kier)는 전략문화와 군사교리와의 관계를 규명하기 위해 레그로와 마찬가지로 조직문화의 개념을 도입하였다. 그는 군 조직이 구조적 · 기능적 분석에서 예측하는 것처럼 행위를 하지 않는다는 점에 주목하고, 전략문화가 군사전략적 행위를 제약하는 테두리를 설정한다면 군은 나름의 조직문화에 기반하여 적절한 군사교리를 수립한다고 주장한다.[24] 군의 조직문화는 전략문화의 하위로서 그 테두리를 벗어나지 않는 범위에서 군사교리를 수립한다는 것이며, 이는 '군사는 정치의 수단'이라는 클라우제비츠(Carl von Clausewitz)의 주장과 맥을 같이하는 것이다.

3세대 연구는 앞선 두 세대의 연구에 비해 특정 정책 결정과 전략적 선호 사이의 인과관계를 규명하면서 분석 도구와 방법의 구체화를 이루었다. 그렇지만 여전히 도전과제를 안고 있다고 존스턴은 말하고 있다. 3세대 연구는 특정 전략적 행위와 그 원인을 연결하는 데 결함이 있다. 가령 특정 전략적 행위의 원인이 설득력이 있으려면, 즉 전략적 선호가 사고방식, 정체성 측면에서 나온 것인지, 혹은 권력 · 이익과 같은 물질적인 측면을 설명하기 위해 나온 것인지를 증명해야 한다. 하지만 일부 3세대 이론가들은 이를 증명하지 못함으로써 현실주의 모델과 구분이 어렵다고 비판했다.[25]

또한, 3세대 연구자들은 전략문화를 독립변수로 하고 특정 전략적 행위를 종속변수로 설명했지만, 일부 이론가는 종속변수를 전략적 행위가 아닌

23   Legro, "Military Culture and Inadvertent Escalation in World War II", pp. 115-117.

24   Elizabeth Kier, "Culture and Military Doctrine: France between the Wars", International Security, Vol. 19, No. 4 (1995), pp. 6-93.

25   Johnston, "Thinking about Strategic Culture", pp. 102-105.

'담론', '외교정책', '군사교리' 등과 같이 2세대 연구자들과 같은 논리적 오류를 양산하였다. 3세대 연구는 '문화'의 개념을 규정하면서 '정책결정자의 행위 범위를 제한하는 것'이라고만 인식하여 하나의 개념을 절대적인 표준으로 삼았다. 하지만 정책결정자가 다르게 선택하면, 표준적 정의는 이런 선택을 왜 했는지에 대해 타당하게 설명하지 못하는 한계가 있음을 지적했다.[26]

존스턴은 전략문화 연구의 3개 세대가 가진 한계를 보완하고자 하였다. 3세대에 의해 부분적으로 보완되기는 했어도 여전히 존재했던 전략문화의 도출방법과 전략적 행위와의 인과관계를 보다 실증적으로 설명할 필요가 있었다. 따라서 존스턴은 키 텍스트를 중심으로 한 분석방법으로 중국의 전략문화를 분석하고, 그 결과를 통해 특정한 정책결정과 조직의 전략적 선호 사이의 인과관계를 규명하고자 노력하였다. 존스턴은 원(元)·명(明)을 거치면서 병가의 기본 경전으로 자리 잡게 된 무경칠서(武經七書)[27]를 통해 중국의 전략적 선호도, 상징을 분석해 내고, 정책 결정 과정이 담겨 있는 텍스트를 교차 분석하여 전략적 선호도, 즉 전략문화를 추출했다. 마지막으로 추출된 전략문화를 중국 정책결정자의 정치·군사 행위에 대입함으로써 전략문화의 적실성을 검증하였다.

존스턴이 연구를 통해 보완하고자 했던 주된 과정은 전략적 행위에 영향을 주는 전략문화를 어떻게 추출할 것인가에 대한 방법론을 고안하는 것이었다. 전략문화 포착을 위해서 엘리트나 군사전략가의 글, 논쟁, 국가 전략

---

26 Johnston, "Thinking about Strategic Culture", pp. 41-42.

27 무경칠서는 주나라 손무(孫武)가 쓴 『손자(孫子)』, 전국시대 위나라 오기(嗚起)의 『오자(嗚子)』, 제나라 사마양저(司馬穰苴)의 『사마법(司馬法)』, 주나라 위료(尉繚)의 『위료자(尉繚子)』, 당나라 이정(李靖)의 『이위공문대(李衛公問對)』, 한나라 황석공(黃石公)의 『삼략(三略)』, 주나라 여망(呂望)의 『육도(六韜)』이다.

문서, 정책보고서, 또는 사회적 통용 어구이거나 상징들에 대한 분석을 통해 전략적 선호의 유사성을 입증해 냈다. 다음으로는 전략적 행위에 대한 전략문화의 영향을 실제로 증명하는 방법을 제시하였다. 전략적 선호가 실질적인 정치적·군사적 행위로 이어지는 것을 규명하면서 전략적 수사와 구분하여 실제로 나타나는 정치적·군사적 행위를 구분할 필요가 있다. 또한, 존스턴은 외부현상에 대한 개인의 인식을 범주화하고 목록화하는 시각적 도구인 '인지 지도(Cognitive map)'를 활용하면, 특정한 정책결정과 전략적 행위자의 전략적 선호 사이에 존재하는 인과관계를 포착할 수 있다고 주장하였다.[28]

이를 통해 존스턴은 전략문화를 '국가의 정치 활동에서 이루어지는 군사력의 역할과 효능에 관한 사고체계'라고 하였고, 이 사고체계는 광범위하고 오래가는 '상징(언어, 유추, 은유 등)'으로 수렴되는데, 이를 두고 그 국가의 전략적 선호를 반영한 '통합시스템'이라고 규정했다.[29] 그리고 사회화과정을 통해 상징으로 구성된 통합시스템인 전략문화가 정책결정자의 역할을 제한하거나 영향을 미친다고 보았다.

또한, 존스턴은 특정 국가의 전략문화를 파헤치기 위해서는 반드시 군사력 운용에 대한 전략적 선호가 반영된 '상징과 기호체계'의 흐름을 추적하는 작업이 필요하다고 보았다. 따라서 국가의 전략문화를 확인하기 위해서 그 사회의 군사지도자 혹은 국가지도자의 '말과 글, 생각'을 파악해야 한다고 주장했다. 전략적 선택을 감내해야 했던 과정을 포함한 콘텐츠를 선택하는 것이 좋은 방법이라고 존스턴은 설명했다.[30]

더불어 존스턴은 이러한 상징분석의 심화 단계로서 역사적 콘텐츠 외에

---

28 Johnston, "Thinking about Strategic Culture", p. 51.

29 Johnston, "Thinking about Strategic Culture", p. 36.

30 Johnston, "Thinking about Strategic Culture", pp. 49-50.

다른 분석 콘텐츠를 선정해, 교차 분석(cross-checks)을 통한 전략문화의 적실성을 검증할 것을 언급했다. 따라서 어떤 변수와 유형들이 당시의 대외정책 환경에 영향을 미쳤는지를 확인해야 한다는 것이다.[31] 마지막으로 국가의 가치, 개인의 태도, 행위 등 특유의 상징으로 추출된 요소들을 나열하여 군사전략문화와 당시 행위에 대한 연결성을 분석하는 과정을 요구했다.

현재도 전략문화 연구는 양적·질적으로 확대, 심화하고 있다. 국가, 지역 공동체, 국제기구 등 의사결정체 단위로 존재하는 정책 결정 선호가 존재한다는 것에 대한 동의가 확산하고 있다. 90년대에 전략문화에 대한 이론적 체계가 정립된 이후로 전략문화의 틀을 이용한 분석 노력이 연구의 주를 이루고 있다. 전략적 행위자는 국가 단위를 포함하여 EU와 같은 기구뿐만이 아니라 아시아-태평양 지역, 유럽이라는 지역 공동체도 전략문화를 통해 정책적 선호를 분석하고 있고, 전략문화의 유용성에 대해 말하고 있다. 다음은 아시아-태평양 지역 공동체의 정책 선호에 관한 분석에서 전략문화의 유용성에 대해 언급한 내용이다.

"전략문화가 아시아-태평양 지역의 모든 국가에 동등하게 적용되지 않을 수 있다고 주장하는 것은, 특히 그것이 적용되는 국가가 중요한 지역 행위자인 경우, 전혀 적용할 수 없다고 말하는 것과는 다르다. 이 연구는 국민성에 기초한 접근법, 결과물과 경로 의존과 관련한 새로운 접근법이며, 정책 분석가들과 정책 입안자들 모두에게 결실을 가져다줄 수 있음을 시사한다. (중략) 비록 전략문화의 기본 개념을 특정한 아시아-태평양 사례에 적용하는 방식에는 많은 차이가 있지만, 각각은 국가전략

---

31   Johnston, "Thinking about Strategic Culture", pp. 50-52.

선택에 대한 문화적 접근의 유용성을 크게 받아들인다. … (중략) … 이 접근법이 아시아-태평양이 직면한 문화적 증명과 콘텐츠의 정책 딜레마에 대한 귀중한 통찰력을 보여줄 수 있다는 것을 말할 수 있다."[32] (강조 부분은 연구자)

국내에서도 전략문화 연구가 꾸준히 증가하고 있다. 전략문화이론을 전략문제 연구의 도구로 사용하려는 첫 시도는 1993년 황병무가 『중국의 전략문화와 군비증강의 의미』에서 사용하였다.[33] 미국에서 이론적 체계로 형성되어 가던 전략문화이론과의 연계는 명확하지 않으나 국내 전략문화이론 연구의 선도적인 시도였다. 본격적인 국내 전략문화이론 연구는 2000년대 들어서서 시작되었다. 해당 시기는 2차 북핵 위기를 전후하여 북한의 전략문화에 관한 연구가 홍용표, 김백주, 조화성, 홍성복 등에 의해 다수 이뤄졌다.[34] 2010년대 이후에는 전략문화에 관한 연구가 비약적으로 늘어났다. 주된 연구자인 박창희의 중국 전략문화 연구로부터 영향을 받아 국방대에서 전략문화를 집중적으로 석사학위 논문의 연구방법으로 활용하였다.[35] 전략문화 도출과 전략적 행위와의 인과관계를 명확히 분석하려는 시도 면에서 황일도,

---

32 Haglund, "What can strategic culture contribute to our understanding of security policies in the Asia-Pacific region?" pp. 311-312.

33 황병무, "중국의 전략문화와 군비증강의 의미", 『계간 사상』, 1993 가을호, 1993, pp. 64-84.

34 홍용표, "북한의 전략문화와 안보정책", 『통일연구원 연구총서』, 2000-34, 2000; 김백주, "북미협상과 북한의 전략문화" (서울: 경남대 북한대학원 석사학위 논문, 2002); 조화성, "북한의 전략문화와 핵 협상 전략에 관한 경험적 연구", 『국제정치논총』, 49집 5호, 2009, pp. 149-171; 홍성복, "북한의 전략문화가 북한의 대미 핵 협상 행태에 미친 영향에 관한 연구" (서울: 국방대학교 석사학위 논문, 2008).

35 박창희는 중국 전략문화를 연구하여 다수의 단행본과 학술논문을 출간하였으며, 소속 국방대에서 다수의 석사학위 논문을 지도하였다. 그의 첫 전략문화 연구는 다음과 같다. 박창희, "현대 중국의 전략문화와 전쟁수행방식", 『군사』, 제74호, 2010, pp. 245-280.

손효종의 연구는 주목할 만하다.[36] 2010년대 이후 연구도 단연코 북한의 전략문화에 집중되고 있다. 북한의 핵과 미사일 개발 실험이 점증하고, 천안함 폭침, 연평도 포격 도발, 목함지뢰 도발 등 재래식 도발이 거듭되던 시기, 북핵 폐기를 위한 북미협상이 시작되던 시기이어서 북한 전략문화 연구가 두드러졌다.

하지만, 학자들 사이에 전략문화를 어떻게 분석하고 그것이 무엇을 하는지에 관한 연구방법은 다양한 형태를 띠고 있다. 특히 실증주의적 접근을 선호하는 존스턴과 맥락적 해석주의를 옹호하는 그레이의 논쟁이 국내 연구자 사이에도 존재하고 있고, 대부분 연구의 개념 모델들이 두 가지 대표적 연구방법 중 하나를 선택하거나 혼합된 방식으로 연구하고 있다는 것을 발견할 수 있다. 이것은 연구대상과 주제별 적실한 연구방법에 대한 선택의 문제일 뿐 전략문화의 유용성에 대한 동의에는 변함이 없다. 전략문화를 분석 도구로 하는 연구가 확산하고 있음이 그에 대한 방증이다.

다만, 기존의 연구모델이 너무 일관성을 강조하는 기술로 경도되는 경향이 있는데, 이는 때때로 전략적 행위의 불일치를 설명할 수 없거나 시간 흐름에 따른 전략적 정책의 변화를 적절하게 설명할 수 없는 경우가 발생한다. 이를 극복하기 위해 단일 전략문화를 여러 개의 하위 전략문화를 포함하는 것으로 발전이 되고 있다. 이러한 하위 전략문화는 국가의 국제적 사회·문화적 맥락에 대한 다른 해석을 제시하는데, 이는 전략적 의사결정과 관련된 물질적 변수인 지리, 상대적 힘, 기술적 변화 등을 국가가 어떻게 해석하는지

---

36 황일도, "북한의 전략문화와 군사행태: 핵무기 개발, 재래식 전력배치, 연평도 포격 사례를 중심으로" (연세대학교 대학원 박사학위 논문, 2012); 손효종, "북한전략문화와 핵 개발의 전개" (연세대학교 일반대학원 박사학위 논문, 2016).

에 영향을 미친다.[37]

(2) 전략문화 연구방법의 논쟁

가. 전략문화 분석방법

전략문화를 분석하는 방법은 전략문화 연구의 중요한 시작점이다. 1세대 연구자 중 그레이, 부스, 존스와 3세대 연구자 중 키어, 레그로의 방법론은 해당 국가의 전략적 선택에 '영향을 끼친' 문화적 요소에 관한 분석이다. 반면, 존스턴, 스나이더 등의 연구자는 해당 국가의 전략문화를 구성하는 핵심적인 원칙이나 원리가 어떻게 형성, 변화되어 오늘에 이르렀는지를 추적했다는 점에서 '전략적 선택을 지시(direct) 혹은 규정(define)하는' 문화적 요소에 관한 분석이라고 분류할 수 있다. 전자가 전략문화의 지리적 · 역사적 · 인류학적 · 사회학적 컨텍스트적 요소에 관한 연구라면, 후자는 전략문화의 텍스트적 요소에 관한 연구이다.[38]

1981, Collin Gray, "National Styles in Strategy: The America Example"
• 전략문화는 역사적 경험, 자기 성격 규정에서 비롯한 물리력에 관한 사고와 행위 양식과 관련한 문화 -지정학, 역사, 경제 등으로부터 비롯함 -전략적 사고, 안보정책 결정의 환경 제공 -정책결정의 이유를 설명

↓

---

37 Alan Bloomfield, "Time to move on: Reconceptualizing the strategic culture debate", *Contemporary security policy*, 33.3 (2012), p. 438.

38 황일도, "북한의 전략문화와 군사행태: 핵무기 개발, 재래식 전력배치, 연평도 포격 사례를 중심으로", p. 43.

1998, Alastair Iain Johnston, "Cultural Realism: Strategic Culture and Grand Strategy in Chinese History"
• 1세대 이론가들이 전략문화가 다양한 영향요인에서 비롯되었다는 광의적 접근에 반해 도출한 전략문화는 너무 간략하다고 지적함 • 전략문화도출을 위해 '무경칠서(武經七書)'를 텍스트적분석을 하여 행위와 인과관계를 증명하기 위해 노력함

1998, Collin Gray, "Strategic Culture as Context: the first generation of theory strikes back"
• 전략문화는 전략적 행위와 인과관계가 아닌 이해를 위한 컨텍스트(맥락)를 제공함 • 행위와 생각을 분리하는 것은 오류

1999, Alastair Iain Johnston, "Strategic Cultures Revisited: Reply to Colin Gray"
• 전략문화의 존재, 전략적 선택과의 관계 등 전략문화를 개념화하는 방법의 차이가 있음 • 전략문화가 행위에 미치는 영향이 논쟁의 차이점

*그레이와 존스턴의 논쟁을 연대기순으로 연구자가 정리함.

〈그림 2-1〉 그레이와 존스턴의 전략문화 연구방법에 관한 논쟁

1세대 대표 이론가 그레이와 3세대 대표 이론가인 존스턴 사이에 있었던 논쟁은 전략문화의 두 가지 분석방법에 대한 차이를 구분해내는 데 도움을 준다. 두 이론가는 긴 시간을 통해 단행본, 논문 등 글을 통해 논쟁을 벌였는데, 이를 요약하면 앞 그림과 같다.

그레이는 1세대 전략문화이론가에 대한 존스턴의 오해, 그리고 전략문화의 작동에 관해 1999년 『컨텍스트로서 전략문화: 1세대 이론으로부터 반격 (Strategic Culture as Context: the first generation of theory strikes back)』에서 반박하고 나섰다.

"전략문화는 행위에 대한 설명적인 인과관계가 아니라 이해를 위한 컨텍스트(맥락)를 제공한다. 전략문화는 행위의 의미에 관한 이해를 제공하는 컨텍스트로 접근되어야 한다. 컨텍스트란 둘러싸고 있는 것, 한데 모아놓은 것을 의미한다. 생각을 행위로부터 분리하려는 존스턴의 노력은 틀렸다. 우리는 문화이고 우리는 우리 컨텍스트의 일부이다."[39]

존스턴은 1세대 이론가들이 전략문화와 전략적 행위를 단순하게 연결하려 했다고 지적하였는데, 그레이는 전략문화와 전략적 행위 사이에 설명적 인과관계가 존재하는 것이 아니라 전략문화는 전략적 행위를 이해하기 위한 컨텍스트(맥락)를 제공한다고 반박하였다.

존스턴은 그레이와 국제관계 및 안보 연구에 대한 기본적인 존재론적 이해를 공유한다고 말하면서도 그레이의 반박에 대해 재반박을 하였다. 존스턴은 명나라나 마오쩌둥 시대의 중국 전략문화에 대한 자신의 실증적 연구 결과를 틀렸다고 보는 그레이에게 대안적 방법을 촉구했다.

"전략문화가 존재하는지, 사회 내에서 얼마나 광범위하고 집중적으로 분포하는지, 그리고 전략적인 선택을 설명하는 데 도움이 되었는지, 다른 어떤 요소가 어떻게 도움이 되었는지를 알 수 있는 방식으로 전략문

---

39 그레이(1943. 12. 29.~2020. 2. 27.)는 1981년 "National Style in Strategy: The American Example"에서 전략문화의 기본적 개념들을 국가의 역사적 경험에서 찾았는데, 역사적 경험은 지리적 환경이나 정치 철학, 시민문화 등 살아가는 방식 전반을 포함하는 것이며, 이는 특정한 국가적 성격을 규정한다고 보았다. 이에 존스턴은 1995년 "Thinking About Strategic Culture"에서 1세대 이론가들에 대해 다양한 문화요소에 영향을 받아서 형성된다는 광의적 접근에 반해 막상 전략문화는 간략하게 도출하려는 경향, 문화와 행위의 분리 증명 노력 부족, 문화와 행위의 불일치 가능성에 대해 주목하지 못했다고 1세대 연구를 지적했다. Colin S. Gray, "Strategic Culture as Context: The First Generation of Theory Strikes Back", *Review of International Studies*, Vol. 25, No. 1 (1999), pp. 49-69.

화를 정의하려는 나의 노력에 대한 그레이의 대안은 전혀 대안이 되지 않는다. 그의 접근방식은 기본적으로 모든 것이 중요하고 모든 것이 다른 모든 것과 연결되어 있다고 말하는 것이다···. 궁극적으로, 그레이와 나는 전략문화를 개념화하는 방법에 있어서 가장 큰 차이가 있다고 생각한다. 전략문화가 행위에 미치는 영향을 관찰하는 것에 대한 우리 논쟁의 기초가 되는 것은 이 차이점이다."[40]

그레이와 존스턴은 전략적 행위를 둘러싸고 있으면서 선택을 한정하는 환경으로서의 전략문화의 존재에 대해서는 공감하였다. 하지만, 문화가 갖는 다양한 요소를 모두 강조하고 담아내야 한다는 그레이의 주장은 전략문화에 대한 모호성만을 인정하고 있고, 실상 도출한 전략문화는 간략하다는 비판을 받았다. 존스턴은 사회과학적 연구의 도구로 전략문화에 관하여 방법론을 구체화하고자 하였는데, 키 텍스트에서 중국의 전략문화를 모델링하여 인지 지도로 나타냄으로써 전략적 선호를 가시화하였다. 전략문화가 지속적인 전략적 선호로 나타난다는 존스턴의 주장은 전략적 선택의 변화를 제대로 설명하지 못하는 한계가 있었다. 그리고 존스턴이 전략문화를 독립변수로써 전략문화의 효과를 특정하려는 연구 시도는 방법론적으로 한계가 있었고 과대결정론이라는 비판을 받게 된다.

국내 연구에서도 전략문화를 도출하는 방법은 초기 이론가 사이에서 논쟁의 대상이 되었고, 본질에 근접한 전략문화를 도출하기 위해 전략문화 연구자가 제일 고심하는 영역이다. 전략문화 도출을 위해 황일도와 신인식만이 텍스트적 분석을 통해 전략문화를 추출하였고, 홍용표, 김백주, 조화성,

---

40   Johnston, "Strategic Cultures Revisited: Reply to Colin Gray", pp. 519-523.

박천홍 등은 전략문화에 대한 영향요인을 중심으로 컨텍스트적으로 전략문화를 분석하였다. 하지만, 박창희, 김문경, 양희용 등은 분석방법을 명확히 밝혀두지 않은 채 전략문화를 구성하는 요소 또는 전략문화 형성에 영향을 미치는 요소를 중심으로 분석된 특징만을 제시하였다. 손효종은 키 텍스트를 한정하지는 않았지만, 북한의 핵 담론에서 자주 등장하는 단어와 문맥(컨텍스트)을 함께 살펴서 전략문화를 추출하는 혼합적인 접근을 보였다.[41] 황병무, 김영준은 분석과정 없이 도출된 전략문화 유산을 나열하였는데 황병무는 도출한 결과인 중국의 전략문화 유산을 제시하였고, 김영준은 루이스의 연구결과를 인용하여 전략문화를 제시하고 있다. 각 연구자는 연구대상과 주제에 맞춰 각각의 조작적 방식에 의해서 전략문화를 추출 또는 도출하고 있다.

나. 전략문화와 다른 변수와의 관계 분석방법

전략문화와 다른 변수와의 관계를 개념화하는 방법에 대해 존스턴은 여섯 가지 방식을 제시하였다. ①전략문화를 독립변수로 하여 정책의 선택지를 설명하는 방법이다. 이것은 전략문화가 곧바로 하나의 선택지를 제공하거나 다수의 선택지에 대한 순위를 제공하는 방식으로 작동한다. ②전략문

---

41   손효종은 존스턴이 중국 전략문화 연구의 구체적 분석을 위해 중국 고대 병서의 텍스트와 문맥 (context)을 관찰하여 메시지를 추출하는 '상징분석(symbolic analysis)' 방법을 활용했던 것과 유사하게 북한의 핵 담론에서 반복적으로 등장하는 단어와 문맥을 통한 규범적 요소와 핵전략을 추출하였다고 말하고 있다. 북한 전략문화 연구에 있어 담론을 통한 전략문화 분석이 적실성을 갖는 이유를 담론이 경험질서를 반영하여 인식을 지배하고 통치 정당화 논리를 통해 대중의 지지를 유도하는 임무를 수행하기 때문이라고 밝혔다. 하지만 존스턴은 손효종의 주장과는 달리 텍스트적 분석을 통해 전략문화의 특징을 추출하는 연구를 진행하였다. 키 텍스트를 분석하여 상징을 추출하고 인지 지도를 통해 나타내는 방식으로 전략문화를 분석하고 있다. 손효종, 『북한의 전략문화와 핵 개발의 전개』, pp. 5-6.

화가 선택과 성향의 범위를 제공하고 다른 매개변수가 결정하는 방법이다. 이 경우 정권 교체, 엘리트 교체, 관료정치, 기술진보, 내부 논쟁 등의 매개변수가 특정 전략문화의 특징이 지배적으로 작동하도록 할 우려가 있다. ③전략문화는 시간과 전략적 맥락에 걸쳐 지속하는 일관된 정책의 선호 순위이다. 외부 조건의 변화가 전략문화와 상호 작용하여 독립변수에 변화를 일으킨다. ④전략문화는 선호 순위가 아닌 다른 형태로 나타날 수 있다. 예를 들어, 정책 프로세스를 정의함으로써 독립변수의 영향을 중재하거나 완화할 수 있다. 다른 하나는 특정 조직과 그들의 문화가 정책결정 과정에서 지배적인 역할을 하는 이유를 나타낸다. ⑤전략문화는 논쟁의 대안을 배제하고 정책을 정당화하는 수단이 될 수 있지만, 결정은 전혀 다른 기반(예, "국익"으로 포장된 전략적 엘리트들의 정치적·경제적 이익)으로 이루어진다. ⑥전략문화가 미래 시점에 행동의 결정요인으로 진화한 동적 모델이다.[42] 존스턴의 주장처럼 도출한 전략문화와 다른 변수와의 관계에 대한 연구방법은 연구 주제에 따라 다양하게 나타났다.

국내연구에서도 연구자별로 도출한 전략문화를 통해 다른 변수와 관계를 개념화하는 방법에 차이가 있다. 대부분의 연구는 도출한 전략문화를 독립변수로 하고 종속변수로 전략적 행위, 하위전략, 전쟁수행방식 등을 택하여 상호 관계를 추적하거나 앞서 도출한 전략문화의 적정성을 재검증하는 형태를 취하고 있다. 황일도는 도발로 이어지는 군사행태를 통해 북한 전략문화를 검증하였고, 손효종은 북한 전략문화로 북한의 핵 개발과 핵 협상을 해석하였다. 그리고 황병무, 홍용표, 이내주는 도출한 전략문화를 통해 하위전략,

---

42 존스턴이 제시한 전략문화와 다른 변수와의 관계를 개념화하는 여섯 가지 연구방법에 대한 자세한 내용은 다음을 참고한다. Johnston, "Thinking about Strategic Culture", pp. 52-55.

군사력 운용 방식 또는 전쟁수행방식을 예상하였고, 신인식은 포병전략문화를 분석하고 김일성·김정일·김정은 3대를 통해 포병전략문화의 전개 과정을 살펴서 입증함으로써 포병전략문화를 확정하였다. 김백주, 조화성, 홍성복은 북핵 협상 사례를 통해 도출한 전략문화를 입증하고 후속 핵 협상 전략을 예상하였다. 김문경은 남북한의 전략문화를 상호 비교했다는 점에서 차별성이 있다. 다른 변수와의 관계 분석에 관한 연구방법은 연구 주제와 연계하여 다양하게 나타났다. 정형화된 연구방법에 맞춘 옳고 그름의 문제가 아니라, 연구 가설 또는 핵심질문을 효과적으로 입증하기 위한 적정한 방법을 택하는 문제임을 알 수 있다.

3. 전략문화 분석의 틀

전략문화의 특징을 도출하기 위해 존스턴식 연구방법론의 한계를 생각하면서 그레이가 가진 전략문화에 대한 근본적인 접근 태도, 즉 전략문화는 전략적 행위를 이해하기 위한 컨텍스트(맥락)라는 연구 입장을 고려하고자 한다. 결국은 전략적 행위를 이해하기 위해 전략문화의 존재를 어떻게 상징이나 가치로 분석하느냐가 관건이다. 분석과정의 편의성, 분석된 산물과 행위의 관계성을 효과적으로 설명하는지만을 고려하지 않고, 문화가 갖는 폭넓은 특징을 효과적으로 담아내어야 한다. 또한, 전략적 환경변화에 따른 전략적 행위의 변화를 담아낼 수 있도록 포괄성과 지속성이 있는 전략문화의 특징을 도출할 수 있어야 한다. '전략적 행위의 선호를 한정하는 관념적 환경'이라는 전략문화의 정의에 기초하여 전략문화를 도출해야 한다.

본 연구는 미국 전략문화의 특징을 컨텍스트적으로 도출하는 방법을 적용하고자 한다. 존스턴과 같이 키 텍스트로부터 전략문화를 도출하는 것은 키 텍스트가 갖는 한계를 고려해야 한다. 해당 키 텍스트가 미국 전략문화를 대표한다고 단정할 수 있는지, 또한 해당 키 텍스트가 전략적 행위의 정당성을 위해 변론적 해석으로 구성되지는 않았는지, 의도적으로 조작되지 않았는지 등의 의구심을 완전히 제거할 수 없다. 특히 미국이라는 전략행위자의 전략문화를 이해하기에 적합한 키 텍스트를 한정하기란 사실상 불가능하다. 키 텍스트뿐만이 아니라 엘리트들의 언급을 기록한 문서, 전략서 등의 문헌을 통해 상징이나 가치를 텍스트적으로 추출하는 것에도 한계가 존재한다. 미국은 정권 교체에 따라 정책의 변화가 심하기에 정책적 주장이나 정책 옹호적 주장이 문헌상에서 반복되면서 전략적 상징이나 가치로 채택될 우려가 있다. 따라서 미국 전략문화는 컨텍스트적으로 분석해야 할 필요가 있다.

다만, 컨텍스트적 분석이 과도하게 세세한 전략문화의 특징을 도출할 수 있다는 우려가 있다. 이를 극복하기 위해 '지속성'과 '포괄성'이라는 측면에서 한정하여 전략문화의 특징을 도출하고자 한다. 전략문화는 정권의 변화, 시간과 공간의 변화에 상관없이 전략적 행위를 맥락적으로 이해하는 도구로 작동해야 한다. 따라서 전략문화의 특징을 한정하기 위해 문화 형성에 영향을 미치는 요소를 먼저 제한하고, 이를 분석의 틀로 하여 전략문화의 상징 가치를 지속성과 포괄성이라는 측면에서 선택하고자 한다.

도출한 전략문화의 특징을 토대로 한국전쟁 발발 전후 미국의 개입정책 변화 사례에 대입하여 전략적 행위에 놓인 일정한 맥락을 효과적으로 설명하고 있음을 추적하여 도출한 미국 전략문화의 적실성을 재검증하고자 한다. 이를 위해 1차 자료에 대한 문헌 조사를 통해서 기록되어 있는 사실을 중심으로 하여 역사 문화적 분석방법을 적용할 것이다. 문헌 조사를 통해 전략문화의 특징이 미국 개입정책 변화의 결정 과정에서 영향을 미치고 있는 사실을 발견하고자 노력할 것이다.

본 연구에서는 전략문화를 독립변수로 하여 한국전쟁 발발이라는 외생적 변수에도 불구하고 정책적 선택에 놓인 일정한 맥락, 즉 전략적 행위의 선호를 효과적으로 설명하고 있음을 분석하고자 한다. 한국전쟁 발발이라는 급작스러운 외생변수에도 불구하고 미국 전략문화가 한반도 개입에 관한 정책적 선택에 일정하게 영향을 미치고 있고, 개입정책 변화 아래에 놓인 연속성을 효과적으로 설명하고 있는지를 살펴볼 것이다. 이러한 방법론이 가능한 것은 외생변수가 이미 전략문화의 특징 자체에 포함되었기 때문에 변수의 개입 효과가 작고, 전략문화가 구조적 변수의 변화에 둔감한 전략적 선호를 제공하는 지속성과 포괄성을 포함하고 있다는 전제가 깔려 있기 때문이다.

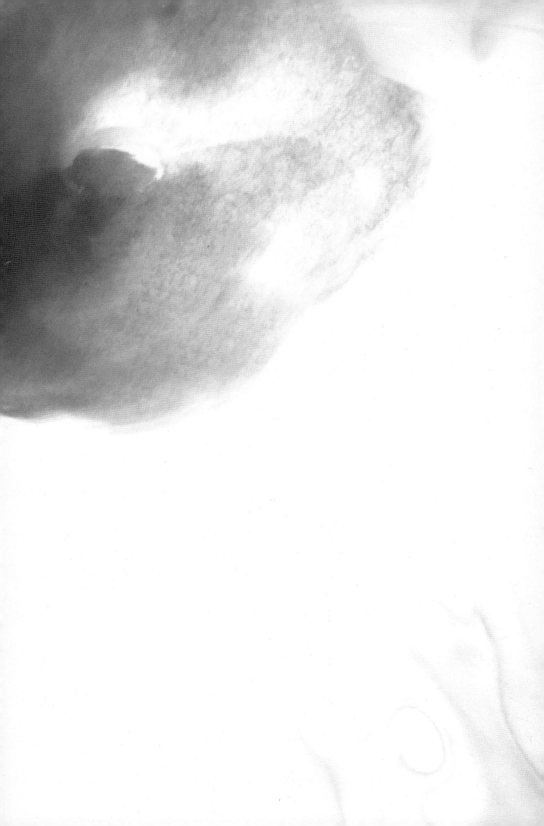

III

미국 전략문화의 특징

1. 전략문화 형성의 영향요인

본 연구는 미국 전략문화의 특징을 세 단계를 통해서 도출하고자 한다. 먼저 전략문화 형성에 영향을 주는 주된 요인을 한정하고, 각각의 영향요인별로 전략문화가 형성되어 가는 과정을 고찰하여 축적된 전략문화의 특징을 도출할 것이다. 다만, 특징을 분석하면서 전략문화 전반에 대한 특징을 모두 나열하지는 않을 것이다. 본 연구는 정권 교체, 엘리트 변화, 관료정치, 기술진보 등의 외생변수와 무관하게 지속성, 포괄성이 있는 특징만을 선택하여 연구 도구로서 적정성을 갖추고자 한다.

미국 전략문화를 도출하기 위한 첫 단계는 전략문화 형성에 영향을 미치는 주된 요인을 한정하는 것이다. 본 연구를 위한 분석 도구로 활용하기 위해 지속성과 포괄성이 있는 전략문화 형성에 영향을 미치는 주된 요인을 '역사적 경험, 지리적 환경, 규범체계'로 한정하였다. 각 영향요인이 가진 중요성을 살펴보면 다음과 같다.

먼저, '역사적 경험'은 정책결정의 누적을 통해 고유한 성향인 정체성을 형성하는 주된 영향요인이다. 그레이는 전략문화의 기본적 개념을 국가의 역사적 경험에서 찾았다. 그레이에 따르면, 역사적 경험은 경험 그 자체만이 아니라 경험이 해석되고 투영된 정치 철학, 시민문화 등 살아가는 방식 전반을 포함하는 것이며, 이는 특정한 국가적 성격을 규정한다.[1] 오랜 시간에 걸친 정책결정의 경험들이 정책결정자나 기구의 구성원 사이에 학습되고 사회화되어 세대 간에 전달됨으로써 축적되고 정책 선호에 영향을 미치게 되며, 또 다른 경험이 일정한 축적의 과정을 거쳐야만 새로운 전략문화로 변화하기 때문에 지속성과 포괄성이 있는 요소이다.

두 번째, 국가가 자리 잡은 '지리적 환경'이다. 지리적 환경을 통한 자기 인식은 정책적 선호에 직접적인 영향을 준다. 지리적 환경은 지리, 기후, 천연자원을 포함하는 것으로 비교적 고착된 환경이지만, 지리적으로 인접한 국가와의 정치적 관계, 새로운 천연자원의 발견 또는 추출, 교통수단이나 교통로의 발전 등에 의해 지리적 환경도 변할 수 있다. 특히 대륙국가인지 해양국가인지가 국가의 군사전략 발전에 미치는 영향이 지대하다. 대륙국가는 국경을 마주한 인접 국가와 끊임없는 대립과 갈등으로 전쟁의 위협 속에서 살아간다. 주변국과 관계를 통해 다수와의 전쟁의 위험에 동시에 처하지 않도록 하는 정치적 노력이 중요하다. 군사적으로도 기동 중심 군사전략을 가진다. 반면, 해양국가는 자국의 필요로 인해 외부로 무력을 투사하기도 하지만, 인접 국가로부터 위협을 직접 받지는 않는다. 바다라는 천연의 장애물은 위협의 접근을 어렵게 하기 때문이다. 외부의 위협이 직접적이지 않기 때문에 선별적 개입을 택할 수 있었다. 군사적으로는 대형 함선, 전투함, 항모 등으로 발전하면서 화력을 통해 무력화한 후에 병력을 투사하는 형태로 군사전략이 발전한다. 또한, 지리적으로 인접한 주변국과의 정치적 환경이 만들어 내는 관계는 지리적 환경이 형성한 이차적인 환경으로서 지정학(**Geopolitics**)이라 부른다. 지리적 환경은 물리적인 환경임과 동시에 정책적

---

1   Gray, "National Style in Strategy: The American Example", p. 22.

선호에 영향을 미치는 중요한 요소이다.

끝으로 '규범체계'이다. 역사적 경험과 지리적 환경이 오랜 시간 축적을 통해 형성한 규범체계는 정책적 선호에 중요한 기저를 제공한다. 전략적 행위자가 경험한 역사적 사건들은 체제 구성원들에게 특정한 인식적 공감대를 형성하고, 당위적 행동 양식인 규범으로 구현되어 구체적 전략들을 양산하는 중요한 논리적 기재로 작동한다.[2] 구성원들이 공통의 경험을 공유하고 시간을 두고 반추하며 해석과 재해석을 거듭하면서 공유된 관점을 바탕으로 역사적 사실을 이해하고, 이것이 제도 속에 녹아들어 조직체계나 절차 등으로 정립되어 규범체계가 된다. 이러한 규범체계는 전략문화를 구성하는 요소이자, 전략문화를 형성하는 영향요인이다. 규범체계는 사회문화적 요인이 집약된 결합체로서 전략적 행위가 방만해지는 것을 막고, 전략적 선택을 한정하는 변수로서 쓰임에 적합하도록 이끌 수 있다.

이어 전략문화 형성에 영향을 주는 주된 요인으로 한정한 역사적 경험, 지리적 환경, 규범체계별로 고유의 전략문화로 형성되어 가는 과정을 고찰하여 전략문화의 특징을 도출하여 제시할 것이다.

---

2   황일도, "북한의 전략문화와 군사행태: 핵무기 개발, 재래식 전력배치, 연평도 포격 사례를 중심으로",
     p. 54.

2. 역사적 경험을 통한 정체성: 예외주의

(1) 아메리카 합중국의 탄생과 정체의 이례성 형성

가. 아메리카 합중국의 탄생

최초 대서양 연안 지대에 회사 또는 자치식민지, 영주식민지 등 서로 다른 형태로 모두 13개 식민지가 건설되었다. 식민지는 지역별로 다른 역사를 지니고 있었으나 공히 현지에서 조직한 참의회를 통해 식민지를 경영하였고, 이주민 대표로 민의원을 구성하였다. 초기 이민은 기업가들에 의한 개척이었으나, 1620년 청교도 일단이 종교의 자유를 찾아 이주해 왔다. 이들은 메이플라워호 선상에서 협약을 맺어 시민정치체를 만들고 법을 제정하여 영국의 전통을 이어받았다. 17세기 말 회사 또는 영주식민지에서 왕령식민지로 바뀌면서 관할 기관인 통상식민원(Board of Trade and Plantation)을 설치하였다.[3]

1756~1763년까지 7년간 영국-프랑스의 세력쟁탈전이 영국의 승리로 끝나고 전쟁 비용을 충당하기 위해 식민지 조세정책은 더욱 가혹해졌다. 이때부터 식민지 주민들은 자신들이 영국인이 아니라 미국인이라고 인식하기 시작했다. 프랑스의 위협에서 벗어나 영국에 대한 의존도가 약화하면서 공통의 문제를 해결하기 위해 식민지들은 연합할 필요를 점차 느끼게 되었다. 미국인들을 자극한 것은 영국의 조세정책이었고, '대표 없이 과세 없다'라는 영국 헌법상 원칙을 따라 본국 정책에 반기를 들기 시작하였다. 마침내 미국인들은 차(茶)에 대한 영국의 세금 부과에 반대하여 1767년 보스턴 티파티(Tea Party)를 일으켜 조세정책에 저항하였다.[4] 1774년 식민지대표가 모여

---

3 윤용희 · 윤이화, "미국의 건국 정신과 헌법정신의 함의", 『사회과학』 17, 1-38 (대구: 경북대학교 사회과학연구원), p. 6.

4 미국해외공보처, 『미국역사개관』 (1994), p. 62.

제1차 대륙회의로 본국 정책에 저항했으나 독립을 결정하지는 않았고, 1775년 제2차 대륙회의로 식민지인들은 '미국인'으로서 동일성을 갖게 되었다.[5] 1776년 제퍼슨이 주로 작성한 독립선언문에 기초하여 새 나라가 탄생하였고, '인간의 자유'의 철학이 개진되었다. 독립선언문은 인간의 3대 기본권인 생명권, 재산권 및 행복추구권을 보장하고, 정부는 지배를 받는 자의 동의가 있을 때만 존재가치가 있다고 명시하였다.[6]

미국은 1776년 독립선언 이후 독립전쟁을 치른 후 1783년 공식적인 독립이 승인되었으나, 식민지의 상호 결합이 아니라 영국과의 유대를 단절시켰음에 불과했다. 독립 13개 주는 1781년 제정된 연합규약을 통해 중앙정부 없이 주정부가 연합한 형태로 국가체제를 만들었다. 13개 주정부는 중앙정부를 전제왕권과 동일시하여 중앙정부를 원하지 않았음으로 인해 세금, 외교, 국방 등 국정에 혼란을 겪었다. 미국 독립선언 이전의 연방체제를 이끌었던 제1 · 2차 대륙회의(Continent Congress)가 해산되고 동일하게 각 주의 대표자로 연합회의(Confederate Congress)가 구성되었다. 하지만, 연합회의는 여전히 법적인 구속력을 갖지 않아 독립한 아메리카 합중국은 단일국가와 같은 결속을 기대할 수는 없었다. 최초의 기본법, 연합헌장에 의해 아메리카 합중국(United States of America)으로 칭하고, 각 주는 완전한 주권을 가지며, 국방 · 외교 · 화폐 · 인디언대책 등은 연합회의에 맡겼다.[7] 하지만 연합회의는 징세 · 통상 권한이 없었고, 상비군도 가질 수 없었기에 중앙정부 역할을 수행하기에는 부족하였다.

5　백상기, 『비교정치제도』 (대구: 형설출판사, 1987), p. 251.

6　미국해외공보처, 『미국역사개관』, p. 73.

7　김운태, 『정치학원론』 (서울: 박영사, 1981), p. 389.

1787년 로드아일랜드(Rhode Island)[8]를 제외한 12개 주 대표가 모인 연방회의(Federal Convention) 또는 제헌회의(Constitutional Convention)라고 불린 필라델피아 회의에서 워싱턴(George Washington)이 의장에 선출되었다. 그리고 1788년, 마침내 연방헌법이 제정됨으로써 단일국가의 정부가 설립되었다.

미국은 4단계에 걸쳐 현재와 같은 연방제 헌법을 제정하였다. 제1단계는 독립 전 식민시대 영국의 불문 헌법 시대였고, 2단계는 1776~1781년 연합규약 시대이다. 3단계는 1781~1789년 준연방 규약 비준이 끝난 기간으로 새로운 헌법을 제정하기 위해 헌법회의를 개회하여 미합중국 창설까지 기간이다. 4단계는 1789년 새로운 헌법과 수정헌법 발효로 오늘날과 같은 연방헌법이 완성되고 연방국가로 발전하게 되었다.[9]

미국은 원주민의 땅 위에 이주민의 이주와 영국 식민지 시대를 거쳐 미국이라는 국가로 독립한 것은 240여 년 전인 1776년이다. 아메리카 대륙에 개별 국가로의 파열을 막고 온전히 합중국으로 남을 수 있었던 것은 남북전쟁이 종료한 1865년이다. 유럽의 국가들이 오랜 역사를 통해 명멸을 거듭하며 지속해 온 데 비해 상대적으로 짧은 역사다. 하지만 유럽이라는 기존 질서로부터 이탈하여 탄생한 새로운 질서의 상징이 되었다.

나. 정체의 이례성 형성

미국의 이례성은 구세계로부터 신세계로 이주함으로부터 잉태되었고, 구세계와의 인위적 단절과 새로운 국가모형의 건설과정을 통해 형상화된 것이

---

8   로드아일랜드주는 그들만의 화폐를 계속 발행하겠다는 의지를 갖고 대표 파견을 거부했다.
9   강주진, 『미국정당정치사』 (서울: 동서문화사, 1983), p.18.

다. 건국과정에서 미국 내부에는 기존 질서의 상징인 유럽 사회의 일원으로서 인정받으며 근대국가로 부상하고자 하는 기존성이 존재했고, 기존 질서와의 단절을 통해 새로운 질서로 나아가고자 하는 역동적이고 반발적인 이례성이 함께 있었다. 미국의 이례성이 점차 미국의 정체로 자리 잡아 가는 시간의 축적이 있었다.

차태서는 『은폐된 혁명』에서 해밀턴(Alexander Hamilton)과 제퍼슨(Thomas Jefferson)의 논쟁을 통해서 대내 주권형성과 정치 경제 질서구성, 대외질서구성의 세 가지 차원에서 분석하여 아메리카의 이례성을 제시하였다. 해밀턴에 대비되는 제퍼슨의 주장을 통해서 베스트팔렌 조약(Westfälischer Friede) 이후 근대 국가체제의 사회화 압력에 맞부딪치는 아메리카 정체의 이례성을 다음과 같이 말하고 있다.

"해밀턴은 근대 국제정치 질서의 표준에 자신의 대외정치관을 일치시키고, 그 '주어진' 문제 틀 속에서 어떻게 하면 아메리카를 표준에 잘 적응시키고 아메리카의 위치를 상위에 올려놓을 수 있을 것인가 하는 '문제해결 이론적 입장'을 취하였다. 즉 그는 주권(정당한 행위자로서의 근대국가)과 세력균형 그리고 국익이라는 근대 국제정치의 패러다임 속에서 아메리카의 외교정책을 고려하였고, 그의 목표는 아메리카가 근대 국제체제 내에서 위대한 입지에 오르게 만드는 것-대서양 세력균형 정치에서의 강자, 나아가서는 전 세계 패권국-이었다.

반면, 제퍼슨은 이 문제에서도 일관되게 '비판 이론적 입장'을 취했다. 그에게 근대 국제정치 질서란 유럽이 상징하는 구악(舊惡)의 일부에 지나지 않았고, 아메리카라는 역사적 진보 혹은 탈주선(line of flight)에 의해 대체되고 변혁되어야 하는 대상에 지나지 않았다. 따라서 그는 일

종의 상업평화론과 민주평화론에 기반을 두어 전 세계의 국제정치 질서 자체를 탈근대적으로 재편하려 하였고 이러한 그의 욕망은 특히 프랑스 혁명에 대한 지지와 기대로 표출되었다."[10] (강조 부분은 연구자)

해밀턴이 미국을 유럽 사회의 기존성에 잘 적응시켜 그 일부로서 인정받고 나아가 근대 국제체제의 위대한 입지에 올라야 한다고 주장했지만, 제퍼슨은 유럽이라는 구악에서 벗어나 변혁되어야 하며 국가 중심의 베스트팔렌 근대체제에서 상업평화론, 민주평화론에 기반을 둔 탈근대체제로 재편되어야 한다고 주장하였다. 탈근대성을 지향하려 한 아메리카의 이례성이 여실히 드러나는 대목이다. 상업평화론과 민주평화론은 프랑스 계몽주의에서 비롯된 것으로 기존의 중상주의 무역체제를 깨고 전 세계가 자유무역을 수행함으로써 평화롭게 서로의 이익을 증진하여 분쟁의 요인을 없애는 한편, 개별 국가의 정체를 민주화함으로써 전쟁을 일삼는 군주의 욕망을 평화 애호적인 인민의 욕망으로 대체하여 인류를 전쟁에서 해방하자는 것이었다.[11]

제퍼슨은 근대국가 질서를 넘어서는 연방체제를 대안으로 여기며, 아메리카 체제의 복사, 확산을 통한 세계혁명의 꿈을 꾸었다. 아메리카 역사를 가장 진보한 상태로 여기며, 전 인류가 앞으로 따라야 할 모범이자 희망으로

---

10 차태서는 아메리카 건국의 두 기둥인 해밀턴(Alexander Hamilton, 1755~1804)과 제퍼슨(Thomas Jefferson, 1743~1826) 사이의 논쟁을 유럽적 근대성과 아메리카적 탈근대성의 충돌이라는 분석틀을 통해 아메리카의 예외주의를 재해석하였다. 아메리카 혁명은 18세기 근대를 넘어 대안적인 세계를 창조하려던 탈근대적 혁명이라 보았고, 프랑스 혁명, 러시아 혁명에 버금가지만 제대로 알려지지 않았다는 의미로 '은폐된 혁명'이라고 칭하였다. 미국의 외교정책이 내부적인 예외주의적인 정체의 원리를 외부로 투사함으로써 기존의 근대 베스트팔렌 국제질서를 전복하려는 현상으로 나타난다고 예외주의의 계보를 분석하였다. 차태서, 『은폐된 혁명: 아메리카 예외주의 계보학적 분석』(파주: 한국학술정보, 2007), p. 152.

11 David Hendrickson, and Robert Tucker, *Empire of Liberty* (New York: Oxford University Press, 1990a), p. 44.

존재한다는 점을 믿어 의심치 않았다.[12]

제퍼슨은 1795년 프랑스와 영국의 전쟁에서 프랑스가 영국을 점령할 가능성을 예측하면서 영국에 자유와 공화주의의 새벽이 도래했음을 자축하고 싶다고 말하며 구체제의 전복을 소망한다고 밝혔다. 어쩔 수 없는 경우에는 외부에 의한 체제전복이 유효한 외교정책의 방침이 될 수 있음을 밝히기도 했다.[13] 1810, 20년대 남미에서 독립혁명이 고조되던 시기에도 제퍼슨은 독립혁명의 성공적 수행과 아메리카 체제와 유사한 공화정부 수립을 염원하기도 하였다. 필요하면 외부에 의한 체제전복도 허용한다는 그의 생각은 개입정책으로 이해될 수 있는 부분이다.

1823년 제퍼슨은 당시 대통령, 먼로(James Monroe)에게 서한을 보내 '먼로 독트린'[14] 구상에 대해 지지 의사를 보냈다.

"우리가 첫째로 가장 중요하게 생각해야 할 것은 우리가 유럽의 싸움에 절대로 말려들지 않게 하여야 한다는 점입니다. 둘째로, 우리는 유럽이 대서양 이편의 일에 간섭하지 못하게 하여야 합니다. 남과 북의 아메리카는 유럽의 이해와는 완전히 다른 독자적인 이해관계를 가지고 있습니다. 따라서 남북 아메리카는 유럽과는 완전히 분리된 독자적인 체제를 구축할 필요가 있습니다. 유럽이 압제의 장소가 되기 위해 노력하고 있

---

12   차태서, 『은폐된 혁명』, pp. 164-165.

13   Hendrickson and Tucker, *Empire of Liberty*, pp. 270-271.

14   초대 대통령 워싱턴은 유럽국가들과 어떠한 동맹도 거부한다고 선언하였고, 그러한 중립정책
(policy of neutrality) 노선은 대체로 제퍼슨 대통령 시기까지 이어졌다. 그러던 중 1823년 라틴아메리카의 국가들이 유럽의 식민지로부터 독립을 요구하는 목소리가 높아지면서, 유럽국가들이 자국 식민지에 대한 지배강화를 위해 무력적 개입을 다시금 시도하려 했다. 그에 대해 미국의 먼로 대통령이 나서서 북미와 남미를 포함한 아메리카 대륙 전체의 대외적 독립성을 공표하였다. 미국정치연구회 편, 『미국 정부와 정치2』 (서울: 도서출판 오름, 2013), p. 577.

다면, 우리는 우리의 반구(hemisphere)가 자유의 장소가 되기 위해 전력을 기울여야 할 것입니다."[15]

아메리카 합중국에 구축된 가치를 지켜내기 위해 고립을 주장하는 먼로 대통령의 외교정책 노선에 대한 제퍼슨의 지지였다. 아직 약소국이었던 미국은 자유민주주의의 가치를 강대국이었던 유럽으로부터 지켜내기 위해 고립을 선택하였다. 제퍼슨은 고립에서 나아가 아메리카 대륙을 완전히 단절시켜, 새로운 질서로 나아가는 혁명 기지화하려는 의도가 있었다. 그는 합중국 내 연방헌법이 지켜지고 남북 아메리카에 자유와 공화주의의 새로운 질서에 기반한 공화국들이 들어서기를 바랐던 것이다.

(2) 미국 예외주의적 특징

아메리카의 이례성에 대해 '예외주의'라는 용어가 사용되었다. 다만, 처음 사용된 시기에 대해서는 이견들이 존재한다. 1630년 윈스롭(John Winthrop)이 성경의 산상수훈(마태복음 5:14)에 나오는 표현을 빌려 아메리카가 모든 세계인이 주목하는 '언덕 위의 도시(city upon a hill)'가 될 것이라고 선언한 데서 비롯되었다고 말해진다.[16] 하지만, 윈스롭의 주장은 19세기 중반에 처음 출판되었고, 출판된 이후에도 반향이 없다가 1930년대에 밀러(Perry Miller)가 정전(正典, canon)으로 재포장하였기에 1630년 윈스

---

15 차태서, 『은폐된 혁명』, p. 174; Merrill Peterson ed. Thomas Jefferson, *Writings*, (New York: Library of America, 1984), pp. 1481-1482. 재인용.

16 Trevor B. McCrisken, "Exceptionalism", in Alexander Deconde, Richard Dean Burns, Fredrik Logevall, and Louise B. Ketz ed. *Encyclopedia of American Foreign Policy*, 2nd ed., Vol. 2 (New York: Scribner, 2002), pp. 66-78.

롭의 선언이 예외주의의 발원이라고 보기가 제한된다. 두 번째는 프랑스 정치철학자, 역사가인 토크빌(Alexis de Tocqueville)이 1830년대 미국을 관찰한 후 저술한 『미국의 민주주의』[17]에서 미국이 예외적인 국가의 모델이라고 주장한 데서 비롯되었다는 주장이 있다. 세 번째, 흥미롭게도 '미국 예외주의(American Exceptionism)'라는 표현을 처음 사용한 사람이 소련 지도자 스탈린(Joseph Stalin)이라는 주장이 있다. 1920년대 미국 공산당의 지도부가 북미지역에서는 미국 사회의 특수성을 이유로 사회주의 혁명의 전망이 어둡다고 주장하자, 이를 비판하기 위해 예외주의라는 용어를 스탈린이 만들어 냈다는 것이다.[18] 용어 사용 시기에 대한 이견이 있고, 정치적 목적에 의해 재생산되어 왔지만, 미국 사회의 정체성에 예외주의의 개념이 존재해 왔고, 미국의 전략문화를 특징짓는 중요한 요소임은 부정할 수 없다.

'미국 예외주의'란 미국이 인류사에서 해야 할 특별한 역할을 가진 비범한 국가로서 단순히 타국들과 다를 뿐만 아니라 더 우월하다는 믿음을 뜻한다. 예외주의는 미국의 국가 정체성과 국가주의(nationalism)의 핵심요소로서 역사적으로 미국 외교정책을 형성하고 구성하는 지배적인 문화적이고 지적인 틀을 제공해 왔다고 여겨진다.[19] 이와 같은 예외주의는 국가별로 행태는 조금씩 다르지만, 미국, 영국, 일본, 이란, 베네수엘라, 이스라엘, 구소련, 프랑스, 독일 등 많은 나라에서 이를 찾아볼 수 있으며, 역사적으로는 로마 제국, 오스만 제국, 중국도 선민사상, 중화사상 등으로 나타나는 예외주의를

---

17 Alexis de Tocqueville, *Democracy in America: An Annotated Text Backgrounds Interpretations* (New York: W.W. Norton & Company, 2007).

18 차태서, "예외주의의 종언? 트럼프 시대 미국패권의 타락한 영혼", 『국제 · 지역연구』, 28권 3호 (2019), p. 7.

19 차태서, "예외주의의 종언? 트럼프 시대 미국패권의 타락한 영혼", p. 3; McCrisken, "Exceptionalism", pp. 63-64. 재인용.

가지고 있었다.

그중에서도 미국 예외주의에 주목하는 것은 미국의 예외주의가 국내적 단결과 자강을 향한 자기 신념화에 그치지 않기 때문이다. 미국의 경제력과 외교력의 신장만큼이나 미국의 예외주의가 국제사회에 미치는 영향 또한 지대하다. 특히 미국이 제2차 세계대전으로 인해 심대한 피해를 본 유럽 사회를 경제적·정치적으로 대체하는 국가로 등장하게 되면서 미국 예외주의의 영향은 더욱 커졌다. 미국의 예외주의는 아메리카 합중국의 탄생과 더불어 그 특징이 형성되었지만, 미국의 국력이 갖는 국제사회에서의 상대적 위치, 구조적 상대성에 따라 시기별로 다양한 모습으로 국제사회에 영향을 미치고 미국의 정체성, 국가적 자아를 형성하였다.

아메리카 합중국의 태동과 이례성의 형성과정이라는 역사적 경험을 통해 미국 전략문화의 한 축인 미국 예외주의를 도출할 수 있다. 미국 예외주의 전략문화의 세부 특징은 다음과 같다.

〈표 3-1〉 미국 예외주의의 특징

E-1. 자유민주주의 가치의 수호와 확산	E-2. 선악 분리

가. 자유민주주의 가치의 수호와 확산(E-1)

해밀턴과의 논쟁에서 보인 제퍼슨의 주장대로 아메리카 합중국은 베스트팔렌 근대체제에서 벗어나 연방체제를 대안으로 여기며, 탈근대체제로 나아가고자 했다. 상업평화론, 민주평화론에 기반한 자유무역을 수행함으로써 평화롭게 서로의 이익을 증진하여 분쟁의 요인을 없애고자 했다. 또한, 개별 국가의 정체를 민주화함으로써 전쟁을 일삼는 군주가 아닌 평화 애호적인 인민의 욕망으로 대체하자는 것이었다. 제퍼슨 이후의 미국은 자유민주주의를 추구하는 아메리카 체제를 가장 진보한 상태로 여기며, 전 인류의 모범이자 희망으로 자신의 정체를 인식하였다.

기존 유럽의 근대질서와의 단절을 통해 새로운 질서로 나아가고자 하는 이례성이 미국 내에서 강하게 자리 잡았다. 미국의 내적인 이례성이 외적으로 200여 년간 미국 외교의 핵심적 추동 변인으로 작동했다. 미국 외교는 예외주의적 정체성과 역할 인식에 기반하였으며, 다만 국제체제적 조건인 미국의 상대적 권력, 경제와 폭력의 상호 의존 정도 등에 따라서 예외주의가 수세적 형태의 외교전략으로 발현될지, 아니면 공세적 형태의 외교전략으로 발현될지 결정되었다.[20]

미국의 외교에서 나타나는 수세적인 고립과 공세적인 개입은 모두 자신의 자유민주주의 가치를 지켜내고 확산하고자 하는 같은 연원에서 비롯한 양태이다. 아메리카 대륙 외부에 존재하는 악(惡), 특히 유럽의 만연한 부패와 전쟁으로부터 자신의 가치를 지켜내기 위해 미국은 고립을 지향한다. 하지만 더는 그 악으로부터 자신을 격리할 수 없게 된 상황에 이르면, 자신에게 해를 끼칠 수 있는 악을 멸하고 가치를 지켜내기 위해 미국은 이제 자신의 순수성을 보존하는 윌슨주의적 목표인 '민주주의를 위해 세상을 안전하게 만들기 (Making the World Safe for Democracy)'를 달성하기 위해 개입을 택하게 된다. 인류사에서 특별한 역할을 가진 비범한 국가라는 미국의 자기 인식인 예외주의에서 태어난 고립과 개입은 마치 쌍생아처럼 본바탕은 같다.

---

20   Daniel Deudney, *Bounding Power: Republican Security Theory from the Polis to the Global Village* (Princeton: Princeton University Press, 2007), p. 187.

미국 외교는 개입과 고립을 20~30년 주기로 번갈아 가며 채택해 왔다.[21] 미국이 유럽의 문제에 개입하지 않는 것을 고립주의라고 한다면, 이는 부패한 유럽과 인연을 끊음으로써 미국의 순수성을 수호하기 위한 것이었다. 또한, 19세기 말 이후 미국 외교의 개입주의 성향은 미국을 위협하는 비미국적인 제도나 이념을 미국이 나서서 고치려는 성향 때문이었다. 따라서 고립주의와 개입주의는 모두 미국의 이념과 자유를 수호하고 전파하려는 '도덕적 절대주의'라는 점에서 본질적으로는 같다는 것이다.[22] 미국의 예외주의적 특징은 고립과 개입의 형태로 나타나며 미국의 고귀한 가치를 지켜내고자 하는 노력으로 나타난 것이다.

19세기 아메리카의 외교정책은 대체로 먼로 독트린에서 보이듯 소극적이고 방어적인 양상을 보였다. 그러나 20세기를 통해 전 지구적인 패권을 장악할 만큼 힘을 축적한 아메리카는 제1차 세계대전, 제2차 세계대전, 냉전이라는 세 차례에 걸친 대전쟁에 참여하면서 본격적으로 자신의 혁명적 이상을 전 세계에 투사하려 하였다.[23] 유럽에 있는 '저들'의 '악'을 섬멸하고, 역사의 단절 혹은 종말을 가져오기 위한 성전에 참전함을 선언하였다. 윌슨은 세상의 모든 전쟁을 종식(A War to End All Wars)하기 위해, 루스벨트는 민주주의에 적합한 세상을 만들기 위해, 트루먼(Harry S. Truman)은 세계평화를

---

21 고립주의를 채택한 시기는 1776~98년, 1824~44년, 1871~96년, 1918~40년, 그리고 1967년 이후 트럼프 행정부 이전이다. 그리고 나머지 기간에는 상대적으로 개입주의를 지향하였다. 고립주의는 평균 21년, 개입주의는 평균 27년이며, 주기적으로 고립주의와 개입주의가 교차하는 원인은 세대의 교체, 국제적인 긴장의 존재 여부, 미국의 이상 실현에 위협이 되는 존재의 유무 등이었다. Klingberg F. LeRoy, *Cyclinic Trends in American Foreign Policy Moods: The Unfolding of America's World Role* (Lanham, MD: University Press of America, 1983), pp. 2–17.

22 Louis Hartz, *The Liberal Tradition in America: An Interpretation of American Political Thought since the Revolution* (New York: Harcourt, Brace and Company, 1955).

23 차태서, 『은폐된 혁명: 아메리카 예외주의 계보학적 분석』, p. 286.

위협하는 전체주의에 맞서기 위해 아메리카의 위대한 사명을 마다하지 않았다.[24]

미국의 개입주의는 일방주의 또는 다자주의적 개입 양태로 나타난다. 일방주의는 미국이 자신의 국가적 능력에 배타적으로 의존할 수 있는 충분한 수단들을 소유하고 있다는 인식을 전제로 하고 있다. 미국의 일방주의적 성향은 다른 국가와는 달리 제도적 구속에서 벗어나서 자유로움을 추구할 뿐만 아니라, 미국의 국익을 자의적으로 추구하려는 경향을 의미한다.[25] 소련의 붕괴 이후 유일 패권국 미국의 일극 체제가 부상하면서 국제사회에서 어떤 실질적인 견제도 받지 않은 채 일방주의 외교정책을 밀어붙여 왔다. 일방주의 군사개입 사례로는 군사적 편의주의에 의한 베트남전 참전, 미국의 뒷마당인 남미 지역의 그레나다(Grenada)[26]와 파나마(Panama)[27] 침공, 모호한 명분의 이라크 전쟁 등이다.[28]

러기(John G. Ruggie)는 다자주의(Multilateralism)를 3개 이상의 국가들이 일반화된 행위원칙에 따라 정책을 조정해 나가는 방식이라고 정의했다.[29]

---

24   차태서, 『은폐된 혁명: 아메리카 예외주의 계보학적 분석』, p. 186; Robert A. Divine, *Perpetual War for Perpetual Peace* (College Station: Texas A & M University Press, 2000). 재인용.

25   Richard N. Haass, "Five Not-So-Easy Pieces: The Debates on American Foreign Policy", *Brookings Review*, 18(2) (2000), pp. 38-40.

26   1983년 10월 25일 미 해병대 병력 7천여 명이 카리브해의 섬나라 그레나다를 기습 공격한 사건을 말한다. 제2의 쿠바가 되어 공산화되는 것을 막기 위해 공격했다고 주장했으며, 1985년 6월까지 미군을 주둔시켰다.

27   1989년 12월 20일 파나마의 독재자 노리에가가 마약 밀수 등에 관여하면서 미국이 그를 체포하기 위해 2만 4,000명을 파나마로 투입하여 공격하였다. 1989년 5월, 미국의 지원을 받는 기예르모 엔다라가 대통령에 당선되고 노리에가는 1990년 1월 미국에 투항하였다.

28   계용호, "미국의 세계주의 군사개입과 관여정책에 관한 연구" (경기대학교 정치전문대학원 박사학위 논문, 2016), p. 67.

29   다자주의, 위키백과 참조; https://ko.wikipedia.org/wiki/%EB%8B%A4%EC%9E%90%EC%A3%BC%EC%9D%98 (검색일: 2022년 6월 15일).

미국이 자국의 중대 이익 성취를 위한 전략에 대해 타국이 유사한 시각을 갖도록 호소할 수 있다는 것을 전제로 한다. 미국의 생존이 걸린 문제에서 일방주의를 배제하지 않지만, 기후변화 대응과 같이 어떤 문제에서는 본질적으로 다자주의적이다. 미국의 한국전쟁 참전, 다국적군과 국제적인 파트너십을 보여주었던 미국의 걸프전 참전, 그리고 NATO 연합과 함께 한 아프가니스탄에서의 테러와의 전쟁 사례 등이 다자주의적 개입주의의 주요 사례이다.

인류사에서 해야 할 특별한 역할을 가진 비범한 국가라는 자기 인식을 가진 미국이 체득한 자유민주주의 가치를 수호하고 확산하기 위해 고립과 개입을 반복하여 왔음을 살펴보았다. 고립과 개입의 양태는 상이하지만, 근본적인 목적은 자기 가치의 세계적인 확산이라는 전략문화의 특징에서 비롯되었음을 역시 확인하였다. 미국이 자신뿐만 아니라 세계 민주국가에 대한 위협을 미국식 가치와 제도 수호라는 측면에서 같은 접근을 해 온 것은 자유민주주의 가치 수호와 확산이라는 미국 고유의 특징을 엿볼 수 있다.

나. 선악 분리(E-2)

기독교적 선악관에 의한 선악 분리는 미국의 전략문화를 형성하는 주요한 요소 중 하나이다. 기독교적 선악관은 선과 악이 분명히 구분되어 있다는 이분법적 개념이다. 기독교에서는 하나님과 악마, 천국과 지옥, 구원과 파멸 등 선악의 이분법적인 개념이 중요하게 다루어진다. 이러한 기독교적 선악관은 미국의 역사와 문화에 큰 영향을 미쳤다. 예를 들어, 미국의 독립전쟁에서는 영국을 악으로, 미국을 선으로 나누어 생각했으며, 미국의 국가적인 정체성과 유대감 형성에도 영향을 주었다. 또한, 미국의 외교정책이나 군사전략에서도 기독교적 선악관이 영향을 미쳤다.

선악 분리는 두 가지 현상으로 나타난다. 첫째, 평시부터 기독교적인 선악관에 의해 선과 악으로 구분하고 악으로 분류된 상대국을 응징과 심판의 대상으로 삼는 경우이다. 둘째, 전쟁수행 과정에서 상대국의 전투행위로 인한 부수적 피해를 부각하거나 사실로 조작하는 여론전을 펼쳐 상대국을 악마화하고 자신 전쟁수행의 정당성을 확보함으로써 국민을 지지와 국제적 지원을 확보하는 경우이다.

상대국에 대한 악마화로 자신의 정당성을 쌓아가다 보면, 전쟁 초기에는 폭력과 죽음에 대한 혐오가 존재하다가도 시간이 지날수록 악을 멸하는 폭력에 대한 열광과 분노로 변한다. 전쟁은 냉정한 판단에 의한 현실전쟁을 넘어서서 완전한 승리를 추구하는 절대전쟁으로 변하게 되고, 파병 규모를 확대하는 과정은 선동적인 경향까지 보인다. 종국에는 미국의 전쟁은 십자군 원정에 비유되며 악을 물리치는 성전이 되었다.

미국이 기독교적 선악관으로 선악을 분리하려는 태도에 전도된 세계는 미국의 선악 분리 기준을 따라 인식하기 시작했다. 이에 따라 자연스럽게 베스트팔렌의 합의, 즉 주권 평등과 내정불간섭의 원칙은 점차 약화하기 시작했다. 국제사회의 구성원들이 자국 국내정치에서 인권이나 자유의 가치를 제대로 수호하지 못할 때 그들의 시민을 보호하기 위해 해당 국가의 주권을 침해 또는 유보할 수 있다는 '인도주의적 개입'과 더불어 '보호의 책임' 원칙이 국제사회의 규범으로 자리 잡게 된 것이다. 이것은 언뜻 인권과 같은 보편적 가치에 대한 합의가 형성되어 가는 과정으로 이해할 수도 있지만, 다른 측면에서는 서구식 자유민주주의 모델을 채택하지 않은 정치체에 관용을 베풀 수 없다는 단호한 태도를 천명한 것이기도 하다.[30] 미국이 가진 기독교적

---

30 민병원, "자유주의 국제질서의 위기와 롤즈의 정치적 자유주의: 불량국가 담론과의 연관성을 중심

선악관은 베스트팔렌 조약의 국가 주권을 넘어서 자유민주주의 질서를 기준으로 하여 선악을 구별하고 개입을 정당화하는 프레임으로 작동하게 된 것이다.

3. 지리적 환경을 통한 인식: 해양국가

(1) 미국의 지리적 환경

지리적 환경은 국가의 전략문화 형성에 큰 영향을 미친다. 국가의 지리적 위치, 국경, 지형, 기후, 자원 등은 국가의 경제, 정치, 군사 등 모든 분야에서 중요한 역할을 한다. 국가가 위치한 지역의 기후와 지형은 농업, 양식업, 산업 등의 발전을 결정하며, 자원의 종류와 양도 국가의 경제성장과 밀접한 관련이 있다. 또한, 국경은 외교, 군사, 경제 등의 분야에서 중요한 역할을 하며, 국가의 안보와 국제적 지위에도 영향을 미친다.

> "우리의 삶은 언제나 우리가 살아가고 있는 〈땅〉에 의해 형성돼 왔다. 전쟁, 권력, 정치는 물론이고 오늘날 거의 모든 지역에 사는 인간이 거둔 사회적 발전은 지리적 특성에 따라 이루어졌다. 물론 현대의 기술이 정신적·물리적 거리를 어느 정도 줄여줄 수 있다. 하지만 여기서 간과하기 쉬운 게 있다. 지구라는 행성의 70억 사람들에게 주어진 선택들은 늘 우리를 제약하는 강과 산, 사막과 호수, 그리고 바다에 의해 어느 정도 결정된다는 것이다."[31]

으로", 『한국정치연구』, 29.3 (2020): 67-92. p. 78.

31 팀 마셜, 김미선 역, 『지리의 힘』 (서울: 사이, 2016), p. 9.

국가가 전략적으로 발전하고 성공하기 위해서는 지리적 환경을 고려하여 적절한 전략을 수립해야 한다. 또한, 국가의 전략문화는 지리적 환경을 반영하여 형성되어야 하며, 이를 통해 국가의 경제, 정치, 군사 등 모든 분야에서 성공적인 전략을 수립할 수 있다. 다만, 지리는 국가가 위치한 지역의 기후, 지형, 자원, 국경만을 의미하지 않으며, 인간이 사는 지표상의 지역적 성격을 말한다. 즉 지리는 물리적 지형이나 자원, 기후뿐만이 아니라 정치, 군사전략, 사회적 발전까지를 포함한다.

미국은 태평양과 대서양에 의해 분리된 북아메리카 대륙의 광활한 영토를 차지하는 지리적 축복을 받았으며, 이러한 축복은 미국의 전략문화 형성에 가장 큰 영향을 주었다.

가. 지리적 축복(1): 광활함, 풍부함

미국은 외부에 의존하지 않고 스스로 존재할 수 있는 영토의 광활함, 자원의 풍부함이라는 축복을 받았다. 미국은 영토 면에서 19세기에 동부 대서양 연안에서 서부 태평양 연안까지의 확장 과정을 거치며, 영국으로부터 독립할 당시의 13개 주와는 비교할 수 없이 광활해졌다.

미국은 독립 당시 동부 연안의 13개 주로부터 시작하여 이후 영국으로부터 애팔래치아산맥 서쪽 땅을 할양받았고, 나폴레옹 전쟁으로 인해 전비가 필요했던 프랑스로부터 루이지애나(오늘날의 루이지애나주와는 다르며 남북으로는 미시시피강 입구에서 캐나다 국경까지이고 동서로는 미시시피강에서 로키산맥에 이르는 총면적 85만 평방마일의 광대한 지역을 가리킴)를 1,500만 달러에 사들였으며, 1812년 미영전쟁[32] 이후 유럽 열강이 아메리카

---

32 1812년 6월부터 1815년 2월까지 미국과 영국, 그리고 양국의 동맹국 사이에서 벌어진 전쟁이다.

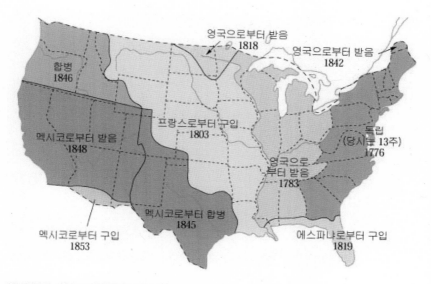

영국으로부터 받음
1818

영국으로부터 받음
1842

합병
1846

멕시코로부터 받음
1848

프랑스로부터 구입
1803

독립
(당시는 13주)
1776

영국으로
부터 받음
1783

멕시코로부터 구입
1853

멕시코로부터 합병
1845

에스파냐로부터 구입
1819

(알래스카) 1867년 러시아로부터 구입
(하와이) 1898년 합병

*출처: 미국의 영토확장 과정 참조; http://www.etoland.co.kr/plugin/mobile/board.php?bo_table=etohumor&wr_id=1717909.(검색일: 2022년 9월 11일).

〈그림 3-1〉 미국의 영토확장 과정

대륙에서 완전히 철수하게 되었다. 나폴레옹 전쟁으로 스페인이 몰락하자 1819년 스페인으로부터 플로리다를 할양받았으며, 멕시코도 독립하였다. 미국은 1823년 아메리카 대륙에 대한 유럽 열강의 개입을 반대하는 먼로 독트린[33]을 선언하기에 이른다. 멕시코로부터 분리독립에 성공했던 텍사스 공화

영국의 역사학자들은 이 전쟁을 나폴레옹 전쟁 일부로 간주하지만, 미국과 캐나다에서는 나폴레옹 전쟁과 별개로 벌어진 전쟁으로 간주한다.

33 먼로 대통령이 선언한 먼로 독트린은 미국의 고립주의 외교 노선을 선언한 것이라는 평가를 받았다. 앞서 초대 대통령 워싱턴은 퇴임 연설에서 해외 문제에 개입하지 말아야 한다고 말했는데, 북미 대륙은 넓고 구대륙의 제국주의 국가들과 동맹을 맺지 않고 살아갈 수 있다고 말했다. 1917년 제1차 세계대전 참전 시기까지 워싱턴, 먼로의 생각은 지켜지고 있었다. 두 대양 사이에 위치한 미국이 더는 해양 위협에서 벗어나지 못하게 되었을 때 참전하게 된 것이다.

국은 1845년에 미국에 합병되었고, 1846년 멕시코와의 3년 전쟁에 승리하며 캘리포니아 등 서부지역을 점령하게 되었다. 1853년 애리조나 남부 국경지대를 멕시코로부터 사들였다. 앞서 1846년 영국으로부터 워싱턴과 오리건주를 할당받아 현재와 같은 본토의 외형을 확정하게 되었다. 이후 미국은 1867년 러시아로부터 알래스카를 720만 달러에 사들였고 1898년에 하와이를 합병하여 70년 만에 영토를 완성하였다.

정의길은 『지정학의 포로들』에서 미국 국력의 원천을 지리상의 축복에서 비롯되었다고 말하고 있다.

> "미국의 안보를 제공하는 주변 지위와 위치, 이웃 나라와의 관계는 미국의 국력에 의해 담보된다. 미국 국력의 원천은 무엇보다도 지리상의 축복이다. 인간의 거주와 경제활동을 촉진하는 사계절 변화가 뚜렷한 기후를 가진 광대한 국토, 세계 최고의 생산력을 가진 광활한 농경 지대, 항행 거리가 가장 긴 강, 산업화의 최고 전략자원인 석유와 석탄 등 풍부한 지하자원, 양질의 항구와 항행에 적합한 연안 등이다. 이런 지리조건을 갖춘 미국 본토가 하나의 정치경제권으로 통합된다는 것은 불가피하게 제국의 탄생을 의미했다."[34]

미국은 여전히 개발되지 않은 넓은 땅을 지녔으며, 애팔래치아산맥 아래에는 엄청난 석탄이 존재하고, 셰일 오일 채굴로 석유를 자급하는 등 지하자원도 풍부하다. 미국은 19, 20세기 초 유럽 제국주의 국가들이 해외로 원료 공급지이자 상품 소비시장이 될 식민지 개척에 혈안이 되던 시기에도 영토

---

34 정의길, 『지정학의 포로들』 (서울: 한겨레출판, 2018), p. 184.

적 야욕이 없는 국가로 남을 수 있었다. 미국은 제국주의, 구악의 대열에 합류하지 않고도 부강해질 수 있었기에 자신들을 유럽 사회로부터 분리하여 온전히 선한 존재라는 자기 인식을 가질 수 있었다.

나. 지리적 축복(2): 해양에 의한 분리

미국은 구세계인 유럽으로부터 해양에 의해 분리되어 있다는 축복을 받았다. 미국은 호주나 일본, 영국처럼 섬나라가 아니라 북아메리카 대륙에 있는 대륙국가이다. 하지만 땅을 통해 국경을 마주하고 있는 나라들은 자유민주주의 이념을 공유하고 있고, 국력 면에서도 위협이 될 만한 국가가 존재하지 않는다. 유럽이라는 구세계, 그리고 전체주의 국가인 소련에 이은 중국의 등장에 이르기까지 대서양과 태평양을 통한 접근만이 가능하기에 외부세계의 위협으로부터 접근이라는 시각에서는 섬나라이자 해양국가다. 대서양과 태평양으로 둘러싸여 있고 자신도 해양을 통해 외부로 나아갈 수밖에 없기 때문이다. 그래서 미국은 외교 정책적·군사전략적인 면모에 있어서 해양국가적 특징을 보인다.

미국이 바다를 통해 본토 공격을 받았던 사례가 없진 않다. 1812년 영국에 의한 공격이 그 사례다. 영국은 나폴레옹 전쟁 당시 프랑스에 의한 해상봉쇄에 대항하여 역봉쇄로 맞섰고, 미국은 프랑스를 포함한 유럽과의 교역이 자유롭지 못하게 되면서 영국과 전쟁을 치르게 되었다. 전쟁의 결과는 참혹했다. 아직 해군력을 제대로 갖지 못했던 미국은 수도 워싱턴까지 침탈당하고 연안 지역은 참혹하게 약탈당하는 결과를 낳게 되었다. 그 전쟁에서 미국은 해군력의 필요성을 절감하였고, 동부 연안 지역에 머무르던 정복지를 내륙지역으로 확대하여 충분한 완충공간 확보가 필요하였다. 영토확장 과정에서 멕시코와의 한차례 전쟁이 있었지만, 완전히 영토확장이 마무리되고 국경이 안정화된 이후에는 해상을 통한 위협만이 온전히 존재하게 되었다.

(2) 해양국가적 특징

미국은 북미 대륙에서 연방헌법에 따라 합중국을 건설하였고, 대서양 연안에서 태평양 연안까지 영토를 확장하였으며, 남북 아메리카 대륙에 적대세력을 두지 않음으로 인해 온전한 해양국가가 되었다. 두 대양 사이에 놓인 초유의 해양세력으로 부상하였다.

이러한 해양국가적 환경이 미국 전략문화 형성에 많은 부분에서 작동하였으며, 세부 특징을 종합하면 아래 표와 같다.

〈표 3-2〉 해양국가적 특징

M-1. 외부위협 면제 심리와 선택적 접근   M-2. 해·공군 우선 운용과 핵 의존

가. 외부위협 면제 심리와 선택적 접근(M-1)

대륙국가와 해양국가는 지리적 환경 면에서 많은 차이가 있고, 전략문화 형성에 지대한 영향을 미친다. 유럽의 중앙에 있는 독일, 프랑스가 오랫동안 국경으로부터의 위협 때문에 전쟁에 휩싸여 있었던 것과는 달리, 영국은 섬나라로서 외침을 겪지 않았고 선택적으로 유럽대륙의 전쟁에 참여했던 것은 그런 연유에서다. 프랑스가 자기방어를 위해 지상군 위주의 전력을 발전시킨 반면, 영국은 필요하면 전력을 투사할 수 있는 해양전력, 전문직업군대 위주로 양성한 것 역시 지리적 여건에서 온 결과다.

앞서 미국이 마치 영국과도 같이 두 대양 사이에 놓인 섬나라에 가까움을 알아보았다. 영국으로부터 독립한 이후 미영전쟁, 영토확장 과정에서 있었던 소규모 전쟁, 연방제 존속을 향한 남북전쟁을 제외하고, 제1·2차 세계대전을 거치는 동안에도 미 본토는 전쟁 없이 오래도록 평화를 누렸다. 아메리카 대륙의 남북에 국경을 맞댄 캐나다와 멕시코는 자유민주주의 이념을 공유한다. 그레나다는 미국에 의해 공산화가 제지되었고, 카리브 연안에 섬나라 쿠바가 공산주의 국가이고, 남아메리카 대륙에 있는 베네수엘라와 볼리비아는 사회주의 국가이다. 이들 국가 모두는 국력 면에서 비견할 수 있는 위협이 되지 못한다.

통계적 분석의 결과에서 민주주의 국가들 사이에서는 전쟁이 없었다고 주장한 민주평화론(Democratic Peace Theory)[35]이 아메리카 대륙에서 작동하고 있었다. 이상주의라는 비판과 민주주의와 전쟁의 개념적 모호성 때문에 '민주주의 이념을 채택한 국가 사이에 전쟁이 없었다'라는 결론이 조작될 수 있다는 비판이 존재하지만, 적어도 아메리카 대륙 내에서 미국은 이웃 민주주의 국가와 적대관계가 아닌 평화적 관계를 잘 유지하고 있다.

미국이 18세기[36] 헌법에 표명한 연방국가를 잘 유지하고 있는 한 본토 내에서는 위협이 존재하지 않는다. 미국의 연방주의가 유럽에서 제기된 이론과 차이를 보이는 것은 정치적 조직들의 통합뿐만이 아니라 시민들의 통합

---

35 이마누엘 칸트가 『영구 평화를 위하여. 철학적 논고』(독일어: Zum ewigen Frieden. Ein philosophischer Entwurf)에서 제시한 영구평화론이 사상적 기원이며, 미국의 국제관계학자 마이클 도일과 케네스 왈츠에 의해 제시되었다. 민주주의 국가들은 상호 간의 외교적 대화와 협력을 통해 갈등을 해결하며, 국제적인 규범과 원칙을 존중하고 이를 지켜나가는 경향이 있으므로 전쟁을 일으키지 않는다는 것이 이론의 핵심 주장이다.

36 1787년에 연합규약을 전면개정해 헌법을 제정했고, 1788년에 비준되어 1789년부터 효력을 발휘했다.

을 이루었다는 데 있다. COVID 19(Corona Virus Disease) 대응에서 보여
준 연방정부와 주정부 간의 갈등과 같이 연방정부의 행위에 대한 주정부와
크고 작은 갈등은 있지만, 연방의 지속에 대한 시민들의 믿음과 국가주의, 애
국주의에는 흔들림이 없다. 독립전쟁 당시 워싱턴의 부관을 지낸 해밀턴은
미국에 있어서 연방주의의 필요성에 대해 다음과 같이 주장했다.

> "우리가 현명하게 연방을 유지하면 수 세기 동안 섬나라의 특혜를 누릴
> 수 있을 것이다. 유럽은 우리로부터 멀리 있고, 우리 안전을 위해서 거대
> 한 군대조직은 필요 없을 것이다."[37]

초기 미국은 거대한 군사력 건설을 개인 자유에 대한 위협으로 인식하
여, 평화를 유지하고 원주민과 가벼운 접전에 대항할 수 있는 시민군에 만족
하며 국가 번영을 위해 자본을 투자하는 것이 현명하다고 판단했다. 1812년
미영전쟁은 영국군이 미연방 수도에 진입하여 백악관, 의사당 등 공공건물
을 방화하는 등 미국인들에게 두려움과 치욕감을 안겨주었지만 빨리 잊혀버
렸다. 제2차 세계대전 당시 일본의 진주만 공격은 큰 충격을 안겨주었지만,
본토 밖에서 발생한 것이었다. 미국이 개입한 전쟁들은 모두 미국의 선택이
었고, 대부분의 전쟁은 미국에 위협이 되지 않는 약소국과의 전쟁이었다. 사
실상 2001년 9 · 11 테러가 미국 본토에 대한 외부세력에 의한 유일한 공격
이었다.[38]

---

37 뱅상 데포르트, 최석영 역, 『프랑스 장군이 바라본 미국의 전략문화』 (서울: 21세기군사문제연구소,
    2013), p. 59; C. Christian, *Alexander Hamilton, 《Le Fédéraliste》* (Publications Pimido, 2009),
    p. 57. 재인용.
38 데포르트, 『프랑스 장군이 바라본 미국의 전략문화』, pp. 59-60.

미국이 제1 · 2차 세계대전에 참전하여 싸웠지만, 본토 지역에서 전쟁을 경험하지 못한 시민들은 전쟁의 참혹함과 내핍한 삶을 경험하지 않았다. 오히려 1930년대 오랜 경제공황에서 벗어나 경제발전과 부흥이 찾아온 시기로 기억될 정도다. 이렇듯 미국에 있어서 지리적 특성은 전쟁과 파괴의 위협으로부터 자유롭게 해 주었다. 심리적으로 미국은 침략당할 수 없는, 본토에서 일어나는 전쟁을 허용할 수 없는 나라가 되었고, 미국에 있어서 전쟁은 국가의 존망과 국민의 생명을 다투는 문제가 아니라, 필요로 선택되고 전문 군대가 나가 싸워서 완전한 군사적 승리로 임무를 종결하는 그들만의 비즈니스였다.

또한, 미국 지식인들은 국방에 대하여 고찰할 때 전쟁에 대한 승리보다는 전쟁을 피하는 방법에 관심을 집중하였다. 외부의 침략 가능성을 배제한 '미 영토의 성지화' 태도는 선거유세나 정치 연설에 자주 등장하는데, 미국인들은 이러한 생각으로 서부를 개척하였고, 태평양을 바라보는 요새를 건설하며 안전한 항구 안에 머물고 싶어 했다.[39] 즉, 미국은 안전한 섬나라에 머물면서 외부위협에 전력을 투사하여 대항하고자 하였다. 이러한 현상은 전력을 해외지역에 투사할 때도 고스란히 나타난다. 육상지역에 설치한 안전한 거점을 형성하거나 해상에 머물면서 외부위협에 대해 전력을 원거리에 투사하는 작전을 주로 바랐다.

외부위협에 대해 상륙작전을 통해 전력을 직접 투사하여 직접적인 교전을 펼치는 일은 매우 두려운 일이었다. 미국은 압도적인 화력으로 먼저 위협을 무력화한 다음에 지상부대를 투입하는 형태의 작전을 하였다. 직접적인 위협에 대해 방어선을 구축하여 적의 선제공격을 기다리거나 지역을 허용하

---

39   데포르트, 『프랑스 장군이 바라본 미국의 전략문화』, p. 60.

며 시간을 버는 기동방어와 같은 프랑스의 작전방식은 미국에는 낯선 것이었다. 또한, 양면의 지상군 위협 때문에 어느 한쪽에 대한 집중과 신속한 전환을 통해 상대적 우세를 달성하며 한쪽씩 각개격파를 해내야 하는 방식을 중심으로 하는 독일군의 작전방식도 미군에서는 찾아보기 어렵다. 외부위협으로부터 면제 심리는 고립주의로 나타났으며, 선택적 접근을 통한 불가피한 개입 시에도 작전적 운용에서 제한을 두는 현상으로 나타났다.

나. 해 · 공군 우선 운용과 핵 의존(M-2)

미국은 해양에 의한 분리로 전쟁에 대한 직접적인 돌입으로 나서기 이전에 핵과 전략공군에 의해 적을 격퇴할 것을 추구했다. 또한, 미국은 해상수송력에 기반하여 전력을 투사하고 자신의 의지를 강요하는 군사전략이 불가피하다. 태평양 전쟁을 치르는 동안 흩어져 있는 많은 도서 지역에 상륙하여 일본군의 항복을 받고 지역을 확보해 나가는 과정에서 일본군의 옥쇄[40] 방침은 미군에 큰 피해를 가져다주었다. 그래서 일본 본토 상륙에 따른 막대한 피해를 줄이려고 상륙작전 이전에 대규모 공습으로 도시와 산업시설을 파괴하였고, 이에 따라 수많은 일본 시민들이 피해를 보았다. 그러나 이 공습은 일본의 항복을 얻어낼 수는 없었으며, 일본의 저항으로 인해 더욱 복잡한 상황이 만들어졌다.

미국은 1945년 7월 16일 원자탄 개발 성공에 이어 1945년 7월 26일 포츠담 회담에서 일본의 즉각적인 항복을 촉구했으나 동의하지 않자 결국, 미

---

40 옥쇄(玉碎)는 '옥처럼 아름답게 부서진다'라는 뜻으로, 명예나 충절을 위해 깨끗하게 죽음을 미화하는 표현일 뿐 사실상 전멸을 의미한다. 무모하게 신념에만 의존한 공격 정신으로 비인도적이었고, 많은 희생을 초래하였다.

국은 일본 본토 상륙 대신에 원자폭탄을 택하였다. 핵무기에 의존한 전쟁 종결은 미국에도 그리고 잠재적 적성 국가에도 많은 메시지를 가져다주었다. 미국은 핵무기의 위력이 소련에 충분한 위협으로 작동하여 차기 전쟁을 억제할 수 있으리라 여겼다. 하지만 예상과는 다르게 소련이 핵 개발에 박차를 가하는 계기가 되었다.

냉전 시기가 도래했을 때 미국은 '핵무기와 전략공군력에 의존한 억제'를 국방의 핵으로 삼았다. 미국은 군사력 유지와 경제성장이라는 양립하는 문제 사이에서 어떻게 균형을 잡을 것인가라는 점에 관심을 가지지 않을 수 없었다. 그 결과로 아이젠하워(Dwight D. Eisenhower) 행정부가 채택한 것이 뉴-룩(new Look) 계획이다. 미국은 적의 어떠한 침략에도 미국이 원하는 시간과 장소에서 대량의 핵 보복을 가해야 하고, 또 사전에 이러한 의도를 명확히 할 필요가 있다는 계획이다.

제2차 세계대전 직후에는 핵 억지를 위한 적극적인 핵전략은 명확하지 않았다. 미국은 핵무기와 전략공군에 의존한 소련과의 전면전 계획만을 수립하고 있었다. 하지만, 미국은 전후 대소 봉쇄정책 수행과정에서 발생할 국지전(local war)에 대한 전쟁계획을 수립하지 않았다. 더욱이 미국의 대소 전쟁계획에는 군사적으로 전략적 가치를 낮게 평가한 한반도를 포함한 동아시아 지역에서는 전략적 방어를 하도록 계획되어 있었고, 극동방위의 핵심도 일본을 방위하기 위해 극동방위선(알류샨열도-일본-오키나와-필리핀)에서 소련의 공격을 저지하는 것이었다.[41] 방위선에서 전방지역으로 화력을 투사하는 전략이었다.

---

41 Kenneth W. Condit, *History of the Joint Chiefs of Staff: The Joint Chiefs of Staff and National Policy*, Vol. Ⅱ-1947~1949 (Washington, D.C.: Office of Joint History, Office of the Chairman of the Joint Chiefs of Staff, 1996), pp. 153-166, 274-278.

4. 경험 · 환경이 형성한 규범체계: 정치와 군사의 분절

정치와 군사의 관계는 미국의 전략문화에 주요한 영향을 미치고 있다. 미국의 정치와 군사의 관계에 대한 전략문화는 유럽대륙에서 일어나는 정치지형과 군사적 변화에서 민감하게 영향을 받았다. 건국 초기에는 영국의 영향을 받았고, 독립전쟁을 거치면서 프랑스군의 참전과 지원을 통해 영향을 받았으며, 나폴레옹 전쟁을 통해 프랑스의 계몽주의와 실리주의의 영향을 받았다. 조미니(Henri Jomini)가 해석한 나폴레옹 전쟁은 미군의 군사 사상에 잘 나타나고 있다. 이후 프로이센의 통일 전쟁 과정에서 보여준 빌헬름 1세와 비스마르크, 몰트케 사이의 관계를 통해 영향을 받기도 하였다. 또한, 클라우제비츠가 바라본 나폴레옹 전쟁은 부분적으로 받아들여지게 되었다.

하지만, 미국의 전략문화는 유럽의 영향을 자신의 지리적 환경, 역사적 경험을 통해 담아내며 독특한 형태를 보인다. 그것을 한마디로 말하자면 '정치와 군사의 분절'[42]이다. 미국 군사전략 사상의 형성과정을 살펴서 정치와 군사의 분절적 특징을 도출하고자 한다.

(1) 미국 군사전략 사상의 형성

미국의 군사전략 사상은 2세기가 넘는 기간 동안 경험했던 전쟁의 역사와 연관되어 있다. 독립을 위해 영국과 싸워 새로운 나라를 세웠던 7년 전쟁(1775~1783년), 영국에 의한 미국의 동부 연안 침공(1812년), 유럽과 같

---

42 분절은 분리와는 차이가 있다. 분리는 나누어져 떨어져 있는 현상 그 자체를 부각하는 반면, 분절은 원래 유기적으로 연결되어 있었거나 하나의 단위체였다가 나누어진 상태를 말한다. 정치와 군사는 매우 유기적 관계 속에서 상호보완적인 역할 수행이 필요하다는 연구자의 주장을 뒷받침하기 위해 분리보다는 '분절(segmentation)'을 사용한다.

은 다수의 독립국으로 나뉘어 전쟁의 위험을 상시 안고 살아가야 하는 운명
을 막아내며 합중국으로 재탄생하게 한 남북전쟁(1861~1865년)을 거쳐 제
1 · 2차 세계대전의 승리(1917~1919년 / 1941~1945년), 이후 20세기에
초강대국으로서 크고 작은 국지 분쟁에 참여했던 현대전쟁(한국전쟁, 베트
남전쟁, 그라나다 침공 등), 21세기에 치렀던 테러와의 전쟁 등이다.

　미국은 유럽대륙으로부터 이민을 통해 건국되었기 때문에 군사사상과 군
사문화에 있어서 자신만의 오랜 역사와 전통에서 비롯된 점진적 진화이기보
다는 유럽대륙의 군사사상에 영향을 받아 이식된 부분이 주를 이룬다. 유럽
의 선진기술과 앞선 문화를 받아들이는 데도 쉬웠던 것처럼 군사사상에 대
한 수용도 자연스러웠다. 건국 초기에는 민병대 수준으로 존재하면서 식민
지 정책을 펼치던 영국군의 영향을 먼저 받았다. 독립전쟁과 나폴레옹의 등
장 과정을 통해 프랑스의 영향을 받았고, 나폴레옹 전쟁의 패배로 절치부심
하던 프로이센의 영향을 받았다. 하지만 프랑스의 영향으로부터 완전히 옮
겨간 것은 아니며 전략환경에 따라 선택과 발전을 통해 미국식 전략문화가
형성되었다. 미국 군사전략 사상의 변화 과정을 요약하면 아래 그림과 같다.

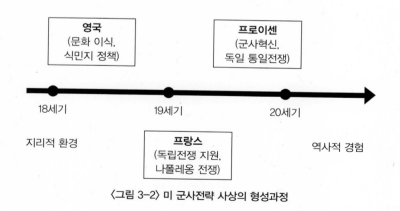

〈그림 3-2〉 미 군사전략 사상의 형성과정

가. 영국군의 영향

영국과 미국의 관계는 건국 초기 같은 언어, 민족, 법적 기반체계 등 전반에 걸쳐 떼어낼 수 없는 유기적 관계이자 상호 간 전쟁을 거듭하면서 관계에 변동이 심했다. 최초의 영국 식민지는 1584년에 버지니아에 짧은 기간 설치되었고, 1607년에야 영구적인 영국인 정착이 시작되었다. 1776년 미국은 영국으로부터 독립을 선언했으나, 1775년에 시작한 독립전쟁은 1783년에야 끝났으며 영국은 미국의 독립을 인정했다. 두 나라는 1785년에 외교 관계를 수립했다. 미국은 1812년 영국과의 전쟁을 선포했을 때 관계를 끊었고, 1815년에 관계가 다시 수립되었다.[43] 영국과 전쟁을 거듭하며 미국의 정체를 형성하였지만, 태생적 연원이 영국에 있었기에 초기 군대 형성에 적지 않은 영향을 주었다.

미국의 군대는 신대륙으로 이주한 초기에는 민병대 수준이었다. 영국군이 신대륙으로 건너와 미국을 식민지화하여 자원과 세금을 수탈하던 시기에 미국의 군대는 영국군으로부터 큰 영향을 받았다. 당시 영국군은 유럽에서 최고의 전술을 구사하던 으뜸 군대였다. 직업군대를 주축으로 시민군을 지원전력으로 활용하고 있었는데, 워싱턴은 이 영국식 군 체계를 받아들여 전문직업군대를 양성하였다.

1775년 제2차 대륙회의는 대륙군, 대륙해군, 대륙해병대를 창설하고 워싱턴 장군을 사령관으로 임명했다. 이 새로 형성된 군대는 프랑코-스페인 군대와 주 민병대와 함께 1781년에 영국군을 물리쳤다. 1789년 새로운 헌법은 대통령을 최고사령관으로 만들었으며, 의회에 세금을 부과하고 법률을

---

43 U.S. Embassy & Consulates in the United Kingdom, Policy & History; https://uk.usembassy.gov/our-relationship/policy-history/(검색 일자: 2022년 9월 11일).

제정하며 전쟁을 선포할 수 있는 권한을 부여했다.[44]

하지만 전쟁 후에 워싱턴은 전문 직업군대의 필요성을 제기했으나, 의회는 강성해진 군대에 의한 민주주의의 훼손을 우려하여 군대를 해체하게 되었다. 뒤를 이은 제퍼슨 대통령은 직업적 상비군 확보가 어렵다면 유사시 확장에 필요한 장교양성이 필요하다고 생각하여 1802년 미 육사를 창설하게 되었다.

나. 프랑스군의 영향

프랑스 혁명에서 비롯된 유연한 전투방식은 1791년에 발간한 규정[45]에 반영되었고, 나폴레옹의 등장 이후에도 변함없이 사용되었다. 이러한 전투방식은 선형전투에 고착되어 있던 유럽과 미국의 전쟁방식에도 강력한 영향을 주었다. 1791년 프랑스 육군규정의 1810년 영문 번역본 서문에 적혀 있는 '프랑스 군사 전술이 다른 모든 나라의 군사 전술보다 우월하다는 것을 아주 일반적으로 인정받을 정도였다'라는 표현처럼 프랑스 체제의 힘에 대한 강한 믿음으로 인해 프랑스의 유연한 전투방식은 널리 보급되었다.[46] 하지만 초기에는 프랑스 혁명을 통해 불어난 군대의 변화된 전투대형, 전투방식이 미국 군대에 그렇게 순조롭게 전파되지는 못했다.

---

44 Jeremy Black, *America as a Military Power: From the American Revolution to the Civil War* (Greenwood, 2002), p. 32.

45 프랑스군은 전투방식에 대한 교리화 작업을 통해 Regulation(규정)을 1791년에 발간했다. Regulation(규정)은 지금의 Field Manual(야전교범)이 등장하기 전에는 전장에서 강력한 구속력을 갖는 규범적 성격을 지녔다.

46 Michael A. Bonura, *French Thought and the American Military Mind: A History of French Influence on the American Way of Warfare from 1814 Through 1941* (Florida State University Libraries, 2008), pp. 31-34.

프랑스 전투방식(FCM, France Combat Method)이 미국에 이식되는 데는 다소 시간이 걸렸다. 1812년 미영전쟁에서 비참한 초기 패배를 경험한 후 1814년이 되어 젊고 유능한 세대들이 등장하면서 받아들여지기 시작했다. 1815년 미 육군규정의 발표 이후 합의에 도달했고, 규정을 무시한 채 훈련하던 개별 지휘관들의 시대는 영원히 사라졌다.

미 육사(The United States Military Academy, West Point)는 전쟁에 대비하는 부대임과 동시에 국가 건설에 이바지하여야 한다는 동기에 의해 엔지니어를 양성하는 공병학교로 탄생하였다. 그래서 미국의 수많은 철도, 교량, 항구, 도로 건설에 괄목할 만한 업적을 세우게 되었다. 1824년에 렌셀러 폴리테크닉대학(Rensselaer Polytechnic Institute)이 수립되기까지 유일한 엔지니어링 학교였다. 1812년의 전쟁이 임박하면서 미국 의회는 미 육사를 초기 아카데미 형태보다 공식화된 교육 시스템으로 승인하고, 사관생도 규모도 250명으로 늘렸다. 이와 동시에 미 육사가 군사 임무 수행방식의 효율성을 모색하면서 나폴레옹의 전승에 주목하였고, 결국 군사학의 기본으로 프랑스식 모델을 채택하였다. 특히 프랑스 폴리테크닉과 포병·공병학교의 교육 과정에서 아이디어를 얻었는데, 이는 프랑스가 미국 독립전쟁에 참여했던 사실과 나폴레옹에 관한 관심으로 프랑스의 군사모델을 도입한 것이라고 볼 수 있다.[47] 1835년까지 프랑스식 시스템이 생도들에게 가르쳐지고 있다는 것을 육군의 고위 지도부 방문단이 확인하였다.[48]

프랑스 전투방식을 미군에 이식한 것이 스콧(Winfield Scott)[49]의 노력과

---

47 데포르트, 『프랑스 장군이 바라본 미국의 전략문화』, p. 114.

48 Bonura, *French Thought and the American Military Mind*, p. 73.

49 스콧(Winfield Scott, 1786. 6. 13.~1866. 5. 29.)은 미국 육군의 장군, 외교관이며, 1852년 휘그당 미 대통령 선거 후보자로 지명되기도 하였다. 미국 역사상 가장 오랫동안 현역 생활을 한 장군이

투지에 힘입었다면, 그것을 미국식 전쟁방식에 안착시킨 것은 멕시코-미국 전쟁(1846~1848년)[50]의 승리였다. 이후 프랑스 전투방식은 남북전쟁 기간에 미국의 일반육군규정(General Army Regulation)에 반영되었으며 이후 기술적 진보가 결합하였고 제1차 세계대전은 유럽 전장에서 프랑스 전투방식 우위에 대해 다시 한번 확신을 심어주었다. 1940~1941년 군사적 변환이 일어나기 전까지 미국 전쟁방식에 영향을 미치고 있었다.

프랑스 전투방식이 이토록 오랜 시간 미군에 영향을 미친 것은 프랑스 전투방식을 미군에 도입했던 사람, 스콧의 개인적인 자질과 영향력에서 비롯하였다. 수많은 전투에 참여하여 승리한 그의 영웅담이 그가 선택한 프랑스 전투방식에 대한 믿음을 심어주었다. 반면에 전쟁과 정치의 관계, 전쟁의 목적과 지도에 관한 전략적 차원의 접근은 아직 성숙하지 못했다.

다. 프로이센군의 영향

나폴레옹 전쟁의 패배로 와신상담하며, 최고의 장교를 양성하고 있던 프로이센을 미국은 주목하기 시작했다. 프랑스가 전술 분야와 축성, 공병 등에 집중하고 있던 당시에 프로이센의 군사학교들은 군사전략, 정치와 군사의

며, 그 50년에 이르는 군 경력 속에서 미영전쟁, 미국-멕시코 전쟁, 블랙호크 전쟁, 세미놀 전쟁 그리고 짧은 기간이지만 남북전쟁에서도 지휘하였다. 특히 1841~1861년간 무려 20년 동안 육군총사령관을 역임하였고, 미국-멕시코 전쟁을 지휘하였다. 많은 역사가는 당시의 가장 유능한 지휘관으로 평가하고 있다.

50 멕시코는 스페인으로부터 1821년 독립하고 1836년 텍사스 공화국의 독립을 허용했으나, 미국이 텍사스 공화국과 합병을 시도한다면 전쟁도 불사한다는 태도를 보였다. 끝내 1844년 미국은 텍사스를 28번째 주로 합병하였고, 멕시코와 국경선 분쟁을 시작으로 전쟁이 1846년 발발하였다. 전쟁은 미국이 멕시코의 수도 멕시코시티를 점령함으로써 종결되었다. 이 전쟁으로 미국은 배상금 1,500만 달러를 지급하고, 대여금 325만 달러를 미상환하는 조건으로 멕시코로부터 뉴멕시코, 캘리포니아, 애리조나, 네바다, 유타를 포함하는 광활한 영토를 획득하였다.

관계 등 나폴레옹 전쟁에서 얻은 값진 교훈들을 군사사상으로 형성하여 체계적으로 가르치고 있었다. 프로이센의 앞선 군사사상과 전쟁수행방식은 제2 제국 건국과정에서 벌어졌던 프로이센-덴마크 전쟁(1864. 2. 16.~8. 1.), 프로이센-오스트리아 전쟁(보오전쟁, 1866. 6. 21.~7. 26.), 프로이센-프랑스 전쟁(보불전쟁, 1870. 7. 19.~1871. 5. 10.)을 연승하면서 입증되었다.

나폴레옹 전쟁 이후 대부분 유럽국가가 18세기 구체제의 군대로 돌아간 반면, 大 몰트케(Helmuth von Moltke)가 이끄는 프로이센군은 가장 성공적으로 군사혁신을 이루었다. 국민 개병제를 통해 전 국민이 3년간 복무하고 4년간 예비군으로 복무하게 하였다. 프로이센과 북부 독일연맹이 1970년 보불전쟁에서 동원했던 군의 규모는 나폴레옹이 러시아 원정 시 동원한 60만 군대보다 2배나 큰 120만 대군에 이르렀다. 산업혁명에 따른 대량생산 체제, 철도 수송이 대군을 뒷받침하였다. 무엇보다 대규모 군을 교육, 훈련, 무장, 동원하여 전투에서 효율적으로 운영하기 위한 전쟁계획과 이를 실행하는 데 있어서 중심이 된 것은 大 몰트케가 이끄는 '장군 참모(general staff)'였다.[51]

세계 주요 국가들은 프로이센의 군사혁신 모델에 깊은 인상을 받았으며, 이를 수용하기 위해 저마다 노력하였다. 프랑스, 오스트리아, 이탈리아, 러시아, 일본이 공식적으로 프로이센의 총참모부를 모방하는 군 개혁을 추진했으며, 그리스, 튀르키예, 중국, 칠레, 아르헨티나가 프로이센에 방문단을 파견하거나 독일의 군사고문단 파견을 요청하였다. 그 결과 실제로 1914년에 이르면 유럽의 주요 군대와 지역 강국들의 군대가 적어도 외형상으로 프로이센군의 외형을 갖추게 된다.[52] 국가별로 처한 여건에 따라 받아들이는 데 차

---

51 설인효, "군사혁신(RMA)의 전파와 미·중 군사혁신 경쟁", 『國際政治 論叢』, 52.3 (2012), pp. 149-151.

52 설인효, "군사혁신(RMA)의 전파와 미·중 군사혁신 경쟁", p. 152.

이가 있었으며, 일본이 러일전쟁(1904~1905년)에서 예상 밖의 승리를 거두었던 것은 독일의 교관(독일 제국군 육군 소령 클레멘스 빌헬름 야콥 메켈, Klemens Wilhelm Jacob Meckel)까지 파견받아 프로이센군의 군사혁신을 받아들였던 영향이 컸다.[53]

미국은 영국과 더불어 프로이센의 혁신에 즉각적으로 반응하지는 않았다. 미국은 대륙의 관행을 따르지 않다가 20세기 초 쿠바와의 전쟁 과정에서 그 필요성을 느끼고 자신들의 조건에 맞는 적응을 이루게 된다.[54] 미국은 오랜 진통 끝에 프로이센식 총참모부제를 도입했다. 적대국이었던 프로이센 모델을 군에 도입하는 데에 대한 군의 반발로 정상적으로 운영되기까지 적지 않은 시간이 걸렸으며, 결국 프로이센식 일원적 지휘체계와 정치적 독립성을 확보하는 데는 실패하게 된다. 그러나 미국의 총참모부는 민주주의하에서 정치적 견제를 수용하면서도 군사적 효율성을 담보하는 독특한 제도로 발전하였다.[55]

프로이센군의 군사이론 역시 현대 군사이론과 체계에 보편적 원리로 작동하는 것이 많다. 클라우제비츠의 전쟁론을 통해 전파된 프로이센군의 이

---

53 일본 육군은 메이지유신 이후 근대화 과정에서 처음에는 프랑스 시스템을 도입하고자 하였으나 기득권을 박탈당할 사무라이 기득권층의 반발로 무산되고 프로이센 군사제도를 수용하였다. 특히, 독일 통일전쟁의 승인으로 분석된 참모본부 제도를 도입하여 독자적인 참모본부를 설치하였고, 작전술을 중심으로 한 군사이론을 받아들였으며, 의무복무와 예비군제도, 동원계획, 작전계획 등 전반에 걸쳐 많은 영향을 가져다주었다. 하지만 일본은 근본적인 군사사상적 토대가 없이 제도만을 받아들임으로써 독일 몰트케가 추진한 군사혁신의 뿌리인 클라우제비츠의『전쟁론』이 강조한 '군사에 대한 정치우위 사상'을 무시하고, 군 주도로 국가 및 군사정책이 추진되는 폐단과 정신력에 과도하게 의존하는 합리성을 벗어난 군사력 운용을 강조하는 변종이 되어 태평양 전쟁에서 패전을 당하게 되었다.

54 설인효, "군사혁신(RMA)의 전파와 미·중 군사혁신 경쟁", p.155; Michel. Howard, *War in European History* (New York: Oxford University Press, 1976). 재인용.

55 설인효, "군사혁신(RMA)의 전파와 미·중 군사혁신 경쟁", p. 158.

론 중에서 '적에게 아군의 의지에 굴복하도록 강요하는 폭력행위'라고 정의한 전쟁에서 폭력이라는 수단을 통해 적을 굴복시키고자 하는 목표를 지향한다는 것은 통용되고 있다. 다만, 수단의 다양성, 한정된 목표 등을 통해 군사적 · 정치적 제한사항이 존재한다는 것에 대해 클라우제비츠 자신도 현실전쟁의 개념을 말년에 눈떴고, 『전쟁론(On War)』 원고를 수정하던 중에 콜레라로 급서했다. 작전술 차원에서 중심(Center of gravity), 작전한계점(Culminating point), 삼위일체(Trinity)[56] 등 주요 개념뿐만이 아니라 공격과 방어, 행군 등 군사교리도 오늘날 많은 국가에서 보편적으로 받아들였다.

　　프로이센군의 군사제도, 군사이론이 미군에게 영향을 미쳤지만, 프랑스군의 영향을 완전히 치환하지는 않았다.[57] 그것은 미국의 군사사상 형성에 영향을 주었던 大 몰트케가 가졌던 사상적 근원은 클라우제비츠가 분석한 나폴레옹 전쟁이었기 때문이다.

(2) 정치와 군사의 분절적 특징

　　미군은 초기 영국군, 프랑스군, 프로이센군의 영향을 차례로 받았다. 그중에서도 나폴레옹 전쟁에 의한 영향이 컸다. 특히 미국은 나폴레옹 전쟁에 대한 경험을 분석한 조미니와 클라우제비츠에 큰 영향을 받았다. 조미니는 군사적 계몽주의에 영향을 받아서 인간의 능력으로 전쟁을 통제하고 전쟁 현상을 일반적인 법칙으로 요약할 수 있다고 믿었는데, 이는 미국인의 실용주

56　클라우제비츠는 기술력의 발전으로 화력이 막강해지고 진지에 의탁한 방어가 공격보다 강한 형태라고 말했다. 막강한 방어를 위해 전쟁에 숙달된 군대, 침착하게 적을 기다리는 지휘관, 적의 침입을 두려워하지 않은 국민, 이 세 가지의 삼위일체(Trinity)가 이뤄져야 한다고 말했다. 마이클 한델, 박창희 역, 『클라우제비츠, 손자 & 조미니』 (서울: 평단문화사, 2000), p. 335.

57　데포르트, 『프랑스 장군이 바라본 미국의 전략문화』, p. 114.

의 정신과 일치하여 미국 전략사상의 바탕을 이루었다. 전쟁은 전문군대의 일이므로 경험 없는 정치인에게 전쟁 수행을 맡기는 것은 위험한 것이라는 생각을 고착시키는 데 일조했다.

프로이센의 독일 제국 건설과정과 함께 군사적 낭만주의에 영향을 받은 클라우제비츠가 주목받았다. 그의 저서 『전쟁론』은 미완의 상태에서 난해함을 보였지만, 비교적 명확하게 인식되는 정치와 군사의 관계에 관한 기술에서 '전쟁은 다른 수단에 의한 정치의 연속에 불과하다'[58]라는 주장은 미국인의 속성, 미국의 지리적 여건, 미국의 가치와 이념으로 인해 받아들여지지 않았다. 전쟁이 국경선 너머에서 언제든 도사리고 있는 유럽국가와는 달리 개입을 선택할 수 있는 미국은 정치가 한계에 부닥치는 데에서 불가피하게 전쟁을 선택하였다.

조미니와 클라우제비츠는 공히 나폴레옹 전쟁에 대한 경험을 통해 관찰한 바를 군사이론으로 정립하였다. 이들의 이론은 미국의 규범체계 형성에 적지 않은 영향을 미쳤지만, 다수 국가에서 보편적으로 받아들여진 명제를 제외하고 타 국가에 대비되는 특징으로 '정치와 군사의 분절'을 말할 수 있다. 이러한 정치와 군사의 분절적 세부 특징은 다음과 같다.

〈표 3-3〉 정치와 군사의 분절적 특징

S-1. 정치의 실패로서 전쟁	S-2. 군의 독자적 영역 보장

---

58 전쟁은 정치적 행동일 뿐만 아니라, 진정한 정치적 도구이고 정치적 교류의 연속이며 다른 수단에 의한 정치적 교류의 실행이다. 다만 전쟁이 지닌 고유의 특성들은 전쟁 수단의 고유한 본성과 연관되어 있을 뿐이다. 모든 개별 경우에 대해 야전사령관은 정치의 방향과 의도가 전쟁 수단과 모순되지 않도록 요구할 수 있다. 이러한 요구는 결코 사소한 것이 아니지만 어떤 개별 경우의 정치적 의

가. 정치의 실패로서 전쟁(S-1)

클라우제비츠는 프로이센이 독일 제국 건설을 위한 통일 전쟁(1864~1871년)을 연승하면서부터 주목을 받았다. 1831년에 발간되었던 『전쟁론』의 1873년 영어본이 발표되면서, 그의 사상이 미국에 전파되기 시작하였다. 『전쟁론』은 미완의 상태로 출간되어 일맥으로 정리되지 못한 부분이 있고,[59] 독일 관념 철학의 영향을 받은 문체는 난해하고 해석이 모호한 부분이 존재한다. 그런데도 정치와 군의 관계만은 오히려 명쾌한 관점을 보인다.

정치와 군사의 관계에 대한 클라우제비츠 사상의 골자는 '전쟁이 정치에 대해 군의 종속을 가져온다는 점'과 '전쟁이 정치의 궁극적 목적을 달성하기 위한 연장선'이라는 두 가지 명제이다. 첫 번째 원칙은 미국 건국 위인들의 시각과 일치하고 헌법에도 부합하지만, 두 번째 원칙은 미국의 세계관과 맞지 않아 결국 미국은 첫 번째 원칙만을 취하게 되었다. 즉 미국은 클라우제비츠로부터 정치에 대한 군의 종속이라는 이론을 취하고, 여기에 조미니가 주장한 전쟁의 기술적 측면을 추가함으로써 정치와 전쟁 간의 명확한 분리 개념을 정립시킨 것이다. 하트만(Frederick H. Hartman) 교수의 표현처럼 미국인들은 전쟁을 정치로부터 분리하여, 이를 정치적이라기보다는 훨씬 더 군사적이고 도덕적인 상황으로 보았다.[60]

도에 아무리 강력한 영향을 미친다 해도 언제나 정치적 의도를 한정하는 데 그칠 것이다. 왜냐하면, 정치적 의도는 목적이고 전쟁은 수단이기 때문에 목적이 없는 수단은 생각조차 할 수 없기 때문이다. 카를 폰 클라우제비츠, 류제승 역, 『전쟁론』 (서울: 책세상, 2004), p. 55.

59 클라우제비츠는 나폴레옹 전쟁 후 사관학교 교장이 되어 『전쟁론(On War)』을 집필하다가 콜레라로 사망하고, 아내 마리가 자신의 남동생 브륄(Brühl) 공작과 클라우제비츠의 두 친구에게 도움을 받아 이를 정리하여 1832년 발간하였다. 1832년에 출간한 최초의 『전쟁론』은 4개 장으로 이루어져 있었고, 마리가 사망한 1836년 이전에 7개 장이 추가되었으며, 1837년에 마지막으로 2개 장이 추가되어 오늘에 이르고 있다.

60 Frederick H. Hartman and Robert L. Wendzel, *Defending America's Security*, (Potomac Books

미국인의 속성, 지리적 여건, 국가 토대 및 민주주의는 정치와 군의 분리로 귀결되었고, 미국은 전쟁을 정치의 도구나 정치의 연장선이 아닌 정치의 실패로 간주함으로써 이를 이성적이기보다는 훨씬 감정적으로 받아들이게 되었다. 맥아더(Douglas MacArthur) 장군은 상원에서 "정치가 실패하여 군인들이 상황을 통제하고 있는 현재, 귀하는 군을 신뢰해야 합니다"라고 발표했고, 대다수 미국인은 "전략은 정치가 멈추는 지점에서 시작된다"라는 맥아더 장군의 말에 공감하고 있다.[61]

즉, 정치의 한계로 인해 정치가 실패한 국면에서 군사적 개입이 대안적 수단으로 사용된다. 이제 정치가 아닌 군이 자율성을 가지고 해결하며, 군이 독자적 영역을 보장받아야 한다는 명분으로 작동하게 됨을 의미한다. 미국에 있어서 정치적 해결 과정과 군사적 해결방식은 분리되어 있으며, 큰 간극이 존재한다는 것이다. 이러한 조미니의 사상은 미군의 사고방식에 결정적인 영향을 주었지만, 클라우제비츠의 『전쟁론』이 미군 내에서 읽히기 시작하면서 조미니와는 조금은 멀어지기 시작했다. 본 연구의 대상 기간을 벗어나지만, 1991년 1차 걸프전의 신속한 성공 이후 압도적 군사력에 의한 군사전략의 우위가 주목받으면서 조미니 사상으로 복귀하는 듯하였으나, 이는 곧 21세기 테러와의 전쟁에서 정치적 요소를 무시한 신속한 군사적 승리 추구의 한계를 경험하게 된다.

미국이 클라우제비츠의 '전쟁은 정치의 연장선'이라는 이론을 온전히 받아들이지 않은 것은 앞서 말한 대로 미국인의 속성, 지리적 여건, 국가 토대 및 민주주의에서 비롯되었다. 즉, 유럽의 혼탁함과 부패, 오랜 전쟁의 역사를

Incorporated, 1990), p. 88.

61   데포르트, 『프랑스 장군이 바라본 미국의 전략문화』, p. 120.

벗어나서 합중국을 향한 고된 여정을 통해 시작한 '예외주의'의 또 다른 단면이다. 또한, 미국이 추구하는 숭고한 가치인 자유민주주의는 무력을 통한 강제를 우선 선택지에 두지 않았고, 불가피하게 가게 되는 대안으로 여겼으며, 정치가 끝나는 곳에서 군사개입이 시작된다고 보았다. 그리고 연방제를 잘 유지하는 한 자국 영토 내에서 국가의 존망을 다투는 일이 없는 섬나라와 같은 지리적 여건이 있었기에 정치와 군사의 분절을 유지할 수 있었다. 역사적 경험, 지리적 환경이 서로 영향을 주고받으며 전략문화를 형성하는 중요 요인이 됨을 다시금 알 수 있다.

나. 군의 독자적 영역 보장(S-2)

조미니는 인간의 능력으로 전쟁을 통제하고 전쟁 현상을 일반적인 법칙으로 요약할 수 있다고 믿었다. 그의 사고는 미국 건국 조부들의 실용주의 정신과 일치하였는데, 콜송[62]은 조미니의 이성적이고 과학적인 측면이 미군의 성향과 잘 맞았다고 주장하였다. 또한, 조미니 사상은 미국의 정치와 군사 관계에 대한 시각, 즉 '정치가 정확한 규칙을 따르고 원칙과 노하우를 적용하는 것이며, 전쟁은 전문군대의 일이다. 따라서 경험 없는 정치인에게 전쟁 수행을 맡기는 것은 위험한 것이다'라는 생각을 고착시키는 데 일조했다. 조미니는 분쟁 초기부터 작전 논리가 정치적 고려사항을 압도해야 한다고 생각하여 작전 현장에서는 정치적인 개입보다도 군사적 지휘권이 먼저 보장되어야 한다는 논리를 펼쳤다. 이러한 논리는 군이 정치적 제약 없이 자유롭게

---

[62] 콜송(Bruno Colson, 1957~)은 벨기에 태생의 사학자로 현재 나무르(Namur) 대학교수로 재직 중이다.

임무를 수행할 수 있어야 한다는 미군의 사고에 잘 나타나고 있다.[63]

미국의 이 같은 인식은 클라우제비츠의 사상 그 자체를 온전히 받아들이지 않고, 클라우제비츠의 사상에 대한 독일의 해석을 반영하였다고 할 수 있다. 독일 제2 제국의 통일전쟁 과정에서 프로이센의 재상 비스마르크(Otto Eduard Leopold Fürst von Bismarck-Schönhausen)와 참모총장 몰트케가 보인 각각의 역할에 대한 상호 존중을 통해서 클라우제비츠의 사상에 대한 독일의 해석 방식을 잘 엿볼 수 있다.

"비스마르크와 몰트케는 함께 꿈꾸던 독일의 통일을 이루었다. 그들의 관계가 온화하지만은 않았지만, 역할 분담에서는 원활했다. 비스마르크는 몰트케의 군사적 견해를 항상 외교정책상 중요한 요소로 간주했고, 또 몰트케는 비스마르크를 신뢰하고 외교에 대해서는 참견하는 경우가 없었다. 참모본부가 제일 두려워했던 다정면 전쟁이 발생하지 않도록 비스마르크는 외교적 노력으로 철저히 보장해 주었다. 이는 독일의 지리적 여건상 매우 어려운 것이었으며, 앞서 프리드리히 대왕이나 이후 제1·2차 세계대전에서 실패한 원인도 여기에 있다. 전쟁 중 지휘권에 대해서는 비스마르크를 배제했던 몰트케는 외교에 관해서는 의견을 제시하는 데만 그치고 철저히 절도를 지켰다. 군사적으로 몰트케는 군대보다 무장한 농민을 격퇴하는 것이 더 어렵고, 앞으로의 전쟁은 장기전이 되어 한두 번의 전투로 전쟁에 승리할 수 없을 것을 예견했다. 비스마르크 역시 독일의 외교가 실패하면 대전쟁이 일어날 것이며, 7년쯤 계속될지도 모른다고 예측했다. 위대한 정치가와 군인의 예측은 제1·2차 세계대전에서 여실히 입증되었으며, 이들이 보여준 정치와 군사의

---

63 데포르트, 『프랑스 장군이 바라본 미국의 전략문화』, p. 117.

조화는 그리움의 대상이 되었다."[64]

전쟁에서 군의 독자적 영역 인정은 미국이 가진 지리적 고립성과 외부위협으로의 면제 심리가 작동한 이유가 크다. 미국에 전쟁은 영토 밖에서 평화라는 일상으로부터 일탈로 일어나는 것이었기에 전문직업군대의 비즈니스가 되었다. 미국의 대표적인 군사전략가 와이리(J. C. Wylie)의 주장에 함축되어 있다.

> "전쟁은 정치의 연속이 아니다. 공격적 성향이 없는 국가에 전쟁이란 사실상 정책의 완전한 붕괴를 의미한다. 전쟁이 시작되면 전쟁 이전의 모든 정책은 새로운 현실에 부합하지 못하고 무용한 것이 되고 만다. 전쟁이 시작되면 우리는 전혀 다른 세상 속에서 살게 되는 것이다."[65]

제2차 세계대전 직전에 발행된 미 육군의 전략문서에서는 정치·군사의 분절적인 미국 전략가들의 사고방식이 포함되어 있다.

> "정책과 군사전략은 근본적으로 다른 영역이다. 전략은 정치가 멈추었을 때야 시작된다. 일단 국가의 정책이 정해지면, 군인들은 전략과 지휘통제는 정치의 영역과 구별되는 별개의 영역에 있는 것으로 간주해야 한다."[66]

---

64 하성우, 『지략: 全勝을 꿈꾸다』 (서울: 플래닛미디어, 2015), pp. 51–52.

65 J. C. Wylie, *Military Strategy: A General Theory of Power Control* (New Brunswick, NJ: Rutgers University Press, 1967), p. 80.

66 Thomas G. Mahnken, "US strategic and organizational subcultures", in Jennie L. Johnson, Kerry M. Kartchner, Jeffrey A. Larsen (eds.), *Strategic Culture and Weapons of Mass Destruction* (New York: Palgrave Macmillan, 2009), p. 71.

미국은 군사적 개입을 통한 전쟁을 최후의 수단으로 사용하려는 경향이 강하다. 군사개입과 외교가 한쪽이 실패한 상황에서 다른 한쪽이 대안적으로 사용된다. 미국의 전략문화는 국제문제 해결을 위해 정치와 군사가 상호 보완적으로 이용되지 못하는 한계를 가지고 있다.

5. 되새김

미국 전략문화 형성의 주된 영향요인을 한정하고 영향요인별 형성과정을 고찰하여 미국 전략문화와 그 세부 특징을 도출하였다. 미국 전략문화의 특징은 관점에 따라 다양하게 도출될 수 있다. 본 연구에서는 국제문제에 대한 미국의 개입정책에 관한 전략문화에 한정하여 도출하였다. 인명 중시 사상, 첨단기술 중심 사상, 상시 경쟁관계인 육ㆍ해ㆍ공군과 해병대 등 미국의 전략문화를 나타내는 다양한 특징들이 존재하지만, 연구목적을 중심으로 한정하여 도출하였다.

또한, 전략문화는 보편적으로 통시적인 영향력을 발휘하는 특징을 갖지만, 상대적으로 변화 가능성이 적은 특징을 중심으로 도출하였다. 그리고 공간 면에서 한반도에 대한 개입정책을 다루지만 한반도나 중동, 유럽 등에 따라 다르게 해석, 영향을 미칠 수 있다면 배제하였다. 전략문화에 가깝다기보다는 전략적 행위나 정책적 선택으로 볼 수 있는 것은 배제하였다. 이러한 과정을 통해 본 연구에 필요한 분석 도구가 되도록 도출한 미국 전략문화와 그 세부적인 특징을 도출하였으며 한데 모아 보면 다음과 같다.

<표 3-4> 미국 전략문화의 특징

구분	세부 특징
예외주의	(E-1)자유민주주의 가치의 수호와 확산 (E-2)선악 분리
해양국가	(M-1)외부위협 면제 심리와 선택적 접근 (M-2)해·공군 우선 운용과 핵 의존
정치와 군사의 분절	(S-1)정치의 실패로서 전쟁 (S-2)군의 독자적 영역 인정

먼저, 아메리카 합중국 건국과정을 통해 형성되어 미국의 정체성으로 자리 잡은 이례성인 예외주의적 특징을 도출하였다. 세부적인 특징으로는, 미국이 건국과정에서 가장 진보한 체제로 인식한 자유민주주의 가치의 수호와 확산(E-1), 그리고 기독교적 선악관에 기초한 선악 분리(E-2)를 도출하였다. 자유민주주의 가치의 수호와 확산을 위해 우방국과의 가치 공유에 대한 유대감이 중요하게 작동한다. 또한, 미국은 내부적 단결과 자기방어, 군사적 개입의 정당성을 위해 선악을 분리하고 십자군 전쟁과도 같은 성전을 추구하는 전략문화적 특징을 가졌다.

또한, 영토의 광활함과 자원의 풍부함, 해양에 의한 분리라는 지리적 축복을 받은 환경을 통해 미국이 가진 자기 인식인 해양국가적 특징을 도출하였다. 미국은 본토에 대한 외부로부터 침략을 허용할 수 없는 나라가 되었고, 국경선을 통해 적과 대립한 상태에 놓이지 않음으로 인해 본토로부터 떨어진 외부위협에 대해 선택적으로 접근할 수 있는 이점을 가졌다.(M-1) 또한, 지상군에 대한 대립 이전에 해·공군을 우선으로 운용하고, 핵 억제력에 의존하는 전략문화적 특징을 보인다.(M-2) 미국은 외부로 확장하지 않아도 국내적으로 자급이 가능한 경제규모와 자원이 있고 대양에 의해 분리되어 강력한 해·공군을 통해 위협을 면제받고자 한다. 만약 선택적으로 개입이 이뤄지더라도 인명 중시 사상이 작동하면서 병력 손실이라는 위험을 최소화하기 위해 장거리 투발수단과 핵을 우선 수단으로 삼는다.

끝으로 역사와 환경의 영향을 통해 축적된 규범 체계적 특징으로 정치와 군사의 분절을 도출하였다. 그 세부 특징으로 미국에 전쟁은 정치의 연장수단으로 사용되지 않고 정치의 실패로서 불가피한 상황에서 시작되었다.(S-1) 전쟁에 관하여 군은 독자적 영역과 군의 자율성을 인정받았으며 군의 판단과 건의가 정책적 선택을 변화시키기도 하였다.(S-2) 미국은 군사개입과 외교가 상호 대안적 수단으로 작동하며, 무력이 최후의 수단으로 사용되었다.

본 장을 통해 형성요인별로 도출한 미국 전략문화의 특징을 제4, 5, 6장에서 분석 도구로 삼아 한국전쟁 발발 전후 미국의 한반도 개입정책을 살펴볼 것이다. 고찰을 통해 미국이 전쟁 전후의 개입정책을 선택하는 데 있어서 사안별 합리적 의사결정이론이 설명하지 못하는 일정한 맥락, 정책적 선호가 존재함을 입증하고자 한다.

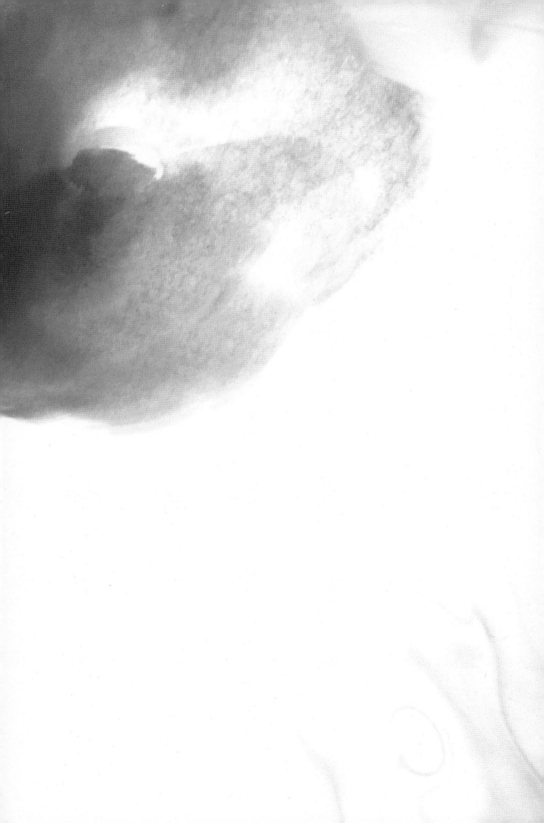

IV

예외주의적 관점:
가치 공유와 성전

앞 장에서 미국이 개별 국가로의 파열에 이르지 않고 아메리카 합중국으로 탄생한 역사적 경험을 통해 예외주의라는 정체성을 형성하였음을 분석하였다. 이주민들은 영국의 식민지 조세정책을 반대하면서 영국과 단절하고 남북전쟁에 이은 합중국의 건국을 통해 기존 근대체제가 아닌 새로운 탈근대체제로서 민주화한 국가 정체를 이룩하였다. 미국은 이를 가장 진보한 상태로 보고 자신을 인류의 모범이자 희망으로 여겼다. 이러한 자유민주주의 체제를 아메리카 대륙 전체와 세계로 확산하고자 하였다. 이러한 과정을 고찰하여 미국 예외주의의 세부적인 특징으로 자유민주주의 가치의 수호와 확산(E-1), 선악 분리(E-2)를 도출하였다.

역사적 배경을 통해 형성된 정체성으로 도출한 예외주의가 미국 전략문화로서 적실하다면 외생변수에도 불구하고 미국 전략적 행위의 선호에 지속적으로 영향을 미쳐야 한다. 예외주의적 세부 특징이 본서의 연구대상인 한국전쟁 발발 전후 미국의 한반도 개입정책에 일정하게 영향을 미치고 있는지를 살펴서 전략문화로 적실한지를 확인하고자 한다.

1. 자유민주주의 가치의 수호와 확산(E-1)

(1) 전쟁 발발 이전: 확고한 가치 공유의 아쉬움

가. 공산주의 팽창에 맞선 자유민주주의 수호 노력

미국은 19세기에는 북아메리카 대륙 내부에서 대서양 연안에서 태평양 연안까지 영토팽창에 이어서 아메리카 대륙 전체에 예외적인 새로운 질서인 자유민주주의를 전파하고자 노력하였다. 20세기 이후 미국은 제국주의, 곧 이어 등장한 전체주의를 자유민주주의를 위협하는 '악'으로 규정하고 이로부터 자유민주주의를 지켜내고 확산하고자 노력하였다. 미국 예외주의는 자유민주주의를 확산시키기 위해 미국만이 국제사회를 주도할 수 있다는 소명의식으로 작동하였다. 미국은 제2차 세계대전에서 제국주의 세력을 물리치고 자유세계를 지켰고, 제2차 세계대전 이후 공산주의의 팽창에 맞서서 자유민주주의를 지켜내기 위해 봉쇄정책을 추진하였다.

루스벨트(Franklin D. Roosevelt) 대통령은 제2차 세계대전 이전 아시아 대륙에서 벌어지고 있던 소련 공산주의와 일본 제국주의의 경합을 세력 경쟁 차원에서 바라보았다. 그는 일본이 조선과 만주를 점령했던 시기에는 일본이 러시아를 견제하리라고 생각했으며 러시아의 세력 확장에 대한 우려는 거의 하지 않았다. 그러나 1943년 일본은 아시아 대륙에서 패권국의 지위를 잃어가고 있었고, 이미 강성해진 소련이 아무런 견제 없이 그 자리를 차지할 가능성이 컸다. 독일이 패배한 후 일본과의 전쟁에서 관동군의 위협을 크게 보고 소련의 도움을 받고자 했던 미국 지도자들의 바람은 소련이 전후 지역 패권국으로 등장할 가능성을 보다 현실적으로 만들어 주었다. 전시의 필요

가 전후의 목적을 양보하도록 위협했다.[1]

미국의 이러한 인식에 반해 스탈린은 일본이 미국에 항복한 후 미국이 비밀리에 일본과 협정을 체결해 만주와 한국에서 소련의 진격을 막으려 할 수도 있다고 우려했다.[2] 이러한 스탈린의 우려는 완전히 빗나간 것은 아니었다. 소련 공산세력의 팽창과 남하를 막아내기 위해 미국은 일본의 조속한 경제적 안정과 성장이 필요하였다. 그런 까닭으로 미국은 제2차 세계대전 후 전쟁 발발 책임에 대해 도쿄 전범 재판과 전후 처리를 통해 엄격히 단죄하여, 과거사를 반성하고 역내 평화에 이바지할 새로운 정치 세력이 등장하게끔 제대로 감독하지 못하였다. 특히 전후 도쿄 전범 재판에서 천황 처벌 면책은 제2차 세계대전 이후 미국의 아시아 전략[3]과 밀접한 연계 속에서 트루먼 대통령과 맥아더가 교감하면서 많은 우여곡절을 통하여 진행해 온 작전이었다. 맥아더는 이를 위해서 일본 대중당 수석 도쿠다가와 일본노조총연맹 수석 고문 미즈타니 조자부로의 강력한 히로히토 천황의 처벌과 천황제 폐지 요구가 있음에도 불구하고 매우 교묘하게 이들을 회유하는 데 총력을 기울였다. 천황 면책에 대한 강한 비판을 무마하기 위해 맥아더는 히로히토 천황에게 인간 선언을 종용하여 관철했다.[4] 이처럼 미국은 제2차 세계대전 이후 동아시아 지역에서 일본의 경제성장과 안정을 통해 급속도로 세력을 넓히던 소련 공산세력으로부터 자유민주주의 진영을 지켜내고자 했다.

---

1 윌리엄 스톡, 서은경 역, 『한국전쟁과 미국 외교정책』(서울: 나남출판, 2005), pp. 32-33.

2 *FRUS*, Vol. Ⅶ, 1945, Korea, pp. 133-134.

3 미국은 천황을 이용해 일본을 통제하고 더 나아가 아시아를 통제할 계획을 세우고 있었다.

4 인간 선언은 천황이 자신의 신격을 부정하는 선언으로서(1946. 1. 1.) 헌법에 명시된 천황의 신성불가침을 부정한 것이다. 이후 천황의 국가통치에 대한 개입은 제한되었고, 일본의 상징으로만 남게 되었다. 이장희, "도쿄국제군사재판과 뉘른베르크 국제군사재판에 대한 국제법적 비교 연구", 『동북아 역사논총』, 제5호 (서울: 동북아역사재단, 2009), p. 211.

미국은 유럽에서 공산세력의 확대를 저지하고 자유민주주의 수호, 확대하기 위해 군사적·경제적 원조를 제공하였다. 먼저, 1947년 3월, 트루먼은 미국 외교의 원칙으로 '트루먼 독트린(Truman Doctrine)'⁵을 미 의회에서 선언하였다. 이는 미국이 그 당시에 주변 공산국가와 내부적 공산세력의 위협에 시달리던 그리스와 튀르키예의 반공 정부에 경제적으로 원조하는 정책이었다. 또한, 트루먼 독트린의 연장선에서 1947년 6월 '마셜 플랜(Marshall Plan)'으로 알려진 유럽부흥계획을 추진하였다. 최초에는 독소전쟁을 통해 막대한 피해를 본 소련과 엄청난 전쟁피해로 폐허가 된 폴란드, 체코슬로바키아, 루마니아, 유고슬라비아 등의 동유럽 국가들에도 참가를 제안했다. 하지만 이 계획은 자유경제 체제를 통해 국내시장을 개방하는 것을 전제하고 있었기에 소련은 받아들일 수가 없었다. 미국은 소련이 이끄는 공산세력과 대립하기 시작하였고, 곧 대소봉쇄를 기조로 삼았으며, 전후 유럽의 재건을 위한 개입정책을 유지하였다.

1948년 11월, 기밀보고서인 NSC-20/4에서 소련의 위협에 대한 봉쇄를 승인하였다. 보고서에서 전후에 확정된 소련 국경 이외 지역에서 소련의 지배를 제거하고, 소련 지배에 있지 않은 국가들에서 공산당 지도자가 지배력을 형성하지 않도록 관련 구조를 파괴하며, 러시아의 과거 영토 내 존재하는 정권들이 전쟁을 수행할 군사력을 갖지 못하게 한다고 명시하고 있다. 또한, 미국의 안전에 위협이 되는 힘의 구조가 출현하는 것을 막고, 유엔의 원칙과

---

5 먼로 독트린 이후 100여 년간 유지되어 온 전통적인 고립주의에서 벗어난 개입정책으로서, 황폐해진 유럽국가를 지원한다는 것은 미국이 새로운 패권으로 등장했음을 의미하는 선언이기도 했다. 선언을 통해 마셜 플랜이라는 유럽 원조계획이 나오게 되었으며, 그리스와 튀르키예에 대한 경제적·군사적 원조를 하게 된다.

목적에 기초한 국제조직의 성공적인 발전을 도모한다고 적고 있다.[6]

　미국은 제2차 세계대전 이후에 안보정책에서 소련 공산주의의 팽창을 막고, 미국 안보에 대한 위협이 되지 않도록 소련에 대한 봉쇄를 정책목표로 선택하였다. 미국의 자유민주주의 가치가 온전히 지켜지고, 소련 영토 이외의 지역에서 자유민주주의가 위협받지 않도록 소련의 봉쇄를 추구하였다. 자유민주주의는 미국의 건국이념이자 전 세계에 확산시켜야 하는 가치로서 미국은 계몽주의적이고 선구자적인 태도로 자유민주주의 가치를 대하고 있음을 알 수 있다.

나. 봉쇄의 최전선이었던 한국, 확고한 가치 공유의 부족

　1947년 3월, 트루먼 독트린에서 제외된 한국 정부는 미국의 소극적 대한 정책에 대해 불만과 더불어 위기감을 가졌으며, 미국의 관심을 유발하여 군사원조와 안보조약 체결을 요구하기 시작했다. 반면, 미국은 남한의 군사력 증강이 북한에 대한 군사적 행동의 수단으로 사용될 수 있음을 우려하고 있었다.

　1948년 2월, 그때까지 남한 정규군 창설에 반대하던 맥아더는 5만 명 규모의 국경 경비대를 소화기로 무장시킬 것을 합동참모본부로 건의하여 NSC-8이 승인되었다. 1948년 4월 2일, 주한미군의 철수 시기를 1950년 6월 30일로 조정한 NSC-8/2를 발간하게 되었다. 미국은 NSC-8/2에서 65,000명의 병력을 갖춘 한국 정부가 내부질서 유지와 국경의 안전을 유지할 수 있도록 지속적인 군사원조를 해야 할 것이라고 강조하였다. 또한, 경찰 35,000명,

---

6　"U.S. Objectives with Respect to the USSR to Counter Soviet Threats to U.S. Security", *FRUS*, Vol. 1 (1948), pp. 663-669.

해안경비대 4,000명에 대한 추가적인 군사원조에 대해서도 언급하였다. 그러나 NSC-8/2는 안타깝게도 한국이 독자적인 공군과 해군을 보유하지 못하도록 규정하였다.[7]

주한미군이 철수하면서 5만 명분 소총과 탄환, 2천 문의 로켓포, 각종 차량 4만 대, 다수의 경포와 박격포, 포탄 70만 발 등 금액으로 5,600만 달러어치인 무기와 장비를 인계하였다.[8] 하지만 미군이 넘겨준 무기는 낡고 성능이 낮은 것이었다. 105mm 곡사포는 북한군의 122mm 야포보다 사거리가 짧고, 57mm · 37mm 대전차포는 북괴군 T-34 전차를 관통할 수 없는 것이었다. 미군이 생각한 한국군의 무장은 국내 치안 유지에 적합한 정도였으며, 북한 남침에 대비한 무장력은 고려되지 않았다.

1949년 2월 초순, 육군 장관 로열(Kenneth C. Royall)은 한반도 상황을 직접 평가하기 위해 한국을 방문했다. 이승만은 로열 장관과 무초 대사를 만난 자리에서 유엔이 1948년 12월 12일 한국을 한반도 유일 합법 정부로 인정해 주었기 때문에 무력을 통해서라도 남북통일을 추구하는 것이 정당하다고 언급했다. 그러자 무초는 평화적으로 해결할 기회가 도래하기 전에 그처럼 행동하면 안 된다고 말했다. 로열은 "미국이 미 전투병력을 한반도에 유지하는 한 한국군의 북침은 결코 불가능할 것이다. 이승만의 발언은 미국이 모든 전투병력을 한반도에서 철수하라는 요구와 다름이 없다"라고 말했다.[9] 이처럼 이승만은 공공연히 북침 의사를 표명하였기에 한반도에 전투병력을

---

7 양영조, "한국전쟁 이전 미국의 한반도 군사정책, 포기인가, 고수인가", 『군사』, 431집 (2000), pp. 969-978.

8 NSC-8, *FRUS, 1948*, Vol. VI (1948. 2.), p. 1168.

9 권영근, 『한반도와 강대국의 국제정치: 미국의 한반도 정책을 중심으로(1943~1954)』 (서울: 행복에너지, 2021), p. 325.

배치하고 있던 미국으로서는 원하지 않았던 전쟁의 발발과 자동개입을 우려하지 않을 수 없었다.

1949년 4월, 중국 공산당 군대가 양쯔강을 건너 중국을 위협하자 위기감이 고조된 남한은 주한미군 철수 중지를 요구하기 시작하였다. 또한, 북한의 남침에 대비하여 미국이 군수물자, 해군과 공군 장비를 지원해 주고, 1882년 조미수호통상조규을 재약속해 줄 것을 촉구하였다. 무초 대사도 한국 정부의 이러한 요청에 대해 측면에서 지원했지만, 미 국무부의 군사지원 제한을 허물지 못했다.

이승만은 한국에 동정적이던 유엔 한국위원회(UNCOK)의 필리핀 대표를 통해 "외세가 침공해 오는 경우 한국이 미국의 즉각적인 지원을 받을 수 있을 것인가는 미군이 한반도에 지속적으로 체류할 것인지의 문제와 비교했을 때 훨씬 중요한 의미가 있다"라는 메시지를 국무부에 전달하였다. 이승만의 생각을 전해 들은 애치슨[10]은 무초를 통해 다음과 같이 단호하게 말하였다. "이처럼 바람직하지 못한 발언으로 인해 한국은 불이익만 당할 것이다. 향후 한국의 경제와 군사원조 요청 측면에서 상당한 악영향이 초래될 수도 있을 것이다."[11] 미 국무부는 미국의 지원 여부에 대해 긍정도 부정도 하지

---

10 애치슨은 한국전쟁 발발 전후 미국의 한반도 정책에 많은 영향을 끼쳤으며, 중요한 역할을 하였다. 애치슨은 1949년 재선에 성공한 트루먼 행정부 2기의 국무 장관으로 임명되어 트루먼 행정부의 임기만료까지 국무 장관직을 수행하였다. 애치슨은 원래 변호사로 있다가 1933년에 루스벨트 행정부의 재무 차관에 임명되었다. 루스벨트 대통령이 뉴딜의 성공을 위한 인플레 정책을 쓰기 위해 금을 두 배 가격으로 사들이는 정책을 시도했으나 애치슨은 서명을 거부하다가 권고사직 당하고 다시 트루먼 행정부 1기의 국무부 차관보에 기용될 때까지 약 8년간 변호사 일을 계속했다. 1949년 트루먼 행정부 2기의 국무 장관을 맡아 소련 팽창에 대한 봉쇄정책을 지휘하였다. 남시욱, "딘 애치슨과 미국의 한반도 정책: 한국전쟁 시기를 중심으로" (서울대학교 대학원 박사학위 논문, 2015).

11 권영근, 『한반도와 강대국의 국제정치: 미국의 한반도 정책을 중심으로(1943~1954)』, pp. 330-331.

않았고, 미국에 유사시 지원 여부를 단정적으로 물어오는 것 자체에 대해 불쾌해하고 있었다. 미국의 개입문제는 한국에는 국가의 존망을 다루는 문제였지만 미국은 함께 논의할 주제조차 되지 않았다. 이것은 미국의 한국에 대한 가치 평가를 여실히 알게 해 주는 대목이다.

미 국무부 정책기획실의 캐넌(George F. Kennan)은 주한미군 철군과 관련하여 한국의 자유민주주의 발전 가능성을 통한 전략 가치를 다음과 같이 판단하였다.

> "한국은 이미 순수하게 평화적이고 자유로운 민주주의적 발전에 대한 어떠한 희망도 없다. … 그 영토가 우리에게 결정적인 전략적 중요성을 갖지 않는 이상 우리의 주요 임무는 큰 위신의 상실 없이 빠져나오는 일이다."[12]

1949년 봄, 미국은 주한미군 철수에 따라 NSC 8/2에 의해 치안 유지와 북한의 공격을 억제하는 경비 임무를 주로 수행하는 부대[13]로 편성하고 보급과 훈련을 지원하였다. 미 군사고문단은 이 시기에 한국군의 전투력이 놀랄 정도로 향상하였다고 자체 평가하였다. 그러자 한국군은 그해 여름 38도선을 넘어 북한지역에 대한 습격을 시도했고, 이러한 습격들은 대규모 국경분쟁까지 번지게 되었다. 트루먼 행정부는 이승만이 통일을 위해 공격을 감행할 수 있다고 깊게 우려하고 있었다. 이는 트루먼 행정부가 한국 정부의 군

---

12 *FRUS*, 1947, Vol. I, p. 776.

13 남조선 국방경비대는 1946년 1월 15일에 미군정에 의해 창설된 준군사조직이었으며 경비대 사령관은 미 육군 중령인 존 마셜이었다. 1946년 6월 15일에 조선경비대로 개칭하고, 9월에 첫 한국인 지휘관인 이형근이 사령관 대리로 임명된 뒤 이듬해인 1947년 2월 1일 한반도 남쪽을 각각 담당할 1, 2, 3여단이 동시에 창설되었다. 1948년 8월 15일 대한민국 정부가 수립되면서 9월 1일에 국방부 산하로 들어가고 9월 5일에 대한민국 육군이 되었다.

사지원 요청에 소극적으로 대응하게 하는 주된 원인이 되었다.[14] 주한미군이 철수한 남한에 경제적 지원으로 자유롭게 이윤을 추구하는 강한 자유민주국가 건설을 계획했던 미국은 한국의 이러한 민족주의적인 태도에 대해 강하게 우려하고 있었다. 미국은 자신과 동일하게 자유민주주의 가치를 확고히 추구하고 있다는 확신을 갖지 못했다. 한반도는 내부적 이념 갈등과 남북 간 민족주의적 대립이 벌어지고 있는 혼란한 지역이었다. 미국은 자신과의 일체감 있고 확고하게 드러나는 자유민주주의 가치를 발견하지 못했다.

이승만은 군사원조와 주한미군 철수 문제를 원하는 방향으로 해결하기 위해서는 북침 시도에 대한 미국의 우려를 없앨 필요가 있었다. 이후 이승만은 한국이 절대로 북한지역을 침공하지 않는다는 다짐을 거듭하며, 트루먼에게 한국군 무장이 무력침공에 이용되지 않을 것을 인식시키고자 노력했다. 하지만 미국은 국경 수비와 치안 유지를 위한 경무장 이상을 허용하지 않았던 태도를 유지하였다.

1949년 10월, 한국국방부는 M25 전차 189대를 요청했으나 미 군사고문단 참모장 라이트 대령(William H. Sterling Wright)[15]은 미 육군참모총장 콜린스(Joseph L. Collins)에게 한반도는 지형이 험난하고 도로가 열악하며 교량이 부실하여 전차를 이용한 작전이 제한된다고 보고했다. 1950년 1월 미 행정부 순회대사 제섭(Phillip Jessup)이 한국을 방문했을 때, 한국군 전력에

14　James I. Matray, "the Korean war 101 causes course and conclusion of the conflict", *Education about ASIA*, Vol 17:3 (Winter 2012), p. 24.

15　초대 KMAG 단장이었던 로버츠(William L. Roberts) 준장은 여러 면에서 한국군 육성을 도왔고, 한국전쟁 발발 열흘 전인 1950년 6월 15일 퇴역했다. 후임자 부임이 늦어져 참모장 라이트 대령이 7월 25일까지 단장 대리 임무를 수행하였다. 라이트는 로버츠를 배웅하기 위해 일본까지 동행했다가 6월 26일에 급하게 복귀하여 한국전쟁의 가장 중요한 시기에 극동군사령부와 연락 임무를 담당하였다. 후임 단장은 파렐(Francis W. Farrell) 준장이었다. 남정옥, 『한미 군사 관계사』, pp. 276-278.

문제가 많다는 사실에 주목했다. 이승만은 항공기, 전차, 함정 지원을 요청했고, 제섭 대사도 대전차포가 6문밖에 없고 대전차지뢰가 전혀 없다는 사실에 주목했다. 로버츠(William L. Roberts) 군사고문단장은 대공무기가 절대적으로 필요하다고 보고했다. 그러나 제섭 대사가 미국으로 복귀한 이후에도 이러한 군사지원요청은 실제 미국의 지원으로 이어지지 않았다.[16]

1949년 12월 17일, 한국 정부와 군사고문단의 공군 창설 지원요청, 군사원조액 증액 등 계속되는 건의에 대해 미국 원조 조사팀이 방문 조사에 나섰다. 그 결과로 1950년 1월 26일, 한·미 상호방위원조협정이 체결되었고, 3월 15일에 미 의회 군사조정위원회에 의해 한국 원조계획이 승인되었다. 무초 대사와 로버츠 단장은 1950 회계연도에 한국에 할당된 군원액인 1,023만 달러에 980만 달러 증액 요청을 했지만 받아들여지지 않고 1,097만 달러로 확정되었다. 하지만 안타깝게도 전쟁 발발 시까지 제대로 된 집행을 시작하지 못했다.[17]

1950년 3월, 약 2개월간 무초 대사는 미국을 방문하여 국무부를 비롯한 행정부와 백악관에 대한(對韓)군사원조를 건의하였지만, 부서 사이에 서로 책임을 전가하며 무초의 지원요청에 답하지 않았다. 전쟁이 임박했다는 징후가 점증하던 5월 이후에도 지원 논의는 이뤄지지 않았다.

남한은 미국의 소극적인 대한군사전략에 대한 불만, 불안이 겹쳐지면서 독자적으로 군사력 증강을 위해 노력하였다. 육군은 기존 여단과 연대 편성

---

16 권영근, 『한반도와 강대국의 국제정치: 미국의 한반도 정책을 중심으로(1943~1954)』, p. 353; James F. Schnabel, *The Korean War* Vol. III (Kindle Location 809, 816, 1992). 재인용.

17 1950 회계연도 상호방위지원계획(MDAP)은 1,023만 달러였는데, 1950 회계연도에 지원될 예산은 108만 달러에 불과하였고, 나머지 예산의 2/3는 1951년, 1/3은 1952 회계연도에 전달될 예정이었다.

에서 8개 사단 편성으로 증강하고, 해군은 함대를 조직하며, 공군도 육군에서 독립하여 1949년 10월 1일부로 창설하였다. 또한, 이승만 대통령에 이어로버츠 군사고문단장, 무초 대사도 미국에 항공기 지원을 요청하였으나 미국무부는 NSC-8/2를 들어 불승인하였다. 가만히 있을 수 없었던 남한 정부는 1950년 2월 모금 활동으로 캐나다형 AT-6 10대를 구매하여 신생 공군의 기틀을 다졌다.

이즈음 미국은 NSC-68 입안을 시작했다. NSC-68은 핵무기를 보유한 소련에 대응하여 정치·경제·군사 면에서 전 세계에 걸친 미국의 적극적인 전략(롤백정책)을 포함하고 있었다. 이것은 소련의 핵 보유에 따라 트루먼이 1950년 1월 30일 수소폭탄 개발을 승인하면서 세계안보정책을 재검토할 것을 지시한 데 따라 4월 7일 작성된 것이었으나 전쟁 발발 전까지 대통령의 재가를 받지 못하여 정책으로 채택되지 못하고 있다가 부분 개정을 거쳐 NSC-68/2로 9월 30일에 대통령의 재가를 받았다. 주된 내용은 다음과 같다.

"① 무력침략이나 정치적·전복적 수단에 의해서든 유라시아에 대한 소련의 지배는 미국이 전략적·정치적으로 수용 불가
② 소련이 1954년경 핵무기 비축으로 가장 위험한 시기 도래 예상
③ 미국 재무장에 나서지 않는다면 핵 억지력은 무너질 것
④ 소련은 핵을 전제로 재래식 군사력으로 서유럽을 공격하고, 미국도 원폭 공격을 받게 될 것"[18]

소련의 팽창 시도에 대해 적극적인 공세 전략을 주장하고, 핵 개발에 성

---

18   양영조, "한국전쟁 이전 미국의 한반도 군사정책, 포기인가, 고수인가", p. 65; NSC-68 (1950. 4. 18.), *FRUS* 1950, Vol. I, pp. 237-255. 재인용.

공한 소련에 대한 위협 인식이 무겁게 자리 잡고 있었음을 알 수 있다. 유럽과 아시아지역에서 소련의 지배를 불허한다는 점에서 한반도에 대한 소련의 어떠한 개입도 불허하겠다는 인식을 알 수 있다. 한국전쟁 발발이 미국의 재무장에 결정적인 계기가 된 것은 부정할 수 없는 사실이다. 그런데도 한반도에 대한 구체적인 언급이 없고, 대한군사전략을 제시하지 않았으며, 한국전쟁 발발 시까지 대통령의 재가를 받지 못함에 따라 전략적 메시지와 행위에 미치는 구체적인 영향을 기대하기는 어려웠다.

미국이 희망했던 한국군의 수준은 외부의 대규모 침공에 대비하는 것이 아니라 내부의 치안 유지와 38도선에서의 소규모 국경분쟁을 억제할 수 있을 정도면 되었다. 미국의 고위 정책 및 전략가들도 한국 안보에 대한 위협을 외부에 의한 전면적인 군사적 침공이 아니라, 당시 태평양의 개발도상국이 공히 안고 있던 내부 전복 활동이나 침투로 보았고, 실제로 이를 더욱 우려하는 분위기였다.[19]

미군 병력은 제2차 세계대전 시 1,200만여 명에 달했으나, 제2차 세계대전 종료 이후 자연스럽게 동원 해제하여 158만 명까지 급격하게 감축하였다. 재래식 전력이 절대적으로 부족한 가운데, 서유럽을 우선하여 전력을 배치하고 상대적으로 동아시아는 수세적인 전략을 취하고 있었다. 한국군의 전면전 수행을 위한 무기와 장비의 원조 요청은 미 의회에 의해서 무시되었다. 당시 중국은 항일투쟁 당시 지원했던 조선의용군들을 북한으로 전환하였으며, 소련은 일본군 노획 무기들을 북한에 원조하여 재래식 무기는 탱크, 야포 등 실로 비교할 수 없는 수준까지 이르게 되었다.

19　남정옥, "미국의 국가안보체제 개편과 한국전쟁시 전쟁정책과 지도" (단국대학교 대학원 박사학위 논문, 2006), p. 64.

남한에 대한 전략적 가치 부여와 소련의 위협에 대한 평가, 전후 감축된 미군 능력 등을 고려해 보면 한국의 전쟁 발발에 대한 우려와 무기 지원요청을 미국이 그대로 수용할 수는 없었을 것이다. 그렇더라도 소련의 팽창이라는 위협을 인식하고 있던 상태에서 일본으로 물러나 낮은 편성률의 육군과 해·공군, 핵무기만으로 소련군의 침공을 롤백할 수 있다고 생각했던 미군에게 비합리성이 분명하게 보인다. 적당히 무감각하면서도 자기 모순적인 사고에서 빚어진 정책목표와 군사적 자원의 불균형이 존재하고 있음을 알 수 있다.

미국은 제2차 세계대전에서 일본의 패망으로 인해 공백 상태에 놓인 한반도에 38도선을 경계로 진주했다. 소련의 팽창을 봉쇄하고 자유민주주의 수호를 위해 유럽에서 트루먼 독트린과 마셜 플랜을 통해 안정된 유럽 재건에 힘썼지만, 미국은 동아시아 지역에서 확신한 전략적 가치, 자유민주주의의 수호라는 확고한 믿음을 갖지 못했다. 특히 민족주의적 대립과 영토적 통합을 향한 힘의 논리가 좌우하던 한반도에서 미국은 자유민주주의의 가치 공유에 대한 확고한 믿음을 갖지 못했다. 군사적 지원이 이승만의 정치적 야욕과 민족주의적 통일의 염원에서 발원된 전쟁 도구로 사용될 우려를 지울 수 없었다. 한·미 안보동맹 체제인 현재에도 가치 공유의 확고한 믿음과 긴밀한 유대관계는 적극적인 개입정책을 선택한 데 있어서 단순히 같은 정치 이념의 공유에 견주어 더 강력한 동인으로 작동한다.

다. 가치가 혼재된 동아시아, 연맹 안 추진 좌절

1949년 4월 4일, 미국은 미국과 서유럽 간의 군사동맹체 '북대서양조약기구(NATO)'를 수립함으로써 미국의 사활적 이익지대인 서유럽의 방위에 더욱 깊숙이 개입하였다. 이는 아시아의 반공 지도자인 이승만 대통령·중국의 장개석 국민당 총재·필리핀의 엘피디오 키리노(Elpidio Quirino) 대통령을 자극하여 유럽지역에서의 집단안보체제인 북대서양조약기구와 유사한 군사동맹 기구를 태평양에서도 결성해야 한다고 주장하게 하였는데, 이것이 태평양연맹(Pacific Union) 안이었다.[20]

1949년 3월 18일, 북대서양조약기구(NATO) 결성에 관한 사실이 미 국무 장관 애치슨에 의해 공개되자, 아시아 태평양 지역에서도 그와 유사한 지역동맹이 결성되어야 한다는 주장이 제기되었다. 필리핀의 키리노 대통령은 그로부터 이틀 뒤인 20일 AP통신과의 인터뷰에서 미국에 대해 아시아에 관한 관심을 촉구하면서 아시아에도 북대서양조약기구와 같은 지역 동맹체가 필요하다고 주장하였다. 키리노는 이 사실을 인지하게 될 이승만을 필리핀으로 초대했고, 장개석도 유럽의 마셜 플랜의 연장선에서 태평양연맹 추진을 동의하고 있다고 언급하였다.[21]

이승만 대통령은 적극적인 지지를 표명하고, 이어 조병옥 특사와 장면 대사에게 비밀리에 미 정부에 군사원조를 요청함과 아울러, 태평양연맹 결성을 제안하도록 지시하였다. 미소 냉전의 전초기지를 자처하고 있던 이승만은 대소봉쇄의 방벽으로 태평양연맹이 가장 적합하다고 생각했으며, 미국도 적극적으로 지지할 것으로 내다보았다.[22]

당시 한국 정부는 태평양연맹 참가 국가를 동아시아와 태평양 연안의 모든 국가, 즉 한국, 필리핀, 오스트레일리아, 뉴질랜드, 미얀마, 인도, 파키스탄,

---

20 FRUS, 1949, The Far East: China Vol. 9, 1974, p. 51, 70, 197.

21 The Charge in the Philippines (Lockett) to the Secretary of State, FRUS, 1949, The Far East and Australasia (in two parts) Volume VII, Part 2 (1976), p. 1155.

22 조선일보, 1949년 5월 3일.

스리랑카, 태국, 캐나다 그리고 중남미 서부 연안 국가 등으로 설정하고 있었기 때문에 미국도 당연히 참가할 것으로 기대했다. 이승만이 반공 블록을 강화하기 위해 태평양연맹 결성을 적극적으로 주장하고 나선 것은 중국에서 국민당 정부를 포기하고 한국에도 깊이 말려들지 않으려는 미국을 현실문제에 다시 끌어들이려는 적극적 전략이었다.[23]

무초가 미 국방부 장관에게 보낸 전문에 따르면 "한국 정부가 알고 싶은 것은 미국이 한국을 방위선에 포함하고 있는가이다. 한국이 외부로부터 침공을 받으면 미국의 대한(對韓) 공약이 어느 정도인지의 문제가 주한미군의 철수 문제보다 더 중요하고, 그렇다고 북한과 전쟁을 하려는 것은 아니며, 평화적 방법에 따라 통일을 이룩하도록 계속 노력할 것이다"[24]라고 언급하였다. 이는 이승만 대통령이 미국의 적극적인 대한정책을 유도하려는 의도였음을 확인할 수 있다.

필리핀, 한국에 이어 중화민국, 호주도 미국에 태평양연맹 결성을 제안하였다. 이들은 공히 미국의 대소, 대공산 세력 봉쇄정책에 힘입어 미국의 지원이 필요하였다. 그러나 미국을 포함한 서방국가들은 태평양연맹 안에 대해 부정적이었다. 이유는 동아시아 지역 정세의 복잡성이었다. 대부분이 식민지국이었던 동남아시아 국가들의 민족주의운동, 중국 내 국공 내전, 대일 강화조약 체결 불확실성 등이 복잡하게 존재했다. 또한, 미국은 소련과 중국 공산세력과의 분리를 통해 소련에 대한 봉쇄를 위해서 중국 공산세력과 우호적인 관계를 유지할 필요가 있었다. 그래서 대공봉쇄를 위한 태평양연맹이 실현되기에는 동아시아 내부의 진영 간 분열 가능성, 대중국 유화 정책 등을

---

23 이호재, 『한국외교정책의 이상과 현실』 (서울: 법문사, 1969), pp. 301-305.

24 The Ambassador in Korea (Muccio) to the Secretary of State (1949. 5. 7.), *FRUS*, 1949. The Far East and Australasia (in two parts) Volume VII, Part 2, 1976, pp. 1011-1012.

고려하여 받아들일 수가 없었다. 동아시아 지역 공동체가 대소련 봉쇄와 자유민주주의라는 가치 수호 하나로 뭉칠 수 없는 내부적인 이해관계 복잡성과 민족주의라는 더 강력한 이데올로기가 존재하고 있었다.

미 국무부 정책기획실은 태평양연맹 안에 대해 자세히 검토하여 PPS 51(미국의 동남아 정책)을 작성하였는데, 지역에 대한 개입을 통해 안보를 보장하려 들 때 식민지를 경험한 인도네시아, 인도차이나 국가들의 민족주의 군사세력을 오히려 자극하여 불화를 일으킬 것이며, 지역 내 국가의 국력을 고려 시 군사동맹을 시도하는 것은 섣부르다는 결론에 도달하였다.[25]

미국의 반대 의사에도 불구하고 이승만과 장개석은 태평양연맹 안을 적극적으로 주장하였는데, 동아시아 국가들은 순수한 반공연맹이 아니라 두 사람의 정치적 책략에서 비롯된 것으로 의심했다. 대만은 미국이 참가함으로써 미국의 적극적인 원조를 받아 잃어버린 본토를 회복할 수 있을 것으로 기대했고, 한국은 미국의 공동방위조약이나 남한방위에 대한 미국의 보장을 얻고자 했다고 동아시아 국가들은 생각했다.[26] 미국은 "다수의 아시아 국가들이 아직 태평양연맹을 결성할 시기에 도달하지 못했다"라고 분명히 표명하였다.[27]

태평양연맹 설치를 논의하기 위한 장개석의 한국 방문 예정이 보도되자,[28] 미 국무 장관 애치슨은 한국 원조계획의 의회 통과를 빌미로 방문을 무산시키기 위해 노력하면서 방문 예정일 전날에 중국 백서를 발표하면서 태평양

25 Policy Planning Staff Paper on United States Policy Toward Southeast Asia(1949. 3. 29.), *FRUS*, 1949. The Far East and Australasia (in two parts) Vol. VII, Part 2, 1976, pp. 1128-1133.

26 한국 역사연구회 현대사분과, 『역사학의 시선으로 읽는 한국전쟁』 (서울: 휴머니스트, 2010), p. 14.

27 『조선일보』, 1949년 7월 16일.

28 1949. 8. 6.~8.간 장개석은 한국을 방문하였고, 태평양연맹 설치 추진에 대해 상호합의하였다.

연맹에 참가할 의사가 없음을 분명히 밝히었다. 이후 필리핀 키리노 대통령은 미국의 설득으로 '경제적 지역연합' 안으로 선회하였으나 장개석과 이승만은 '반공 군사동맹'을 지속 주장하였다. 하지만, 이승만도 경제 · 문화 · 사회적 수준으로 동맹을 시작하는 것으로 다소 양보의 뜻을 내비쳤는데, 이는 향후 군사동맹으로 전환할 수 있으리라는 기대에서 비롯된 것이었다.

이후 필리핀, 인도, 미얀마, 인도네시아 등은 태평양연맹 안에 반대, 또는 중립적 태도를 밝혔다. 오히려 한국과 대만은 태평양연맹 안 추진에서 소외되어 키리노가 추진하는 예비회담에서도 제외되었다. 결국, 태평양연맹 안은 미국의 반대로 성사되지 못했다. 이승만과 장개석의 태평양연맹 안에 대한 인식과 접근법은 자국이 처한 안보 현실에 대한 통찰에서 비롯한 바람직한 시도였음에는 분명하였다. 하지만, 미국은 동아시아 지역이 내부적 문제가 복잡하고 자유민주주의보다 민족주의가 더 강력한 이데올로기로 존재한다는 정세 판단을 하였기에 소극적 태도로 일관하였다.

이후 동아시아 각국의 방위문제는 공산주의가 자유민주주의를 실제로 위협하는 한국전쟁이 발발한 이후에 가서야 일본, 필리핀, 한국, 대만 등이 미국과 개별적인 상호방위조약을 맺는 것으로 일단락되었다. 집단안보체제는 호주가 일본의 군사적 위협에 대한 방위를 이유로 제창한 또 다른 형태의 태평양협정안이 대일강화조약 체결 직전 1951년 9월 1일 미국 · 호주 · 뉴질랜드 3국의 태평양안전보장조약(ANZUS)으로 체결되었고 그 후 1954년 동남아조약기구(SEATO) 등의 동맹 체결로 이어졌다.

결국, 소련과 공산세력의 팽창을 막기 위해 한국에 대한 실질적인 군사적인 지원도, 군사적 연맹 안도 좌절되었다. 동아시아의 민족주의적 성향은 자유민주주의의 가치와는 차이가 있었으며, 이승만과 장개석이 연맹의 힘을 통해 정치적 숙원을 해결하려 들 가능성에 대한 미국의 우려가 여전하였다.

미국에 자유민주주의 가치를 확고하게 공유하고 있다는 확신을 심어주었다면 미국의 소극적인 개입정책에 변화를 가져다줄 수도 있어 보인다. 무기지원과 군사연맹이 무력에 의한 형상변경이 아니라 자유민주주의 수호의 도구로 활용되리라는 확신을 굳게 심어줄 필요가 있었다. 단순히 정치적 이념을 같이한다는 것만으로 부족하였고, 굳건한 상호신뢰가 바탕이 된 가치의 공유에 대한 확신이 필요했다.

(2) 전쟁 발발 이후: 침공당해 더 선명해진 가치

가. 공산세력의 무력침공을 당한 자유민주주의 가치

한국전쟁 발발 이전 미국은 자유민주주의 수호와 확산을 위해 대소련 봉쇄정책을 바탕으로 유럽과 아시아지역에서 외교정책을 펼쳤다. 그런데도 동아시아 지역은 내재된 각종의 갈등요인과 민족주의적 대립이라는 현실 탓에 미국에 명확한 자유민주주의 가치를 공유하고 있다는 확신을 심어주지 못했기에 미국은 한정된 자산을 동아시아의 지역 이슈에 투사하지 않았다. 하지만 공산세력이 직접 무력공격을 감행하자 미국은 한반도에 대해 적극적인 개입을 선택하였다. 한국전쟁 발발 이후 미국의 한반도 개입에 관한 정책적 선택에 '자유민주주의의 수호와 확산'이라는 예외주의적 특징이 어떻게 영향을 미치고 있는지 살펴보자.

미국 행정부의 부처 중에서 북한의 남침 소식을 제일 먼저 접한 곳은 미 국무부였다. 국무부는 남침 발발 약 6시간 후인 6월 24일 21:26(한국 시각 6월 25일 10:26)에 주한 미 대사 무초로부터 남침 소식을 보고 받았다.[29] 한

---

29 남정욱, 『한미 군사 관계사』, p. 293.

국전쟁 상황을 보고받은 국무부는 트루먼 대통령을 비롯하여 육군 장관과 국방부 장관에게도 통보하였다. 대통령을 비롯하여 대부분의 워싱턴 관리들은 주말을 맞아 워싱턴을 떠나 자가나 휴양지에서 한국전쟁 소식을 전해 들었다. 공산세력이 무력침공을 감행했다는 사실과 더불어 인도차이나반도가 아닌 한반도에서 첫 공산세력의 침공이 이뤄졌다는 사실에 트루먼 행정부는 모두 충격을 받았다. 아래 표는 미 행정부의 주요 기관이 한국전쟁 발발을 인지한 시간이다.

〈표 4-1〉 미국 주요 기관의 한국전쟁 발발 인지 시간(뉴욕 시각)

구분	접수시간	보고자	접수자	주요 내용	비고
국무부	6. 24. 21:26	주한미대사 무초	극동담당 차관보 러스크	북한 기습남침 (04:00), 38도선 월경 (06:00)	대통령 보고, 육군 장관, 국방부 장관 통보, 유엔 통보
육군부	22:45	주한미대사관 무관	작전참모부 당직장교	북한 기습남침 (04:00), 38도선 월경 (06:00)	
	23:30	주한미대사관 무관	작전참모부 당직장교	북한 전쟁 선포 내용, 피난민 탓에 도로 혼잡	작전참모부장·차장 보고
	6. 25. 00:35	주한미대사관 무관	작전참모부 당직장교	서울 상공 야크기 2대 출현	
	05:02	극동사령관	작전참모부 당직장교	남한 최서북단 상실, 임진강-강릉선 방어	주한 무관/군 사고문단 보고서 종합
	06:00	주한미대사관 무관	작전참모부 당직장교	북한 전투기 3대, 김포공항기총소사	
합참	23:30	신문특파원 문의로 사실 내용 확인	합참 당직장교 (클리프톤 중령)	북한 기습남침 내용	합동참모본부 국장/ 합참의장 보고

구분	접수시간	보고자	접수자	주요 내용	비고
극동 사령부	20:25	주한미대사관 무관/ 연락장교단	극동사령부 당직장교	북한 기습남침 내용	

*출처: 남정옥, 『한미 군사 관계사』, p. 294에서 인용하여 연구자가 부분 수정함.

　　북한의 전면 기습남침 소식은 군 계통보다는 주한 외교사절이나 특파원
들에 의해 미국을 비롯한 세계 각국으로 전파되었다.[30] 군은 국무부보다 소
식을 늦게 접했으며 군 지휘계통으로 보고를 제대로 하지 않았다. 군에서는
극동군사령부가 가장 먼저 6월 24일 20:25(뉴욕 시각)에 주한 미국대사관
무관과 연락 장교단으로부터 북한의 남침 사실을 전해 들었으나 합참 등 상
위제대에 보고가 이뤄지지 않았다. 육군부 작전참모부가 22:45에 당직장교
가 주한 미국대사관의 무관으로부터 북한의 기습남침을 전달받았다. 이어서
23:30에는 북한의 전쟁 선포와 피난민에 의한 도로 혼잡 상황도 추가로 접
수하였다. 미 합참은 23:30분경에 군 계통이 아닌 언론문의를 확인하는 과
정에서 소식을 접하였다. 한국 주재 특파원이 전한 소식을 전해 들은 신문기
자가 확인차 합참에 문의 전화를 해 오자 남침 사실을 확인하게 되었다.

　　애치슨 장관은 트루먼 대통령에게 북한의 남침 사실을 보고하고 참모들
과 논의한 유엔안전보장이사회의 긴급소집 안에 대해서도 보고하였다.[31] 트
루먼 대통령은 유엔 안보리 긴급소집 건의를 승인하였고, 애치슨 장관은 곧
바로 히커슨(John D. Hickerson) 차관보에게 승인 사실을 알려주었다. 히커
슨 차관보는 한국 사태를 논의하기 위해 유엔미국대표단의 대리대사인 그로
스(Ernest A. Gross)를 찾았으나 연락이 되지 않자, 대신 유엔사무총장 리에

30　*FRUS*, 1950, Vol. VII, Korea, p. 125.

31　Truman, *Memoirs by Harry S. Truman, Vol. 2.*, p. 332.

게 한국에서의 전쟁 소식과 더불어 유엔안전보장이사회의 소집을 요구하리라는 것과 긴급회의 개최 권한을 가진 안전보장이사회의 의장인 인도의 라우(Benegal N. Rau)에게 보낼 미국의 유엔 안보리 긴급소집 요청에 관해서도 설명하였다.[32] 히커슨 차관보는 그로스 유엔 대리대사를 통해 리 사무총장에게 읽어준 미국의 판단과 안보리 긴급소집 건의에 관한 내용은 다음과 같다.

"주한 미 대사는 북한군이 6월 25일(한국 시각) 새벽에 여러 곳에서 대한민국 영토를 침범했다고 국무부에 보고를 해 왔습니다. 알려진 바에 의하면 북한 평양 방송은 뉴욕 시각 6월 24일 21시(한국 시각 25일 10:00)에 대한민국에 대한 선전포고를 방송하였다고 합니다. 위에서 언급한 북한군의 공격은 이러한 상황에서는 평화에 대한 침해(breach of peace)와 침략행위(act of aggression)가 되는 것입니다. 미국 정부의 시급한 요청에 따라 유엔안전보장이사회의 긴급소집을 요구합니다.[33]"

한국에서 유엔의 정치적 목표는 1947년, 1948년 유엔총회 결의안[34]에 따

---

32 Trygve Lie, *In the Cause of Peace: Seven Years with the United Nations* (New York: The Macmillan Company, 1954), p. 328.

33 Department of State, *United States Policy in the Korea Crisis*, p. 11.

34 1947년 11월 14일에 〈유엔총회 결의 제112호〉를 통해 한국에 인구 비례의 자유 총선거를 열기로 하였다. 유엔 한국 임시위원단이 설립되었으나 공산 진영의 반대로 총선거로 1848년 2월 유엔 소총회로 선거가 가능한 지역에서 총선을 실시하기로 하였다. 1948년 12월 12일 〈유엔총회 결의 제195호〉로 대한민국 정부를 한반도의 유일 합법 정부로 인정하였다. 또한, 1948년 10월 21일 〈유엔총회 결의 제293호〉는 〈유엔총회 결의 제112호〉, 〈유엔총회 결의 제195호〉를 다시 승인하고 평화적인 한국의 통일을 촉구한 결의다. 위키백과 참조: https://ko.wikipedia.org/wiki/%EC%9C%A0%EC%97%94_%EC%B4%9D%ED%9A%8C_%EA%B2%B0%EC%9D%98_%EC%A0%9C112%ED%98%B8(검색일: 2022년 11월 13일).

라 '한국의 완전한 독립과 통일'이었다. 미국은 이러한 유엔의 한국에 대한 정치적 목표에 대해 강력하게 지지하였고, 한반도 내 유일한 합법 정부인 대한민국에 대한 북한의 침략행위는 이러한 목표는 물론이거니와 유엔헌장의 위반으로 보고, 유엔을 통한 문제해결을 위해 유엔 안보리 소집을 사무총장에게 요청한 것이었다.

그로스 대사는 유엔 안보리 각국 대사들과 유엔총회 의장인 로물로(Carlos P. Romulo)에게 미국의 유엔 안보리 긴급요청 사실을 알렸다. 미 국무부는 유엔 안보리 긴급소집을 위한 준비에 분주하였고, 소련의 거부권 행사에 대비한 문제는 국무부의 유엔 담당국에서 맡도록 하였다.

서울 주재 유엔 한국위원회(UNCOK)[35]도 25일 14:00~18:00(한국 시각)에 회의를 열고 대응방책을 논의한 다음, 21:00에는 중앙방송을 통하여 "북한군은 즉각 군사행동을 중지하고 38도선으로 철수한 다음 평화 회의를 통하여 사태를 해결하라"라고 요구하는 한편, 유엔사무총장 앞으로 상세한 보고서를 제출하였다. 이는 이날 23:00경(25일 10:00 EDT[36])에 유엔 사무총장에게 도착하였다. 유엔 한국위원회의 보고서 전문은 유엔 안보리 결의를 위한 미국 결의안의 신빙성을 높이고자 그대로 덧붙여졌다.

---

35 유엔 한국위원회(UNCOK, UN Commission on Korea)는 유엔 한국 임시위원단(UNTCOK, UN Temporary Commission on Korea)의 후신이다. 한국 임시위원단은 제2차 유엔총회(1947. 11. 14.) 결정에 따라 5 · 10 총선거의 공정한 감시 및 관리를 위해 입국한 유엔 산하 임시기구였으며, 남한 정부 수립 이후 한국위원회로 전환하여 유엔의 한국 내 대표기구로서 연락 업무와 구호 업무 등을 담당하고 있었다.

36 EDT(일광절약 시 적용한 동부표준시, Eastern Daylight Time)는 워싱턴 행정부, UN 본부가 적용하는 일광절약 표준시로서 우리나라와 13시간 차이가 난다. 한국 시각 1950년 6월 25일 04:00는 EDT 기준으로 1950년 6월 24일 15:00이다.

"대한민국은 6월 25일 04:00경 북한군이 38도선 전역에 걸쳐 공격하였다고 보고하였다. … 모든 공격은 38도선을 기점으로 서울로 향하는 도로를 통하여 자행되었다. … 위원단은 사태가 심각하게 전개되어 전면전쟁의 성격을 띠고 있을 뿐만 아니라 국제평화와 안전유지를 위협하는 것이라는 점에 주목하여 줄 것을 바라는 바이다. 위원단은 사무총장이 이 문제를 안전보장이사회에 통고할 수 있는지를 검토하여 줄 것을 권고한다."[37]

주말 휴가에서 돌아온 애치슨은 그간의 사태를 파악하는 한편, 한국 정부가 수원으로 옮기기로 했다는 소식을 무초 대사로부터 전해 듣고 사태가 심각하다고 판단하고 유선으로 트루먼에게 그동안의 상황과 유엔 안보리에 제출할 결의안을 읽어주었다. 트루먼은 '정전(cease of fire)' 용어와 '38도선으로의 철수' 표현에 대해서 부정적이었다. 북한과 소련이 과거 유엔 감시 아래 자유 총선거라는 유엔의 조치를 무시했던 기억을 떠올리며, 북한과 소련이 유엔 결의를 받아들이지 않으리라 판단하였고, 미국 정부의 남한 원조에 관한 결정을 내려야 한다고 생각하고 워싱턴으로 돌아가기로 하였다.[38] 트루먼이 뉴욕 시각 25일 16시 12분에 인디펜던스에서 워싱턴으로 복귀하는 비행기에 올랐을 때 뉴욕에서는 유엔안전보장이사회가 열리고 있었다.

미국에 의해 공식 요청된 유엔 안보리는 전쟁 발발 약 하루가 지난 6월 26일 03:00(25일 14:00 EDT)에 열렸다. 사무총장 리는 유엔 한국위원회(UNCOK)의 보고서를 인용하여 북한이 유엔헌장을 위반했으며 한국의 평

---

37 남정옥, 『한미 군사 관계사』, p. 298; FRUS, 1950, Vol. VII, Korea, pp. 133-134; 국방부 전편위, 『한국전쟁사』, 제1권, p. 875; 한표욱, 『한미외교요람기』 (서울: 중앙일보사, 1984), pp. 76-78. 재인용.

38 Truman, Memoirs by Harry S. Truman, Vol. 2. Years of Trial and Hope, p. 332.

화와 안전을 회복하기 위한 즉각적인 조치를 역설하였고, 미국은 결의안 초안을 제안하였다. 그로스 유엔 대사가 낭독한 결의안 초안은 다음과 같다.

"…대한민국 정부는 …한국 영토에서 합법적으로 수립된 유일한 정부이다. …북한의 군대가 대한민국을 무력 침략(armed invasion)한 사실에 대단한 관심을 가지고 주목해야 할 것이다. 북한의 이러한 행위가 평화를 침해하는 행위가 된다고 단정하여 안전보장이사회는, 북한 정권에 (a) 즉각적으로 전투행위를 중지할 것, (b) 그리고 그들의 군대를 38도선까지 철수할 것을 요구한다. 유엔 한국위원회에 대해서는 (a) 북한군의 38도선까지 철수를 감시할 것, (b) 그리고 이 결의안의 집행에 관해서 안전보장이사회에 계속 보고할 것을 요청한다. 전 회원국은 이 결의안을 집행하는 데 있어서 유엔에 모든 원조를 제공하고 북한 정권에 원조하는 것을 금하기를 요청하는 바이다."[39]

결의문은 문안 내용 중에서 무력 침략(armed invasion)을 무력 공격(armed attack)으로만 수정하여 7개 국가 찬성(영국, 프랑스, 중국, 쿠바, 에콰도르, 노르웨이, 미국), 1국 반대(유고슬라비아), 2국 기권(이집트, 인도), 1국 불참(소련)으로 통과되었다.[40] 당시 유엔 안보리는 미국 · 소련 · 중국 · 영국 · 프랑스 등 거부권을 가진 5대 상임이사국을 비롯하여 11개국으로 구성되어 있었는데, 소련 대표가 불참하여 거부권을 행사하지 않음으로써 가결될 수 있었다. 소련 대표는 1950년 1월부터 자유중국이 중국의 유엔 대표

---

39   *FRUS*, 1950, Vol. VII, Korea, p. 128.

40   Department of State, Bulletin, 1950년 7월 3일, pp. 6-7; *UN Document* S/1509; S/1511.

권을 보유한 데 대한 항의로서 회의에 참석하지 않고 있었다.[41][42] 북한이 유엔 안보리 결의를 따르지 않으면 제재할 수 있는 근거를 마련하였고, 뉴욕 시각 6월 27일 15:00에 다음 회의를 열기로 하고 18시경에 폐회하였다.[43] 유엔 안보리 결의 82호는 한국전쟁이 발발한 지 만 24시간여 만에 이뤄진 신속한 대응이었다.[44]

미국과 유엔이 합작하여 전쟁 발발 이후 즉각적인 결의를 채택할 수 있었던 것은 유엔을 중심으로 한 다자주의적 개입 방침에 따라 한반도를 포함한 동아시아 문제를 해결하려 했던 전쟁 발발 이전의 대소 봉쇄정책이 빠르게 작동한 것이었다. 애치슨이 공개 발표한 극동방위선 밖에 위치하여 공산 진영의 오판을 초래한 것은 사실이지만, 대한민국을 내버려 두려 했던 것은 아니었음이 분명해졌다. 이후에 7함대를 대만해협에 배치하여 양국 간의 충돌

---

41   *FRUS*, 1950, Vol. Ⅶ, Korea, p. 211.

42   소련은 안전보장이사회의 상임이사국으로서 거부권을 지니고 있었기 때문에 어떤 결정도 그 동의를 얻지 못하는 경우 통과될 수 없었다. 북한의 침략이 시작된 이후 안전보장이사회에서는 한국전쟁에 대한 3개의 결의안을 채택하였는데 이것이 가능했던 이유는 소련 대표가 6월 하순뿐만 아니라 7월 말까지 안전보장이사회 회의에 불참하여 거부권을 아예 행사할 수 없었기 때문이다. 하지만, 소련은 8월부터 복귀하여 예정된 대로 8월의 안전보장이사회 의장직을 수행하였기에 유엔 안보리는 한국전쟁에 관하여 적절한 결의문 채택 등의 조치를 할 수 없었으며, 이후 유엔총회를 통한 결의로 대체되게 된다. 오영달, "1950년 한국전쟁과 유엔의 역할", 『한국동양정치사상사연구』, 19(2), 129-157 (한국동양정치사상사학회, 2020), p. 137.

43   남정옥, "미국의 국가안보체제 개편과 한국전쟁시 전쟁정책과 지도", p. 76.

44   유엔은 1945년 10월 공식적으로 출범한 이후 한국전쟁 이전에 팔레스타인 지역의 분쟁 문제 등을 다룬 경험이 있었다. 하지만, 한국전쟁처럼 대규모 전면적 무력충돌을 다룬 적은 없었다. 한국전쟁은 그 규모나 진행 속도의 측면에서 심각성을 지니는 새로운 무력분쟁의 사례로 유엔이 출범한 이래 첫 번째 시험무대였다. 동북아의 소규모 지역인 한반도에서 전쟁이 발발했음에도 불구하고 미국 등이 신속하게 행동을 취할 수 있었던 것은 바로 유엔헌장에 이러한 무력충돌 사태를 상정한 대응 절차가 규정되어 있었기 때문이다. 예를 들면, 유엔헌장 그리고 안전보장이사회의 의사규칙에 따르면 안전보장이사회의 회의 소집은 총회 등의 소집과 달리 그 의장이 유엔사무총장, 총회, 또는 이사국들의 요청에 따라 연중 수시로 할 수 있게 되어 있다. 안전보장이사회 이사국들은 그 대표를 뉴욕의 유엔 본부에 상주시키고 있어야 한다. 오영달, "1950년 한국전쟁과 유엔의 역할", pp. 133-134.

에 대처하는 조치를 통해서도 극동방위선 밖에 있는 대만도 마찬가지였음을 알 수 있다.

미국은 북한이 38도선으로의 철수를 요구하는 유엔 안보리 결의에 대해 어떻게 반응할 것인가를 지켜봄과 동시에 군사적 조치를 병행하였다. 미국은 'UN을 통한 한반도 문제 개입'이라는 정책목표를 따라 한국전쟁 초기에 대응을 이어가고 있었다. 공산주의 세력의 침공으로 위협받고 있던 자유민주주의 가치를 지켜내기 위해서 다자주의적 개입이라는 동아시아 정책의 목표를 따르고 있었음을 알 수 있다. 대한 정책목표와 대응의 원칙을 국무부 당국자로부터 대통령까지 공감하고 있었기에 일사천리로 유엔 안보리 소집 요청과 결의안 상정을 추진할 수 있었다.

전쟁 발발 이전 동아시아 지역의 내부적 갈등, 민족주의적 대립 등 복잡한 내부 문제가 미국이 명확하게 자유민주주의 가치를 공감하고 이를 지켜내기 위해 정책적 비용을 지급하기에 어렵게 하였다. 하지만 공산세력의 공격으로 인해 자유민주주의 가치의 공유된 경계는 명확해졌으며, 군사적 원조의 필요성도 확실해졌다.

나. 자유민주주의 가치 수호를 위한 노정

미국이 주도하고 유엔과 긴밀한 협업하에 이뤄진 조치들이 이어졌다. 북한이 〈안보리 결의 82호〉를 무시하고 공격을 계속하자, 유엔은 6월 27일 2차 안보리 회의를 통해 미국의 제안대로 〈안보리 결의 83호〉를 채택하였다. 이 결의는 북한이 〈안보리 결의 82호〉를 준수하지 않음을 지적하고 유엔 회원국들에 북한군을 격퇴하고 국제평화와 안전을 회복할 수 있도록 한국에

대한 원조 제공을 권고하였다.[45]

　미국은 즉각적인 해·공군 투입에 이어 전쟁 발발 5일 만에 지상군 투입을 결정하고 미 제24사단의 선두부대인 1개 대대 규모 특임부대로 7월 4일 북한군과 최초 교전을 하였지만 역부족이었다. 이에 미국 정부는 1950년 7월 7일 세 번째 안보리 회의 소집을 요청하여 〈안보리 결의 84호[46]〉를 채택하여 국제사회가 더 강력한 군사적 조치를 할 수 있는 근거를 마련하였다. 이 결의에서는 통합사령부를 미국 주도 아래 설치하도록 하였다. 미국 주도 하의 통합사령부가 재량에 의하여 군사작전 시 참전국의 국기와 함께 유엔기를 사용할 수 있도록 권위를 부여한 것이다. 안보리 결의에도 불구하고 미국 외에 한국에 지상군을 파견하겠다는 국가가 나타나지 않자 7월 14일 리 사무총장이 한 차례 더 요청했지만, 7월 19일까지 52개 회원국 중 영국, 호주, 캐나다, 뉴질랜드, 네덜란드만이 한국에 군대를 파견하겠다는 통보를 해 왔다. 하지만 여전히 미국 외에 어느 국가도 지상군을 파견하겠다는 의사가 없었는데, 리 사무총장의 독려 끝에 영국만이 해군, 공군, 그리고 지상군을 총 1만여 명 파견하기로 하였다.[47]

　소련이 8월 안보리에 복귀하기 직전인 7월 31일 안보리는 한국전쟁에 관한 마지막 〈안보리 결의 제85호〉를 채택하였다. 그 주요 내용은 유엔 통합사령부가 전쟁의 구호와 민간인 지원 물자를 종합적으로 관리, 통제하도록 하는 것이었다. 소련이 안보리에 복귀하자 안보리는 거부권을 가진 소련 탓에

45　오영달, "유엔의 한국전 개입이 유엔 체제에 미친 영향", 강성학 편, 『유엔과 한국전쟁』 (서울: 리북, 2004), p. 105.

46　유엔 안보리 결의 84호 참조; https://digitallibrary.un.org/record/112027(검색일: 2022년 11월 5일).

47　김계동, "한국전쟁과 유럽: 유럽 냉전과 영국 참전의 함의", 강성학 편, 『유엔과 한국전쟁』 (서울: 리북, 2004), p. 320.

더는 한국전쟁에 관한 적극적인 역할을 수행할 수 없게 되었다. 소련은 안보리 회의가 개최되자 중국의 안보리 진출 문제를 의제로 다루려 했고, 미국이 38선 이북의 민간목표물에 대한 공중공격을 불법적으로 행했다며 미국을 비난하는 장으로 삼았다. 그리하여 미국은 한국전쟁의 수행과 관련한 논의와 결정을 유엔 안보리가 아닌 유엔총회에서 시도하게 되었다.[48]

유엔총회는 헌장 규정상 매년 9월의 세 번째 화요일에 정기회의를 개최하게 되어 있었다. 이에 따라 유엔은 1950년 9월 19일에 총회 정기회의를 소집하게 되었고 자연히 한국전쟁 수행 문제는 안보리에서 총회로 옮겨가게 되었다. 유엔군은 1950년 9월 15일 인천상륙작전을 감행하여 성공시킴으로써 전세를 역전시켰는데, 이러한 상황에서 유엔군이 38선을 넘어 진격할 것인가의 문제가 중요한 논점이 되었다.[49] 트루먼 대통령은 9월 11일에 NSC-81/1을 승인하여 소련과 중공의 중대한 개입이 없는 경우 38도선을 넘어 진격하도록 승인하였다.

미국은 소련의 거부권 행사로 안보리의 마비 상태를 극복하는 방안으로 한국전쟁에 대한 집단적 조치와 관련하여 평화에 대한 위협 등을 다룰 수 있는 총회의 권능을 인정하자고 제안하였다. 이러한 제안은 약간 수정되어 1950년 11월 3일 〈총회결의 377(V)호〉인 '평화를 위한 단결(Uniting for peace)' 결의로 채택되었다. 결의는 국제사회의 평화와 안전의 유지에 관한 책임은 일차적으로 안보리에 있지만, 총회도 평화에 대한 위협이 있는 경우 잔여의 책임(residual responsibility)이 있음을 포함한다.[50]

---

48 오영달, "1950년 한국전쟁과 유엔의 역할", p. 144.
49 오영달, "1950년 한국전쟁과 유엔의 역할", pp. 144-145.
50 오영달, "1950년 한국전쟁과 유엔의 역할", p. 147; Leland M. Goodrich and Anne P. Simons, *The United Nations and the Maintenance of International Peace and Security* (Washington, D.C.: The

미국은 UN을 통한 대응을 통해 국제연합의 창립 정신을 존중하고 군사적 조치에 대한 정당성을 강화할 수 있었다. 미국은 한반도 문제뿐만이 아니라 유럽을 포함한 세계의 모든 곳에서 잠재된 공산세력과의 대결에서 자유민주주의 체제 수호를 위한 단호한 대응이라는 입장을 강화할 수 있었다. 국제연합의 이름 아래 자유민주주의 국가들은 일거에 단결할 수 있었고, 사상처음으로 국제연합군의 기치 아래 공산세력에 맞서 싸우게 되었다. 모호했던 동아시아 지역의 자유민주주의 가치가 공산세력의 침공으로 인해 그 경계와 가치가 명확해졌고, 미국은 첫 공격이 발생한 한반도는 물론이거니와 또 다른 공격이 우려되는 대만에 적극적으로 개입하게 되었다.

2. 선악 분리(E-2)

(1) 전쟁 발발 이전: 악마화된 공산세력

미국은 제2차 세계대전 중 제국주의의 확장 시도로부터 자유민주주의를 지켜내는 데 있어서 고립만으로 충분하지 않음을 자각했을 때, 유럽과 아시아·태평양 지역에 대한 개입을 결정하였다. 제2차 세계대전을 일으켰던 제국주의 국가인 일본, 독일, 이탈리아는 제거되어야 할 '악'이었으며, 미국이 전쟁에 개입한 2년여 만에 제국주의 국가들은 차례로 유럽과 아시아에서 제거되었다. 제국주의가 유럽과 태평양에서 패배하자 소련은 동유럽 전체를 장악하였고, 아시아지역에서도 중국의 공산화를 지원하였으며, 주변 지역으로 팽창을 추구하리라 예상되었다.

Brookings Institution, 1957), p. 430, 669. 재인용.

미국은 제2차 세계대전 중 제국주의에 맞서 싸우던 절박한 상황 속에서 소련 공산주의와의 연대를 위해 정치적·사회적 원칙의 차이를 잠시 덮어둘 수 있었다. 미국인들은 제2차 세계대전 중에 독일에 맞서 선전을 펼치는 소련에 대해 찬탄을 보내기도 했고, 전후 세계에서 소련과의 국제적 조화를 생각하기도 하였다. 또한, 미국인들은 1946년 3월 처칠의 유명한 「철의 장막」 연설에 대해 오히려 불쾌감과 분노를 내비치기까지도 하였다. 그러나 제2차 세계대전 종전 이후 오래지 않아 소련과 서방 간은 이데올로기적 성격의 차이가 분명히 드러났다. 소련이 동유럽에 의회민주주의를 허용하지 않으리라는 징조, 대규모의 소련 군사력 증강, 그리스와 중국 등지에서 공산세력과의 내전, 그리고 미국 내의 적색 위협(Red menace), 간첩망과 전복 활동 등에 대해 점증하는 우려 때문에 미국의 국민감정에 큰 변화가 일어났으며 트루먼 행정부는 이러한 변화에 민첩하게 대응해 나갔다.[51] 세계는 급속도로 자유 진영과 공산 진영으로 나뉘었고, 그 중간을 선택하는 것은 허용되지 않을 것 같은 시대를 맞게 되었다.

미국은 재빠르게 공산주의 세력을 '악'으로 분리 규정하였고, 미국인들 사이에 공산주의에 대해 적대감이 급속도로 확대되었다. 전쟁에서 승리하기 위해서는 대중과 정치적 지지를 모두 얻어야 한다. 대의의 정당함을 인정받는 데 있어 나의 정의로움을 증명하기보다 상대를 악으로 규정하고 사악함을 부각하는 것만큼 손쉬운 접근은 없다. 적이 사악할수록 사악함을 제거하여 정의를 바로 세울 나의 정당성은 높아지는 것이며, 상대의 취약한 부분에 도덕적 공세를 퍼부을수록 대중에게는 선명한 인식과 공조를 심어주고, 지지와 지원을 얻게 되는 것이다. 미국은 외부에 대한 영토적 침탈을 경험하지

---

51   폴 케네디, 이일주·전남석·황건 역, 『강대국의 흥망』 (서울: 한국경제신문사, 1992), pp. 436~437.

않은 선한 존재라는 자기 인식의 토대 위에 자유민주주의 이념을 공유하지 않은 세력의 사악함을 부각하여 '악'으로 규정하고 십자군 전쟁을 시작할 수 있는 준비태세를 갖추고자 하였다.

1947년 3월 12일, 트루먼은 상하원합동회의에서 기념비적인 연설을 했다. 트루먼 독트린이라고 불리는 이 의회 연설에서 트루먼은 그리스와 튀르키예에 대한 경제적 지원을 주장하였다. 그리스는 공산화된 주변국의 지원을 받아 국경지대에 포진한 공산세력에 의한 내전을 겪고 있었고, 튀르키예는 국가를 유지하는 데 필요한 근대화를 달성해야 할 처지에 놓여 있었다. 미국이 개입하지 않으면 악으로 규정한 '전체주의적 정권'이 그리스와 튀르키예를 장악할지도 모를 일이었다. 그렇게 되면 중동 전체에 혼란과 무질서가 초래되고, 전쟁의 피해로부터 회복하여 자유와 독립을 유지하기 위해 고군분투하는 유럽의 여러 국가에 심각한 영향을 미칠 것을 미국은 우려하였다.[52] 5월 말, 그리스-튀르키예 원조법안은 양원의 승인을 득하였다.

미국은 마셜 플랜으로 유럽에 번영을 가져다주기 위해 개인 기업이 공산주의보다 낫다는 확신을 유럽인들에게 심어주기 위해 노력했다. 유럽에서 양 진영 간에 명확한 경계선 그리기가 이어지는 가운데, 대립을 본격화한 계기는 1948~49년간에 발생한 베를린 위기였다. 미국은 무려 11개월간 물자 공수를 통해 끝끝내 베를린 봉쇄를 풀 수 있었다. 미국은 유럽의 자구적 보장책인 북대서양 조약기구(NATO)를 설립하였다. 마셜 플랜과 NATO는 유럽에서 공산세력의 팽창을 막아내는 구실을 감당했다.

아시아지역에서 중국의 상실은 미국에게는 충격이었다. 19세기 이래로 엄청난 문화적 · 정신적 · 재정적 자본을 중국에 투자해 왔는데 물거품이 되었

---

52   윌리엄 스툭, 『한국전쟁과 미국 외교정책』, pp. 63-64.

다. 미국은 공산화된 중국이 소련과 가까워지지 않도록 중국과 관계를 이어 나가며, 소련과 중국 사이에 쐐기 전략을 펼쳤으나 이마저 실패하여 1950년 2월 14일 '중·소 우호 동맹 상호원조조약'이 체결되었다. 아시아지역에서의 미국의 위기감을 다음과 같이 케네디(Paul M. Kennedy)는 표현했다.

> "헤드 핀은 중국이었다. 그것은 이미 쓰러졌다. 둘째 줄에 놓인 2개의 핀은 미얀마와 인도차이나이다. 이것들이 쓰러지면 그다음 줄에 있는 태국·말라야·인도네시아 등 3개의 핀이 차례로 넘어질 것은 아주 확실하다. 아시아의 나머지 국가들이 모두 넘어가면 이에 따른 심리적·정치적·경제적인 인력 때문에 넷째 줄에 있는 인도·파키스탄·일본·필리핀 등 4개의 핀도 쓰러질 것이다."[53]

악마화된 공산세력에 맞서 지켜내고자 하는 볼링장의 핀(pin)에 비유한 동아시아 국가에 한반도는 포함되어 있지 않았다. 공산주의의 연쇄적 파도가 인도차이나반도로부터 시작된다고 바라봤던 시각은 한반도를 파도의 마지막 귀착지에도 포함하지 않았다. 이는 한반도를 둘러싼 미국의 정세 판단을 엿볼 수 있게 한다.

미국은 기독교적 선악관에 의한 미국만의 가치에 대한 자기 확신이 강하게 작동하고 있었다. 미국은 확신에 찬 나머지 자신의 가치를 확산해 나감에 있어서 미국 동부 연안에서 시작한 전진을 태평양 연안에서 멈출 수 없었고 세계 곳곳으로 미국의 가치를 확산하고 지켜내는 일에 개척정신으로 임하였다. 제국주의에 맞섰던 미국의 가치 수호 노력은 이제 새로운 '악'인 공산

---

53 폴 케네디, 『강대국의 흥망』, p. 449.

세력과 명백하게 경계를 긋고 맞서고 있었다. 키신저(Henry A. Kissinger)는 미국의 자유민주주의 이념이 전 세계에서 십자군 전쟁을 수행하도록 이끌고 있다고 확신한 바가 있다.

(2) 전쟁 발발 이후: 악을 제거하기 위한 개입

미국은 전쟁 이전 소련 공산주의를 악마화하여 적대감을 부추겼고 대소련 봉쇄정책을 통해 소련이 점령하지 않은 새로운 지역으로 진출하지 못하도록 노력하고 있었다. 소련이 지원하는 봉쇄선을 넘어 팽창하기 위한 공산 세력의 첫 번째 시도가 예상과는 달리 인도차이나반도가 아닌 한반도에서 발생하고 말았다. 미국은 악에 의해 공격당한 남한의 자유민주주의를 악으로부터 지켜내고, 악을 제거해야 할 소명의식에 휩싸이게 되었다.

북한의 남침 소식을 최초로 접한 미 국무부는 이 사태를 트루먼 대통령과 육군 장관, 국방부 장관에게 통보하였다. 또한, 국방부 관계자들과 협의를 거쳐 유엔에 제기하려고 방침을 굳히고 유엔사무총장 리에게 통고하는 한편, 유엔 안보리 소집도 요청하였다. 유엔 안보리 소집 요청은 6월 25일 12:20(24일 23:20 EDT) 애치슨 국무 장관이 트루먼 대통령에게 보고 후 결심을 받아 취해진 조치였다. 보고 당시 트루먼은 고향인 미주리주 인디펜던스에서 주말 휴가 중이었다.[54]

트루먼 대통령은 미주리주 인디펜던스의 자가에서 애치슨 국무 장관으로부터 북한의 전면적 남침을 보고받았다. 트루먼은 애치슨과의 통화를 통해 초기 조치를 이어갔으며, 6월 25일 16시 12분(뉴욕 시각)에 출발해 워싱턴으로 돌아가는 비행기 안에서 가졌던 생각을 다음과 같이 술회하였다.

---

54   *FRUS*, 1950, Vol. VII, Korea, p. 127.

"나는 비행기 안에서 생각할 시간을 가졌다. 우리 세대에서 강자가 약자를 공격한 것은 이번뿐만이 아니었다. 나는 만주 · 에티오피아 · 오스트리아 등과 같은 선례를 상기했다. 나는 이 각각의 시기에 어떻게 계속해서 앞으로 나아가도록 버려뒀는가를 기억하였다. 히틀러 · 무솔리니 · 일본이 십여 년 전에 한 것과 마찬가지로 공산주의는 한국에서도 행동하고 있었다. 나는 만약 한국이 몰락하도록 버려둔다면 공산주의 지도자들은 우리 가까이에 있는 국가들까지 차례로 짓밟을 정도로 과감해질 것임을 확신하였다. 만약 공산주의자들이 자유세계의 아무런 저항도 없이 한국으로 진격을 계속하도록 놓아둔다면 약소국들은 주변의 더 강한 공산국가의 공격 앞에서 저항할 용기를 상실하게 될 것이 분명하였다. 만약 이들의 침략행위가 용인된다면 이는 제2차 세계대전과 마찬가지로 제3차 세계대전이 될 것을 의미할 것이다. 또한, 한국에 대한 공격이 **멈추어질 수 없다면 유엔의 설립목적과 원칙은 위기에 처하게 되리라는 것을 나는 확신하였다.**"[55] (강조 부분은 연구자)

트루먼은 독일이 라인란트 점령, 오스트리아 병합, 체코 병합에 이르는 동안 방관했고, 일본이 조선, 만주, 중국 본토를 차례로 침략하는 동안 역시 방관했던 미국, 유럽, 소련이 제2차 세계대전을 허용했다고 반성했다. 북한의 남침을 내버려 둔다면 서방을 얕잡아본 소련이 더 큰 전쟁을 벌여서 마침내 제3차 세계대전이 일어나리라 생각했다. 주된 전략적 행위자였던 트루먼의 이러한 인식은 미군과 UN군의 신속한 투입에 대한 사상적 배경이 되었다.

북한군이 남한을 침공했을 당시 대부분의 미국인은 아마도 한국에 관해 들어본 바가 없었을 것이다. 또한, 들어본 사람 중 대부분은 그처럼 황량한

---

55 Truman, *Memoirs by Harry S. Truman, Vol. 2. Years of trial and hope*, pp. 378-379.

국가의 방어가 미국의 국익에 도움이 되는 이유가 무엇인지를 설명할 수 있는 처지가 아니었을 것이다. 미국의 지도자들은 사악한 공산주의에 대항한 '성전(聖戰)'의 맥락에서 그리고 미국의 의지를 보여주는 사례로 한국전쟁에 대한 참전을 설명하였다.[56] 미국에 있어서 공산세력의 침공 앞에 놓인 자유민주주의 가치를 지켜내고 '악'을 물리치기 위한 개입은 당연한 선택이었다.

한국전쟁 발발 이전 미국은 '악'으로 규정된 공산세력의 확장 시도에 맞서 봉쇄정책을 펴나가면서 인도차이나반도를 주목하고 있었다. 반면 한반도는 상대적으로 공산세력의 확장 시도가 벌어질 가능성이 적다고 보았다. 이 것이 적극적인 군사지원과 경제 원조가 이뤄지지 않았던 이유이다. 주한미군의 철수 이후 인계하였던 5만 명분의 총과 탄약 등 경무장을 통해 내부질서 유지와 국경 수비가 가능한 정도의 군사력을 허용하는 것으로 일관했다. 과도한 군사력 강화가 남한의 리더십에 의해 전쟁 가능성을 높인다고 판단한 미국의 정세 판단 오류가 존재했었다.

하지만, 공산세력의 '악'으로부터 침공당한 남한은 더는 내버려 둘 수 없는 자유민주주의의 전초기지였으며, 강렬해진 악에 대비되어 더 선명해진 선한 존재인 자유민주주의 일원이었다. 미국의 자유민주주의 세계에 대한 지도력에 대한 도전을 두고 볼 수 없었으며, '악'을 물리치기 위해 적극적인 개입을 통한 성전을 주저 없이 시작하게 되었다.

---

56   도널드 M. 스노우 · 데이스 M. 드류, 권영근 역, 『미국은 왜 전쟁을 하는가: 전쟁과 정치의 관계』 (서울: 연경문화사, 2003), p. 223.

3. 되새김

본 장에서는 예외주의라는 미국 전략문화 특징을 통해 한국전쟁 발발 전후 한반도에 대한 미국의 개입정책에 있어서 정책적 선호의 연속성을 확인하였다. 합리적 의사결정이론에 입각한 기존연구는 한국전쟁 발발 전후 상황과 여건에서 미국의 국가 이익에 기초한 합리적 선택으로만 분석하였지만, 미국 전략문화의 예외주의적 특징을 통해 미국이라는 거대 전략행위자의 정책적 선택에 내재된 연속성을 확인하였다. 정책적 선호를 한정하는 전략문화의 통시적 관점을 통해 개별 정책을 살펴볼 수 있게 되었다.

먼저, 미국은 제2차 세계대전 종전 이후 제국주의를 대신한 공산주의 팽창에 맞서 자유민주주의 가치 수호에 대한 소명의식을 가졌다.(E-1) 미국은 오랜 시간에 걸친 정치·경제적 지원 노력에도 중국이 공산화되는 상황을 바라보면서 동아시아 지역에 대한 소련의 팽창 시도를 우려하였고, 케네디의 추측처럼 인도차이나반도가 첫 번째 대상 지역이 되리라 생각했다. 한반도는 공산세력 팽창의 파도가 할퀼 지역이 아니라고 보고 있었다. 하지만 동아시아는 내부적 복잡성으로 '악'의 존재인 공산세력에 맞선 자유민주주의로만 정체성을 규정짓는 데 한계가 있었다.

신생 독립국 대한민국은 자유민주주의 이념의 기초 위에 세워져 반공을 국시로 내세우고 있었다. 그러나, 이승만은 유엔이 승인한 한반도 내 유일 합법 정부로서 무력을 이용한 통일의 정당성을 주장하였고, 내부적인 혼란의 거듭으로 자유민주주의를 온전히 정착시키지 못했다. 미국은 그러한 남한이 자유민주주의 가치를 확고하게 공유하고 있다는 확신을 갖지 못했다. 그래서 미국이 38도선을 공산세력과의 경계선으로 삼아 봉쇄정책을 추구하면서도 한반도에 주한미군 배치나 군사원조 등 적극적인 개입정책을 통한 비용을 감당하지 않았다.

한국 정부와 미 군사고문단, 주한 미 대사 등 다각적인 군사원조, 지원요
청에도 미국은 소극적인 태도로 일관하였다. 군사원조도 국경 수비나 치안
유지에 필요한 소화기 위주로 인수한 무기체계 이외에는 추가적인 요청이
각계에서 쇄도했어도 거절당했다. 이승만 대통령이 한반도 방위를 위한 보
장제로 추구하였던 태평양연맹 안을 미국은 교묘히 차단하였다. 국무부는
한반도에 벌어진 이념적 대결에서 자유민주주의의 승리를 위해 주한미군의
주둔과 경제 원조의 중요성이 주장되었지만, 육군부를 중심으로 한 군과 의
회에는 수용되지 않았다. 한반도의 전략적 가치를 높일 수 있는 일이란 확고
한 가치 공유의 메시지와 이념의 대결장에서의 승리가 갖는 전략적 의미를
부각하는 일 외에는 없었으리라 생각한다.

하지만 북한의 무력침공을 받은 남한의 자유민주주의는 그 색채가 명확
해졌다. 전쟁 발발이라는 외생변수는 지켜야 할 자유민주주의 가치를 뚜렷
하게 만들었고, 첫 팽창시도를 방관할 경우 자유 진영은 공산세력 팽창의 파
도 앞에 힘없이 무너지게 될 위험에 처했다. 자유민주주의 리더인 미국은 자
유민주주의의 가치를 공산세력으로부터 구해 내어 국가적 체면과 국제연합
의 설립 목적을 지켜내야 했다. 미국은 안보리 결의를 추진함과 동시에 해 ·
공군을 시작으로 공산세력을 격퇴하기 위해 신속하게 개입하였으며, 자유민
주주의 가치 수호를 위한 단호한 대응을 이어나갔다.

둘째, 한국전쟁 발발 이전 미국은 제국주의를 뒤이은 공산주의를 자유민
주주의를 위협하는 '악'으로 분리 규정하였으며, 소련을 악마화하여 적대감
을 더욱 부추겼다.(E-2) 미국은 자유민주주의 체제 속에서 개인의 이익을
추구하는 개방된 사회가 폐쇄적 공산주의의 팽창보다 월등히 우월하다는 인
식을 심어주고자 유럽과 더불어 한국에서도 경제적 지원을 위해 노력하였

다. 미국은 새로운 '악'인 공산세력에 맞서 자유민주주의 수호를 위한 십자군 전쟁을 이끌고 있었다. 다만, 악마화된 공산세력의 팽창 파도가 밀어닥칠 위험의 우선순위에 인도차이나반도를 두고 있었음은 남한에는 불운이었다.

한국전쟁이 발발하자 투르먼은 자신의 술회처럼 공산주의자들이 한국으로 계속 진격하도록 놔둔다면 약소국은 용기를 상실하고, 유엔은 설립목적을 상실하리라고 판단하였다. 공산세력의 침공이 한반도에서 발생했을 때 지켜내야 할 가치와 대상 지역은 의심할 바가 없었고, 악에 맞선 적극적인 개입은 전략문화에서 비롯한 연속성 있는 정책적 선택이었다.

전략문화가 전략적 행위에 미친 영향 분석을 통해 전쟁 발발이라는 외생변수에도 미국의 개입에 관한 정책은 연속성 있는 정책적 선호에 기초하고 있었다. 그 근원의 일정한 맥락을 예외주의의 특징이 효과적으로 설명하고 있음을 확인하였다. 즉 미국 예외주의적 특징인 자유민주주의 수호와 확산, 선악 분리는 한국전쟁 발발 이전의 소극적 개입, 발발 이후 적극적 개입이라는 선택의 기저에 존재하는 정책적 선호에 연속성 있게 작동하고 있었다.

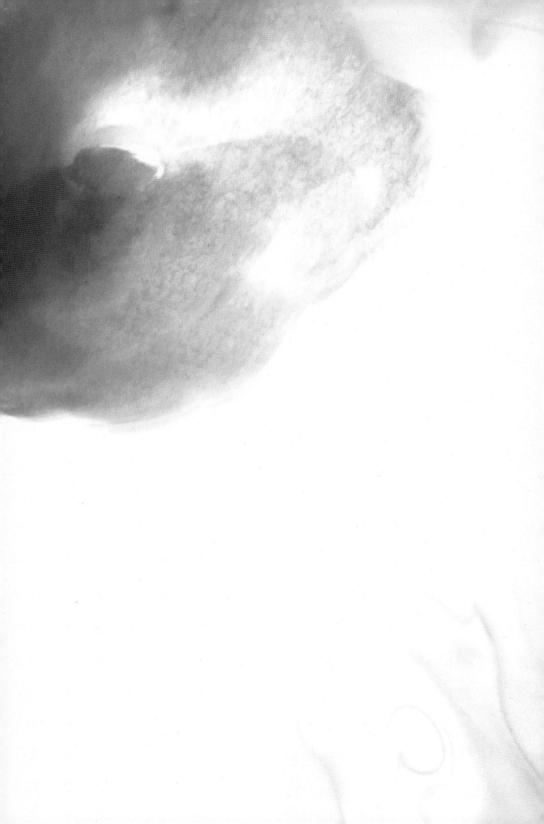

V

해양국가적 관점:
위협 면제와 위험 최소화

미국의 지리적 환경이 가져다준 축복인 영토의 광활함, 자원의 풍부함을 통해 미국은 유럽의 구악 대열에 합류하지 않고 선한 존재로 남을 수 있었다. 또한, 미국은 대륙 내 적대세력이 없으므로 외부위협은 바다 건너에만 존재하게 되어 해양에 의해 분리된 섬나라와 같은 특징을 보였다. 따라서 본 연구는 지리적 환경이 가져다준 자기 인식인 해양국가를 미국의 전략문화로 도출하였으며, 세부 특징으로 외부위협 면제 심리와 선택적 접근(M-1), 해·공군 우선 운용과 핵 의존(M-2)을 도출하였다.

미국의 지리적 환경을 통한 자기 인식인 해양국가적 특징이 전쟁 발발 전후 미국의 한반도 개입정책 선택에 일정하게 영향을 미치고 있음을 확인하고, 기존연구에서 설명하지 못하는 정책적 선호의 연속성 측면에서 한국전쟁 발발 전후의 개입정책 선택을 설명하고자 한다. 더불어 도출한 해양국가적 특징이 미국 고유의 전략문화로서 적실함을 입증하고자 한다.

1. 외부위협 면제 심리와 선택적 접근(M-1)

(1) 전쟁 발발 이전: 완충지대 형성과 접촉 회피

가. 주한미군 철수로 직접 접촉 회피

한 · 미 양국 간의 군사 관계는 8 · 15 광복 이후 패전한 일본군의 무장해제를 위해 1945년 9월 2일, 미 태평양육군사령부 예하 미 24군단이 38도선 이남 지역에 진주하면서부터 시작되었다.[1] 오키나와에 주둔하고 있던 미 24군단 예하 제7, 40, 96사단과 제308폭격비행단, 제34군수지원사령부는 38도선 이남의 지역별로 진주하였으며, 제96사단은 이후 제6사단으로 대체되었다.[2] 1945년 11월 기준으로 남한지역 내 배치된 병력은 약 7만 6천 명에 달하였다.[3]

미국은 한국의 통일을 위한 1946년과 1947년의 미소 협상이 결렬되자 한국 문제를 UN에 이관하였다. 유엔의 감독 아래 치르는 자유 총선거에서 친미정부가 수립될 우려가 컸으므로 소련은 유엔의 제의를 거부하였고, 적

---

1 한미 양국의 최초 조우는 신미양요(辛未洋擾)가 되겠지만, 충돌이 아닌 협력적 관점에서 한미 간의 시작은 일본 패망 이후 진주한 미 24군단에 의한 군정을 통해서다. 신미양요는 1871년 6월 1일에 발생한 조선과 미국 간 전투이다. 제너럴 셔먼호 사건의 책임과 통상 교섭을 명분으로 조선의 주요 수로였던 강화도와 김포 사이의 강화해협을 거슬러 올라왔고 조선 측의 거부를 무시하고 무력으로 탐침을 시도하여 교전이 일어났다. 위키백과 참조; https://ko.wikipedia.org/wiki/%EC%8B%A0%EB%AF%B8%EC%96%91%EC%9A%94 (검색일: 2022년 11월 12일).

2 일본 측 자료에 의하면 광복 당시의 주한일본육군의 규모는 14개 사단 347,368명이었으며, 제주도 제58군 60,678명, 남한지역에는 230,258명, 북한지역에는 117,110명이 주둔하고 있었다. 미 제96사단이 전남 · 전북 · 충북을, 미 제40사단이 경남과 경북을, 미 제7사단이 경기도(인천 지역 제외) · 강원도 · 충북을, 그리고 제24군수지원단사령부가 인천 지역을 점령하게 되어 있었다. 그러나 제96사단이 중국 텐진의 소요진압을 위해 중국으로 이동하게 되자, 10월 1일부로 제7사단이 충남과 전북을, 제40사단이 전남을 점령하였다. 남정옥, 『한미 군사 관계사: 1871~2002』, p. 169.

3 남정옥, 『한미 군사 관계사』, p. 163.

지 않은 수의 서방국가들도 분단의 영구화를 우려하여 남한 단독선거를 반대하였지만, 한반도의 공산화를 막는다는 대의명분 아래 남한만의 총선거를 시행하여 유일 합법 정부인 대한민국 정부가 수립되었다. 북한도 기다렸다는 듯이 자체 정부를 수립하였다.[4]

미국은 남한 정부 수립이 마무리되자 3년에 걸친 주한미군의 장기 주둔을 빨리 끝내려 했다. 1948년 가을이 되자 최대한 빨리 주한미군을 철수시키고 한반도 분쟁에 대한 군사적 개입을 하지 않는 것이 미국의 한반도 정책이 되었다. 미국은 마침내 1948년 9월 15일부터 주한미군을 철수하기 시작했다. 하지만, 10월 여수·순천 반란 사건으로 철수가 일시 중단되었다가 1949년 4월 남아 있던 8,000여 명이 철수를 재개하여 6월 29일 500여 명의 군사고문단과 700여 명의 기술인만 남기고 미군 45,000명 모두가 철수를 완료했다. 미 국무부와 군은 철수에 대한 상반된 시각을 철수 완료 때까지 가지고 있었다.

전면전 개념에 사로잡혀 있던 미군은 한국이 전략적 가치가 없으며, 군비삭감과 병력감축, 그리고 한국의 국내정치 불안정 등을 내세워 조기 철군을 주장하였다. 사실 1947년 1월에 들어서자 병력과 재원의 부족이 너무 극심해서 더는 주한미군의 유지가 불가능한 듯이 보였다. 미군은 제2차 세계대전 이후 동원해제를 통해 급속한 병력감축을 단행하였고, 약 1,200만 명에 달하던 종전 직후 병력 수는 한국전쟁 발발 직전 약 158만 명으로 줄어들었다.[5] 따라서 미군은 군사적 지원이 필요한 서유럽과 동아시아의 모든 곳에

---

4 김계동, "미국의 대한반도 군사정책변화(1948-1950): 철수·불개입정책에서 한반도 참전으로의 결정 과정", p. 142.

5 Maurice Matloff, *American Military History* (Washington, D.C.: Government Printing Office, 1973), p. 531.

병력을 배치할 수 없는 현실 앞에서 선택과 절약을 해야 하였다. 트루먼의 군사보좌관들은 점령군의 주둔 비용을 충당할 자원이 부족하다고 불평하였다.

반면, 국무부는 미국이 한국에 대한 공약을 수행할 굳건한 의지와 소련과 협조할 결심만 보여준다면 한국은 민주 정부 수립은 물론 완전한 독립도 달성할 수 있을 것으로 생각하였다. 미 국무부도 한국을 정치적으로 인식하여 장기전략적 측면에서 미소 간 대결에서 상징적 · 이념적 대결장이라고 주장하고, 한반도에서 소련의 팽창주의를 저지하는 것이 미국이 전 세계에서 제시한 이념적 공약이라고 판단하였다.[6] 국무부 동유럽국의 스티븐스(Francis B. Stevens)는 전략적 가치보다 이데올로기적인 가치가 더 중요하다고 주장하며 철군을 반대하였다.

1947년 4월 29일 미 합참의 합동전략조사위원회(JSSC, Joint Strategy Survey Committee)는 국가별 전략적 가치를 분석하여 '국가안보 면에서 본 미국의 대외원조'라는 보고서를 합동참모본부에 제출하였다. "미국의 국가안보에 중요한 지역을 주변지역(peripheral)과 핵심지역(vital)으로 분류하고 그 중요도에 따라 우선순위를 정한 후 여기에 맞춰 대외원조를 할 것"[7]을 보고서에서 건의하였다. 보고서에 따르면 한국은 미국의 지원 우선순위에서는 18개국 가운데 5위를,[8] 안보 우선순위에서는 16개국 가운데 15위를, 이 두 가지 사항을 종합한 우선순위에서는 16개국 가운데 13위를 차지하였다.[9]

---

6   Chull Baum Kim, "9 The Korean Scholars on the Korean War", *The Korean War: Handbook of the Literature and Research* (1996), p. 56.

7   Report by the Joint Strategic Survey Committee, "U.S. Assistance on the Other From the Standpoint of National Security", *FRUS*, 1947, Vol. VI, pp. 736–738.

8   남정옥, "미국의 국가안보체제 개편과 한국전쟁시 전쟁정책과 지도", p. 59; Report by the Joint Strategic Survey Committee, "U. W. Assistance on Other From the Standpoint of National Security", *FRUS*, 1950, Vol. VII, Korea, pp. 736–750. 재인용.

9   남정옥, "미국의 국가안보체제 개편과 한국전쟁시 전쟁정책과 지도", p. 59; *FRUS*, 1947, Vol. VI,

1947년 9월 미 국무부가 미 합참에 한반도의 전략적 가치를 문의하였고, "주한미군과 그 기지의 유지는 전략적 이익을 거의 가지지 않는다"[10]라고 미 합참은 판단하였는데, 이것이 철군 결정에 가장 큰 영향력을 미치게 되었다. 이러한 합참의 판단을 나중에 국무부의 대한반도 정책 관련자들이 번복하려고 시도하였지만, 합참은 국무부의 주장을 심각하게 받아들이지는 않았다.

당시 미 육군부는 소련과의 세계대전이란 군사적 관점에서 한반도를 바라보았지만, 국무부는 한반도가 공산화될 경우 아태지역 안보가 위협받으면서 미국의 명성과 신뢰가 심각하게 손상된다는 정치적 시각에서 바라보았다. 주한미군의 완전한 철수가 결정된 1949년 3월까지 국무부와 육군부 사이에 시각 차이가 지속되었다.

이때 마침 소련은 미군과 동시에 한국으로부터 철수할 용의가 있다는 제안을 하였고, 더불어 1947년 9월 국무부 내에서도 조속한 철수를 요구하는 소리가 대두되면서 논의의 초점이 되었다. 이때 미 국무부 정책기획실의 캐넌은 전략문서에서 철군과 관련하여 다음과 같이 밝혔다.

"한국은 이미 순수하게 평화적이고 자유로운 민주주의적 발전에 대한 어떠한 희망도 없다…. 그 영토가 우리에게 결정적인 전략적 중요성을 갖지 않는 이상 우리의 주요 임무는 큰 위신의 상실 없이 빠져나오는 일이다."[11]

General: The United Nations, pp. 738-750. 재인용.

10 "Memorandum by the State-War-Navy Coordinating Committee to the Secretary, Joint Chiefs of Staff, JCS", September 15, 1947, *FRUS*, 1947, Vol. Ⅵ, p. 789.

11 *FRUS*, 1947. Vol. Ⅰ. p. 776.

10월, 국무부는 극동군사령관 맥아더 장군에게 주한미군이 1948년 말까지 남한에서 철수할 수 있는지, 남한의 경비대를 확장할 경우 1년 안에 북괴의 군사적 위협을 견제할 만큼 강화될 수 있는지를 질문하였다. 이때 하지(John R. Hodge) 중장[12]은 10월 22일, 보고서를 통해 '소련군이 북한에서 일방적으로 철수를 끝내면 북한은 곧 남한을 공격할 것'이라는 우려를 표명하고, 남한의 방위력을 1년 내 충분히 강화하려면 미군이 일본에 보유 중인 화기와 소총을 지원하고, 훈련을 지도할 인원을 증파하여야 한다고 건의하였다. 한편 맥아더 장군은 UN의 결정이 있기까지 미군의 일방적 철수를 서두를 필요가 없을 것이라는 견해를 밝히고, 남한의 정규군을 육성하는 문제에 대해서는 미군의 훈련 요원과 장비가 매우 부족하고 한국인 장교의 훈련수준이 미흡하다는 이유를 들어 이를 반대하였다.[13]

미국은 한국에 대한 직접적인 군사개입을 되도록 줄이면서, 원조 확대의 방법으로 한국 정부를 발전시켜 공산화를 막으려는 봉쇄정책을 시도하고 있었다. 육군부는 주한미군에 1948년 8월 15일 철수를 시작하여 12월 15일에 종료하도록 준비태세를 갖추게 하였다. 하지만 국무부와 군정사령부는 조속한 철수에 대하여 반대의견을 제시하였다. 1948년 여름과 가을 동안 미국무부는 주한미군의 철수 연기를 강력히 제의하였다.[14]

1948년 6월 23일 국무 장관 마셜(Jorge C. Marshall)은 육군부 장관 로열

---

12   하지(John Reed Hodge) 중장은 주한미군 사령관 겸 미군정청 예하 군정 사령관(1945. 9. 8.~1947. 2. 5.)이었다. 군정 사령관으로서 임무 수행에 대한 평가가 엇갈리지만, 하지 장군은 한반도에 대해 무지했으며 한민족이 오랜 독립국으로 유지되어 온 사실에 대한 이해가 적었고, 신탁통치에 대해 반대하는 김구, 이승만, 임시정부 세력들과 갈등이 컸다. 한국 내의 불안정을 이유로 주한미군의 조기 철수를 반대하다가 교체되었다.

13   육군사관학교, 『한국전쟁사』 (서울, 1992), p. 192.

14   김계동, "미국의 대한반도 군사정책변화(1948-1950): 철수 · 불개입정책에서 한반도 참전으로의 결정 과정", p. 145.

에게 철수계획의 '유연성'을 재차 강조하였다. 하지만 로열은 철수의 연기보다는 한국 원조를 관리할 위원회를 구성함으로써 철수로부터 파생되리라 예상되는 '악영향'을 최소화하는 것이 바람직하다는 응답을 보냈고, 계획대로 철수는 12월에 완료가 될 것이라는 의지를 확고히 하였다. 육군부의 강력한 의지표명에도 불구하고 국무부 관리들은 미군이 한국으로부터 철수할 경우 한국은 위험에 빠질 것이며, 세계 여론으로부터 미국의 주도하에 유엔이 설립한 한국 정부를 포기하였다는 비난을 받을 것이라는 우려를 하게 되었다. 7월에 접어들어 국무부 차관인 로벳(Robert Lovett)은 또다시 로열에 편지를 보내 미군 철수를 한국에서 미국이 의도하는 목적이 이루어지는 성과에 따라 실시하도록 재고하기를 요청하였다.[15]

트루먼은 47년 7월에 웨드마이어(Albert C. Wedemeyer) 육군 중장을 중국과 한국에 정치, 경제, 치안, 군사적 상황을 확인하도록 보냈다. 웨드마이어가 제출한 결과 보고서(Wedemeyer Report)는 주한미군 철수를 결정하는 데 영향을 주었다. 보고서에서 웨드마이어는 북한군의 전력과 주북 소련군의 철수에 관해 다음과 같이 말했다.

"한반도 내 주둔하고 있는 미군과 소련군은 대략 5만 명보다 적은 숫자로 유사하다. 그러나 소련은 북한군 약 12만 5천 명을 장비를 갖추어 훈련시켰으며, 미군에 의해 일본군 소화기로 장비된 5만 6천 명의 남한 병력에 비하면 월등하였다. 북한군은 남한의 잠재적 위협이 되고 있으며, 향후 소련군이 철수할 가능성이 크고, 이는 주한미군의 철수를 강요하게 될 것이다. 북한군은 소련군의 존재 없이도 소련의 목표를 수행할

---

15 김계동, "미국의 대한반도 군사정책변화(1948-1950): 철수 · 불개입정책에서 한반도 참전으로의 결정 과정", p. 146; *FRUS*, 1947, The Far East Vol. VI, 1947. pp. 1224-1226.

만큼 강하다."[16]

그동안 주한미군의 철수 문제에 있어서 논의되던 방안으로 ①한국에서의 즉각 미군 철수, ②불확실한 주둔 계속, ③소련군과 동시 철수 및 남한경비대 창설 등 세 가지가 있었다. 그 가운데 마지막인 '주한미군 철수로 인한 악영향을 극소화하면서 가능한 한 빨리 한국을 떠날 수 있도록 한국 문제 해결에 모든 노력을 기울여야 한다'는 것으로 결정하기에 이르렀다.[17]

국무부는 새롭게 출범한 한국 정부가 자체 방호력을 완전히 가질 때까지 기다려야 하고, 유엔한국임시위원회(UNTCOK)[18]와 상의하여 새로운 정보 수집과 미국 간의 필요한 준비를 한 후에 철수할 것을 주장하였다. 점령군 사령관 하지 중장도 철수를 며칠 앞당기므로 지난 3년간의 노력을 공산 세력에 넘겨줄 수 있다고 주장하며, 철수 연기를 주장하였다. 조기 철수에 강한 불만을 표명하던 하지는 면직되고 쿨터(John Coulter) 장군이 직을 이어받았으나 한미 간의 주요 업무는 주한 미 대사인 무초가 맡아 보게 되었다. 새로 수립된 한국 정부 역시 미군이 최소 3년은 한국에 더 머물러 주기를 바랐지만, 미국으로서는 받아들이기 어려웠고, 철수를 서두르게 하는 역효과만

---

16 *Hearings before the Senate Committee on Armed Services and Committee on Foreign Relations*, June 6, 1951. 관련 한글 참고문헌은 이종학의 『웨드마이어 회고록과 논평』(충남대학교출판문화원, 2014)이 있다.

17 양영조, "한국전쟁 이전 미국의 한반도 군사정책, 포기인가, 고수인가", p. 55; *FRUS 1947*, Vol VI. pp. 796-803. 재인용.

18 유엔한국임시위원단(UNTCOK, United Nations Temporary Commission of Korea)은 1947년 11월 14일 제2차 유엔총회에서 한국 문제 해결을 위해 설치된 단체이며, 위원단은 1948년 12월 제3차 총회에서 유엔한국위원회(UNCOK, United Nations Commission of Korea)로 개칭되었다가, 1950년 10월 7일 제5차 총회의 결의로 설치된 유엔한국통일부흥위원회(UNCURK, United Nations Commission for the Unification and Rehabilitation of Korea)로 흡수되었다.

내었다. 결국, 육군부는 한국 정부가 8월 15일 수립된다는 정보에 따라 30일 후인 9월 15일에 주한미군 철수를 결정하였다. 소련 정부도 소련군 철수를 10월 중순에 시작하여 12월 말에 완료하겠다고 성명을 발표하였다. 소련은 미군도 이 기간 내에 철수할 것을 요구하였고, 독일에서도 동시에 철수하자고 주장하기에 이르렀다.[19]

1947년 8월 4일 3부정책조정위원회 예하 한국특별위원회(Ad Hoc on Korea)는 '주한미군의 완전 철수는 국내적 혼란을 가중하고 소련에 의한 한반도 장악을 초래할 것이며, 이는 미국의 권위와 범세계적인 정치적 목표를 훼손하게 될 것이다'[20]라고 우려하는 보고서를 제출한 바가 있었다. 즉 소련과의 전면전 상황이 아니더라도 대한민국 내부 불안정에 의한 붕괴 가능성을 우려하였다. 전략적 가치에 대한 일치된 인식을 통해 4부정책조정위원회[21]는 주한미군의 철수를 1948년 4월 8일에 트루먼 대통령으로부터 승인을 득하여 결정하였다.

미국 합동참모본부의 대소전쟁계획과 극동군사령부의 대소작전계획[22]에

---

19 김계동, "미국의 대한반도 군사정책변화(1948-1950): 철수 · 불개입정책에서 한반도 참전으로의 결정 과정", pp. 149-150.

20 *FRUS*, 1947, Vol. VI, p. 738.

21 미 국무부, 전쟁부, 해군부 대표로 구성된 3부정책조정위원회 예하 한국특별위원회(Ad Hoc on Korea)가 주한미군 철수 문제를 다루었으며, 1947년 국가안전보장법에 의거 공군부가 설치됨에 따라 기존의 3부정책조정위원회는 국무부 · 전쟁부 · 공군부 · 해군부의 4부정책조정위원회가 되었다.

22 미 합참은 1946년 여름 암호명 핀처(PINCHER)라는 대소전쟁계획을 수립하여 소련이 세계전쟁을 일으키면, 20개 도시에 50개의 핵무기로 소련의 산업시설을 파괴하기로 계획하였다. 이후 문라이즈(MOONRISE) 계획에서 소련은 20일 이내 한반도를 점령할 것이며, 열세한 병력의 한반도 배치는 일본 방위를 위험하게 하므로 주한미군을 일본으로 철수시킨다고 명시하였다. 극동군사령부가 1948년 3월 말에 계획한 건파우더(GUNPOWDER) 계획은 문라이즈 계획을 그대로 반영하였고, 이후 작성된 오프태클(OFFTACKLE) 계획에는 미 · 소 간 전면전 발생 시 수세적 입장에서 일본-오키나와-대만-필리핀 선을 확보하면서도 미국이 아시아 대륙으로 총반격할 때 한반도는 우회하는 것으로 명시하였다.

서도 공통으로 한반도에 대한 지상군 배치의 필요성은 낮을 뿐 아니라 대소 전면전 상황에서 일본 방위를 위험하게 할 수 있다고 판단했으며, 극동방위 선에서 전략공군을 이용한 작전으로 일본 방위가 가능하고, 반격작전 시에도 한반도를 우회하여 공격할 것이며, 전략공군·핵무기로 적 기지를 무력화하면 지상군 작전비용에 비해 적게 들 것이라는 공통된 인식을 하고 있었다.

미국이 한국 문제를 유엔으로 넘기며 상대적 무관심으로 전환하게 되자, 남한 정부 수립(1948. 8. 15.)은 일사천리로 진행되게 되었다. 남한이 유엔 감시 아래 자유 총선거로 정부를 수립하자 기다렸다는 듯이 북한이 정부를 수립하였다(1948. 9. 9.). 주한미군의 철수도 1948년 9월 15일부로 개시되어 급진전하고 있었다. 북한에 주둔했던 소련군도 철수를 개시하여 12월에 철수를 완료하였다.

하지만 미군 철수가 조급했고 섣불렀다는 신호가 곳곳에서 나오고 있었다. 군사적 철수를 경제적 지원으로 한국 정부를 뒷받침하겠다는 주장과는 달리 원조 결정은 1950년 2월에 결정되었으나 금액은 줄었고, 전쟁 발발 전에 집행을 시작하지도 못하였다. 결국, 주한미군의 완전한 철수 이후에도 경제 부흥을 통한 대북 억지력을 갖추지 못하는 힘의 공백 상황이었다. 또한, 남한 내부의 불안정 때문에 철수 완료 시기가 한 차례 연기되었다. 정부 수립 전후에 제주도 4·3사건, 대구폭동사건, 그리고 10월 19일부터 10월 27일까지 여수에서 주둔 중인 제14연대 2,000여 명이 무장반란을 일으켜 제주 폭동 진압 투입을 거부하는 등 소요사건이 끊이지 않았다. 전국적으로 게릴라들이 출몰하여 치안이 불안정한 상태에 놓였으며, 국토의 1/4 지역에 계엄령이 선포되었다. 이에 한국 정부와 국회는 미국 정부에 숙군작업이 끝나고 내부적 안정을 회복할 때까지 미군 철수를 연기하도록 요청하였다. 주한 미 대사 무초도 한국 안정을 위해 철군 연기가 불가피하다고 보고하였다.

미국 국무부는 한국 상황을 고려하여 주한미군의 철수 완료 시한을 연기해 줄 것을 육군부에 정식으로 요청했고, 합동참모본부도 맥아더에게 철수 완료 시기에 대한 의견을 구하였다.

맥아더는 "미국은 한국군이 공산주의자들이 도발하는 국내 소요와 전면적인 침략에 대처할 정도의 수준까지 장비와 훈련 면에서 아직 능력을 갖추지 못했다"라고 평가하고, "한국에 있는 잔류미군을 1949년 5월 10일까지 완전히 철수할 것"을 합동참모본부에 연기 건의하였다.[23] 이러한 과정을 거치면서 주한미군의 철수는 국무부의 요청에 따라 1948년 12월 31일에서 1949년 5월 30일로 연기되었다.[24]

한국 정부는 바람대로 내부적인 안정을 찾을 때까지 철수 시기를 연기하지는 못했다. 12월 12일 UN 총회는 미국이 주도 아래 이루어진 결의를 통하여, 주한 외국군이 가급적 조기에 한국에서 철수할 것을 요구하였다. 미 합참은 맥아더에게 훈령을 하달하여 주한미군을 조기에 철수하되 7,500명 규모의 1개 전투부대만을 잔류시키도록 하였다. 이에 1949년 1월 15일 미 제24군단 주력은 일본으로 철수를 끝내고, 미 제32연대, 제48포병대대, 1개 공병중대 및 기계화된 제7기갑정찰대로서 편성된 제5전투단만을 남한에 남아 있게 하였다.[25]

따라서 미국은 NSC-8을 수정하지 않을 수 없었다. 1948년 12월로 예정되었던 철군 시기를 이듬해 5월 30일까지 연기한다고 NSC-8/2(한국에 관한 미국의 기본 입장)로 수정하였다. 그리고 경제 및 군사 원조, 정치적 지원

---

23 Robert Sawyer, *Military Advisors in Korea: KMAG in Peace and War* (Washington, D.C.: Office of the Chief Military History Department the Army, 1962), p. 37.

24 NSC-8/2, *FRUS*, 1949, Vol. Ⅶ, pp. 969-978.

25 육군사관학교, 『한국전쟁사』, p. 199.

뿐만이 아니라 내부 안정과 국경 수비를 위해 6만 5천 명의 한국군에 대한 군사 원조를 제공하는 것, 그리고 미 군사고문단을 설치하는 것 등을 규정하였다.[26] 하지만, 전면적 무력침공에 대비한 군사력 증강까지 의미하는 것은 아니었다. 그저 치안 유지에 필요한 수준이었다. 이에 미 육군은 이를 수정하는 보고서를 내놓았다. 주요 내용은 다음과 같았다.

"① 한국에 있는 미군인의 비상후송계획을 시행하는 것
② 남침을 전체 평화에 대한 위협으로써 고려하도록 유엔 안보리에 제출하는 것
③ 유엔군의 경찰 활동과 제재로 38선 국경을 회복하고 법과 질서를 회복하는 것
④ 한국 정부의 요청에 따라 연합특수임무 부대를 구성하여 해결하는 것
⑤ 트루먼 독트린을 연장하여 한반도에 적용하는 것"[27]

하지만 미 합참의 반대로 인해 미 육군의 보고서는 기각되었고, NSC-8/2는 개정되지 않았다. 이승만 대통령의 군사적 행동 가능성을 염려하고 있었기 때문에 한국군의 과도한 증강은 수용되지 않았다. 미국은 주한미군 철수 이후에 한국의 경제적 · 정치적 안정을 위해 필수적인 경제적 · 기술적 · 군사적, 기타 지원을 계속할 것이라고 수사적인 표현만 거듭할 뿐이었다. 미 제5전투단이 5월 28일부터 6월 29일 사이에 4단계로 나뉘어 인천에서 출발하여 하와이로 이동함으로써 주한미군의 철수는 모두 완료되었다.

미군 철수로 국군의 지휘권을 단계적으로 이양하는 과정에서 행정적 관

---

26 양영조, "한국전쟁 이전 미국의 한반도 군사정책, 포기인가, 고수인가", p. 57.
27 양영조, "한국전쟁 이전 미국의 한반도 군사정책, 포기인가, 고수인가", p. 59.

할 임무를 수행하던 로버츠 준장이 이끌던 임시군사고문단(PMAG)은 7월 1일부로 주한 미군사고문단(KMAG)으로 개칭되어 주한 미 대사 무초의 지휘 아래 편입되었다. 소련과 육지로 연결된 북한에 비해 바다 건너 미국의 지원을 받아야 하는 남한은 전력 공백의 위기감이 훨씬 컸다. 소련의 팽창에 맞서 38선을 봉쇄선으로 지켜내야 할 미국이 아무런 보장 조치도 하지 않은 채 군사고문단만 남기고 철수를 한 상황이었다.

미국은 해양국가로서 전시가 아닌 상황에서 직접적인 위협으로부터 자신을 분리하고자 하는 심리가 작동하였다. 미군은 자국의 영토 위에서 직접적인 위협으로 자국을 방위해야 하는 대륙국가의 군대와는 처지가 달랐다. 제국주의를 뒤이은 전체주의로부터 자유민주주의 가치를 수호하기 위해 공간적 이격이 필요했다. 고립으로의 회귀까지는 아니더라도 다자적 개입이라는 느슨해진 책임감과 군사력 운용의 유연성으로 인해 주한미군을 철수할 수 있었다.

또한, 미국은 소련의 직접적인 영향력 아래 지극히 상대적으로 열세한 주한미군을 한반도에 배치하여 공산세력과 직접적인 접촉상태에 놓이는 것을 원하지 않았다. 제2차 세계대전 종전과 더불어 미군은 병력의 감축과 해외 주둔 지역으로부터 본토 지역으로 복귀하는 상황이었다. 미국은 5만여 명의 주한미군이 인계철선이 되어 한반도에서 벌어질 전쟁에 선택의 여지도 없이, 자신의 의지와 무관하게 말려들고 싶지 않았다. 외부위협에 대해 선택적 접근이 가능한 상태에 있기를 바랐다. 미국은 자국의 방위에 직접적인 위협이 아닌 외부위협이었기에 가능한 것이었으며, 해양국가로서 갖게 되는 유리한 점이자 미국 전략문화의 특징이었다.

나. 남북한 군사적 불균형을 초래한 위협 면제 심리

미국의 주한미군 철수와 소극적인 대한 원조 정책이 겹쳐져 있던 사이 북한은 소련과 중국의 적극적인 지원 속에 군사력을 확충하였다. 먼저 북한군 육군의 경우, 소련군이 1948년 말까지 철수하면서 전차 242대를 비롯한 중화기를 대거 북한군에게 인계하였을 뿐만 아니라, 1개 사단별로 150명 규모의 소련군사사절단을 남겨 훈련을 지원하였다.[28] 또한, 중공군과 소련군에 흩어져 있던 조선인 출신 군인들이 대거 입북하여 그대로 북한군 제5, 6, 7사단으로 조직되었고, 제1, 4사단 예하에는 1개 연대씩 중공군 출신으로 편성되었다.

공군의 경우 고성능전투기인 YAK기 9대를 비롯하여 220대에 달하는 항공기를 인수하여 항공사단을 편성했다. 반면, 남한은 연락기 10여 대를 받았고, 항공기 지원요청에 대한 긍정적 결과를 기대하기 어렵게 되자 성금을 모아 캐나다산 T-6 훈련기 10대를 사들여 온 게 전부였다. 해군의 경우에는 북한군도 경비정 30대를 지원받았을 뿐 해군의 면모를 갖추지 못하였다. 개전 당시 남·북한군 간의 구체적인 전력 비교는 다음 표와 같다.

---

28 소련은 1950년 5월부터 53년 8월까지 군사고문단도 지원하였으며, 단장인 라주바예프(Владимир Николаевич Разуваев)가 이끄는 246명으로 구성되었다. 소련군의 참전 사실을 감추기 위해 군사고문단이 북한군의 선봉부대, 야전참모부에 참가하는 것을 통제하였고, 38도선 이남 지역으로 내려가는 것도 통제하였다. 이 사실은 2000년도 전후에 '라주바예프 보고서'가 한국 측에 전달되면서 관련 사실이 명확히 확인되었다. 국방부 군사편찬연구소, 『라주바예프의 6·25전쟁 보고서(제1권)』(서울: 국방부, 2001), pp. 12-15.

<표 5-1> 개전 당시 남북한 전력 비교

구분		남한	북한
육군	병력	경장비사단: 8 (21개 연대) 독립연대: 1 기타 지원부대 등 계 94,974명	중장비사단: 7, 예비사단: 3 (총 30개 연대) 전차여단: 1 기타 기계화보병연대, 38경비대, 특수부대 등 계 182,680명
	궤도 차량	장갑차: 27	T-34 전차: 242 장갑차: 54 SU-76 자주포: 176
	곡사포	105mm M3: 91 (3문은 사용 불가)	122mm: 172 76mm: 380
	박격포	81mm: 384 60mm: 576	120mm: 226 82mm: 1,142 61mm: 360
	대전차 화기	57mm 대전차포: 140 2.36 로켓포: 1,900 (적 전차 파괴 불가능)	45mm: 550
	고사 화기	.	85mm: 12 37mm: 24 14.5mm 고사기관총: 다수
해군	병력	7,715명	4,700명
	함정	경비정: 28	경비정: 30 해안포: 다수
공군	병력	1,897명	2,000명
	항공기	L-4: 8, L-5: 4, T-6: 10 계: 22대	YAK-9, IL-10, IL-2 기타 계: 210대
해병대		1,166명	9,000명
병력 총계		105,752명	198,380명

*출처: 육군사관학교,『한국전쟁사』(서울, 1992), p. 212.

　　훈련수준도 남·북한군의 차이가 극명했다. 북한군은 중공군 출신의 전
쟁 경험이 많은 고참병과 군관을 대거 편성하였고, 군사사절단 지도로 보전

포 협동훈련, 대부대 합동훈련까지 숙달하였다. 반면 남한군은 '50년 3월까지 계획되었던 분대훈련으로부터 대대훈련을 마무리하지 못해 5월까지 연장하였으나 일부 부대만이 마칠 수 있었다. 대부분 38도선 일대의 광정면에 대한 경비와 후방 공비토벌 작전에 투입되어 제대로 된 훈련을 마칠 수 없었으며, 훈련 시한을 7월까지로 변경하였지만, 마무리하지 못하고 한국전쟁을 맞이하게 되었다. 이렇듯 남·북한 간에 군사력 불균형은 극심하였으며, 제대로 된 군사력 건설을 시작도 하지 못한 상태에서 남침을 맞게 되었다. 소련군보다 미군의 지원이 상대적으로 부족했던 것은 소극적인 대한군사전략과 정책에서 그 원인을 찾을 수밖에 없다.

주한미군의 철수는 군사적 불균형의 시작이었다. 철수로 인한 안보 공백이 군사 및 경제 원조나 유사시 한반도 개입 공약, 강력한 핵 사용 정책 등으로 뒷받침되지 않았기 때문이다. 1948년 12월, 소련군의 철수 완료로 더는 주둔을 지속할 명분을 유지하기는 힘들었다고 하겠지만, 주북 소련군의 철수가 거론되기 이전부터 대한민국 정부 수립과 연계하여 주한미군의 철수를 논의하기 시작했다는 점에서 되짚어볼 필요가 있다.

제2차 세계대전이 종료된 시점에서 해외에 흩어졌던 미군들은 급격한 감군 상황 속에서 독일, 오스트리아, 일본, 필리핀, 한국 등의 점령지역에 대한 책임을 다하는 데 있어서 어려움을 겪고 있었다. 동원 해제되는 병력의 수가 징집병의 수보다 많았으며, 1,200만 명이 158만 명으로 90% 가까이 줄어드는 상황에서 핵심 가치 지역이 아닌 대한민국에서 철수가 고려되는 것은 미국의 군사적 상황에서 당연했다. 전후 독일과 일본에서는 지역적 봉기나 점령지역 인구 통제, 외부의 침공 위협 억제 등에서 비교적 도전이 없는 지역이었다. 한국은 이념적 갈등이 심했고 봉건제도를 대체할 새로운 이념체계가 완전히 자리 잡지 않았고, 소련의 지배하에 놓인 북한의 급격한 무장화로 무력충돌이 점쳐지고 있었으며, 미국 행정부도 이를 인지하고 있었음이 확인된다. 그런데도 주한미군 철수라는 정책 선호에는 해양국가라는 지리적 환경에서 찾을 수 있다.

미국이 제2차 세계대전 이후 외부위협과 직접 맞닿아 있는 상태에서 자국의 안보를 위해 군사력을 운용해야 하는 대륙 국가이었다면 국경선상에 배치된 현 방위거점에서 물러서지 않았을 것이다. 섬나라와도 같은 해양국가인 미국은 본토 방위가 아닌 본토 이외 지역의 외부위협에 개입하기 위해 전력을 투사할 수 있는 지리적 환경이었기에, 외부위협에 대한 직접적인 연결을 단절하여 선택적 접근을 할 수 있는 태세로 전환하고자 하였다. 외부위협에 대한 면제 심리라는 해양국가적 특징이 미국의 정책적 · 전략적 선택의 가장 근원에 자리 잡고 있었다.

다. 완충지대 형성으로 선택적 접근 여건 조성

미 국무부가 마련한 봉쇄정책은 소련 주변부에 소련의 위협 및 침략에 대비한 봉쇄선을 설정하여 소련이 이 선 밖으로 침범하지 못하도록 하는 것이었다. 제2차 세계대전 이후 일본군의 무장해제를 위해 미 · 소 간에 설정된 한반도의 38도선은 미국의 봉쇄정책 관점에서 보면 소련의 침략을 저지하고 막아내야 할 대소 봉쇄선이었다.[29] 대소봉쇄정책을 위한 봉쇄선과는 달리 미국은 군사전략적 측면에서 극동 방위의 중점은 일본 방위에 있었고 일본 열도와 미국의 식민지였던 필리핀을 연결하여 군사적인 병력배치선, 방어선 개념으로 극동방위선을 설정하였다.

1950년 1월 10일, 미국 상원 외교위원회의 비밀회담에 참석한 애치슨은

---

29   남정옥, "미국의 국가안보체제 개편과 한국전쟁시 전쟁정책과 지도", p. 47.

미국의 극동방위선이 타이완의 동쪽, 즉 일본 오키나와와 필리핀을 연결하는 선이라고 말하였다. 이틀 후 외교위원장 코널리(Thomas Terry Connally)는 이를 대외에 발표하였다.[30] 그리고 애치슨은 1월 12일 워싱턴 내셔널프레스 클럽에서 열린 전미신문기자협회에 참석하여 '아시아의 위기'라는 제목으로 연설하면서, 스탈린과 마오쩌둥의 영토적 야심을 저지하기 위한 미국의 동북아시아 방위선을 재확인하는 발언을 하였다. 애치슨의 연설은 미국이 아시아 정책에 대한 일관성이 부족하다는 언론의 비판에 대응할 의도로 한 것이었다. 그는 미국의 이익이 아시아인의 자유에 대한 열망에 있음을 밝히면서 연설 대부분 내용에서 미국의 군사적 개입 약속을 명백히 밝히었다. 그는 미국이 알류샨(Aleutians)으로부터 일본-류큐스(Ryukyus)-필리핀을 잇는 방위선(Defense Perimeter)에서 전투를 수행할 것임을 확인하였다. 좀 길지만, 애치슨 연설의 중요 부분을 전부 인용한다.

"첫째, 일본의 패배 이후 미군의 군축에도 불구하고 미국과 태평양 지역 전체, 그리고 일본의 안보를 위해 일본의 군사적 방위의 필요성이 미국에 부여되었다. 일본에는 미군과 호주군이 있다. 나는 호주군을 대변할 입장은 아니지만, 일본의 방어를 포기하거나 약화할 의도는 전혀 없으며, 영구적인 안정을 통해서 또는 그 밖의 방법으로 어떤 합의가 이루어지더라도 그 방어는 유지되어야 한다고 확신한다.
이 방어선은 알류샨 열도를 따라 일본까지 뻗어 있다가 류큐스로 이어진다. 우리는 류큐 열도에서 중요한 방어 위치를 차지하고 있고, 앞으로도 계속 그 위치를 유지할 것이다. 류큐 제도 주민들의 이익을 위해, 우

---

30 "美의 대극동방위선은…", 『경향신문』, 1950년 1월 12일, p. 1.

리는 적절한 시기에 이 섬들을 유엔의 신탁 통치하에 두도록 제안할 것이다. 그러나 그들은 태평양방어선의 필수적인 부분이며, 반드시 지켜져야 하며 앞으로도 지켜질 것이다.

방어선은 류큐스에서 필리핀 군도까지 이어진다. 필리핀과의 방위 관계는 우리 사이의 합의에 포함되어 있다. 그 합의들은 충실히 이행되고 있고 충실히 이행될 것이다. 양국 국민은 우리의 상호 방위 요건 사이의 중요한 연결고리를 뼈아픈 경험을 통해 배웠다. 우리는 그것에 대해 의심의 여지가 없으며, 필리핀에 대한 공격을 미국이 용납할 수 없고 또 용납하지 않을 것은 두말할 필요가 없다. 그러나 나는 그 누구도 그러한 공격이 임박했음을 인식하지 못했다는 것을 서둘러 덧붙인다.

다른 태평양 지역의 군사 안보에 관한 한, 누구도 이 지역들을 군사적 공격으로부터 보장할 수 없다는 것은 분명해야 한다. 그러나 그러한 보장은 실제 관계의 영역 내에서 거의 합리적이거나 필요 없다는 것도 분명히 해야 한다. 만약 그러한 공격이 일어난다면(어디서 그런 무력공격이 발생할 수 있는지 말하기가 망설여집니다.) 처음에는 그것에 저항하기 위해 공격받은 국가 스스로에 의존하여 저항하여야 하고, 그러고 서 유엔헌장에 따라 문명세계 전체의 약속에 의존해야 한다. 외부의 침략으로부터 그들의 독립을 보호하기 위해 외부에 의지하기로 하는 것은 약한 갈대와 같다. 그러나 나는 태평양과 극동 문제를 고려할 때 군사적 고려에 집착하는 것은 실수라고 생각한다. 중요한 일이지만, 압박하는 다른 문제들이 있고, 이러한 다른 문제들은 군사적 수단을 통해 해결할 수 없다. 이러한 다른 문제들은 많은 지역과 태평양 지역의 많은 나라가 전복과 침투에 민감하기에 발생한다. 그것은 군사적 수단만으로는 막을 수 없다."[31] (강조 부분은 연구자)

31　Department of State Bulletin, XXII, No. 551 (January 23, 1950), pp. 111-118.

그러나 애치슨의 연설문은 일본과 필리핀을 제외한 동아시아의 다른 지역 방위에 대해서는 모호한 면이 있었다. 애치슨은 방위선 외부지역에서 침략행위가 발생하면 전쟁 초기에는 공격을 받은 국가가 자신의 힘에 의존하여 침략행위에 대응해야 하며, 이후에 전 세계의 문명국가들이 유엔헌장 아래 약속을 지키기 위해서 단결할 것이라고 언급하였다. 이 연설문에서는 방위선 외부지역을 대상으로 한 군사적 지원에 대한 확고한 태도를 엿볼 수 없었다. 또한, 아시아의 많은 국가가 외부로부터의 군사적 도발보다는 전복이나 침투에 의한 위험 초래 가능성이 더 크고, 미국은 군사적 수단으로 해결될 수 없는 내부 불안정 상황에 더 주목하고 있다고 강조하고 있다.

방어선 바깥에 놓인 한반도는 공산세력과 자유민주주의 세력의 완충공간으로 남게 되었고, 한반도에서 전쟁이 발발하더라도 신속한 미군의 지원이나 개입은 없을 것이라는 추론을 공산세력이 하게 만들었다. 방어선 전방으로 병력을 내보내는 일은 전술적인 상황과 비유하자면 준비된 병력 배치선과 진지를 벗어나 직접조준 사격의 위험 속으로 달려나가는 것과 같다. 그래서 중국은 일본에 주둔한 미군이 한반도로 즉각적인 투입을 해내기는 어렵다는 판단을 한 것이다. 반면 일본군이 개입하리라고 판단했던 데에는 일제 강점기의 역사적 경험이 가져다준 결과라고 생각되나 합리적 근거는 확인된 바가 없다.

"1950년 5월 김일성의 북경 방문 동안 마오쩌둥은 그와의 대화에서 미국은 '한국과 같은 작은 땅덩어리를 위해서' 전쟁에 개입하지 않을 것이라 강조했고, 또한 중국 정부는 일본이 한반도에서 군사적 행동을 강행할 경우 북한에 군사적 지원을 해 주기 위해서 Mukden(瀋陽) 지역에 1개 군을 이동, 배치할 것이라고 약속했다. 중국의 지도자들은 미군이 전쟁에 개입하지 않을 것이고 따라서 대규모의 군대를 파견해서 북한을 돕게 되는 상황은 없을 것이라는 계산에 기초하고 있었다."[32]

미 의회 하원 외교위원장 코널리는 약 4개월 후인 5월 5일 자 시사주간 지(U.S. News and World Report)에 실린 '세계정책과 초당 외교'라는 제목의 회견에서 애치슨의 견해에 동감을 표시하고, 한국은 전략적 중요성을 지닌 지역이 아니므로 미국이 한국을 포기하는 것을 신중하게 생각하지 않는다고 밝혔다.[33] 모겐소(Hans J. Morgenthau) 시카고 대학교수도 소련의 팽창에 대항하는 방법으로 미국의 자원과 능력에 맞춰 지역별로 다른 접근법을 보이는 것은 타당하며, 이 연설이 애치슨의 '역사적 업적'이라고까지 했다. 이처럼 미국 내부에서는 애치슨 라인이 현실적인 접근이라는 입장에 동의하는 눈치였다. 즉 미국 내부에서는 남한의 전략적 가치에 대한 공유된 인식이 있었고, 애치슨 라인의 설정이 제2차 세계대전 이후 미국의 세계전략에서 가용 자원의 효율적인 배분 결과라는 공감이 있었다.

하지만 약 5개월이 지나 한국전쟁이 발발하자, 야당인 공화당 의원들은 애치슨의 연설이 전쟁을 발발하게 하는 도화선이 되었다며 맹비난을 쏟아내었다. 초당적으로 논의되어야 할 정책이었다며 의회를 무시한 결정이라고 애치슨의 해임을 주장하기도 하였다. 중국의 상실에 이은 한국전쟁의 발발

---

32 데이빗 쑤이,『중국의 6 · 25전쟁 참전』, p. 77; Kim Il-Sung 著, Zheng Wanxing and Yu Dalian 譯, 『김일성 회고록-세기와 더불어』 (Beijing: Zhongguo Shehui Kexue Chubanshe, 1995), Vol. III-IV, p. 76, 373. 재인용.

33 남시욱, "딘 애치슨과 미국의 한반도 정책: 한국전쟁 시기를 중심으로", p. 123; "World Policy and Bipartisanship", U.S. News and World Report, 1950. 5. 5.; Memorandum by the Assistant Secretary of State for Far Eastern Affairs(Rusk) to the Under Secretary of State(Webb), 1950. 5. 2., FRUS, 1950, VII, Korea, pp. 64-66. 재인용.

은 트루먼 민주당 정부의 실책으로 주목받았고, 2년 후에 대통령 선거의 최대 쟁점이 되었다. 1952년 아이젠하워 공화당 후보가 선거유세에서 "애치슨이 극동방위선에서 한국과 같은 아시아 대륙을 제외하여 공산군의 침략을 불러들였다"[34]고 비난했다.

극동방위선은 미국이 소련과의 전면전시 극동에서 소련의 공격을 막아내는 최후 방어선의 개념으로 제시된 것이었다. 봉쇄정책에 나타난 봉쇄선인 38도선과 미 합참의 전쟁 계획상에 나타난 극동방위선에는 명확한 차이가 있었음을 알 수 있다. 한반도의 38도선은 미국의 봉쇄정책의 관점에서 보면 소련의 침략을 저지하고 막아내야 할 대소 봉쇄선이었다. 이처럼 소련의 팽창에 맞서 봉쇄하려는 의지에 비해 작전계획상에 나타난 군사능력에는 간격이 있었다. 정책목표와 군사자원의 부조화는 극동방위선의 설정을 통한 아시아 방위에서 여실히 드러났다.

1950년 1월 12일 워싱턴의 내셔널프레스클럽에서 애치슨이 행한 연설이 당장 논란을 불러일으키지 않은 것은 한국 문제가 연설의 초점이 아니었기 때문이었다. 한국 정부는 언론 보도를 통해 처음 접했을 때는 방위선에서 한국이 제외되었다는 사실을 바로 알지 못하였다. 연설 하루 전날에 장면 대사가 미국의 경제 원조와 군사 원조를 통한 무장계획 등의 논의과정에서 새로운 아시아 정책을 펴고 있다는 보고가 있었기 때문이었다. 또한, 뉴욕타임스는 처음에 한국이 태평양방어선 안에 포함되었다는 오보를 내었다.[35] 지리적 이해가 부족한 데서 비롯한 해프닝이었다. 그런데 우습게도 이승만은 연설이 있은 지 이틀 후인 1월 14일에 애치슨에게 반공 투쟁에 총력을 기울이고

---

34   "Eisenhower Scores Acheson 'Mistake'", *New York Times*, 1952. 9. 23.

35   "Four Areas Listed…", *New York Times*, 1950. 1. 13.

있는 한국 국민을 고무시키는 데 큰 도움이 되었다는 전문을 보냈다. 그러나 곧 진상을 파악한 이승만은 장면 대사에게 애치슨을 만나라고 훈령을 내렸고, 장면은 애치슨 면담을 신청했지만 거부당했고 차관보 대행인 버터워드(William W. Butterworth)를 만났다. 장면은 한국원조법안이 부결된 사실과 애치슨의 연설에 대한 한국의 심각한 우려는 전달하였다. 이에 버터워드는 동의하지 않는다고 밝히며, 미국은 유엔의 다른 회원국과 더불어 대한민국의 입장을 지지하기 때문에 방위선을 어떻게 긋더라도 그것을 초월한다고 답변했다. 이해가 안 간 장면은 자신이 밖에서 기다리고 있는 기자들에게 의회의 법안 부결에 대해서는 국무부가 무엇인가 조처할 것이라고 말해도 괜찮겠냐고 버터워드에게 물었으나 그는 그것은 안 된다고 거부했다.[36]

3월 8일 이승만은 미국인 고문인 올리버(Robert T. Oliver)에게 한국의 군사력의 미약함을 설명하며 "미국 국무부는 미국의 방위선에 대한 해석을 수정하여 대한민국을 포함해야 한다"[37]고 주장했다. 4월 3일 장면은 러스크(Dean Rusk) 신임 극동담당 차관보에게 미국의 태평양방위선에 한국을 포함해주도록 요청했지만 거절당했다. 러스크는 이른바 방위선은 실제로는 일본 점령군의 책임과 과거 미국 영토였던 필리핀에 대한 미국의 특별한 이익이 관련된 서태평양상의 한 구역을 열거한 데 지나지 않으며, 미국의 한국 포기설은 미국의 한국에 대한 물질적 원조와 정치적 지원에 비추어 성립할 수 없는 주장이라고 답변했다.[38]

---

36   Memorandum of Conversation by John Z. Williams of the Office of Northeast Asian Affairs, 1950. 1. 20., *FRUS*, 1950, VII, Korea, pp. 11-14.

37   Robert Oliver, *Syngman Rhee: The Man behind the Myth* (New York: Dodd Mead & Co., 1960), pp. 298-299.

38   남시욱, "딘 애치슨과 미국의 한반도 정책: 한국전쟁 시기를 중심으로", p. 125; Memorandum of Conversation by the Officer in Charge of Korean Affairs(Bond), 1950. 4. 3., *FRUS*, 1950, Vol. VII,

애치슨은 1월 12일에 있었던 자신의 연설에 대해 줄곧 침묵을 지키고 있다가 5월 3일에야 기자들과 만난 자리에서 한국의 중요성을 계속 강조하고 있다고 환기하는 선에서 그의 프레스클럽 발언을 해명했다. 경제지원과 군사원조를 증가해 왔으며, 현재도 공여하고 있다고 주장했다. 4개월 만에 공개된 애치슨의 언급은 한국을 방위선에 다시 넣겠다고 말하거나 방위선이 갖는 의미에 대해 재정의하려 들지 않았으며 한국의 중요성에 대한 원론적인 언급만을 하였다. 그때까지 진행되고 있는 국내외의 한국 방어에 대한 미국의 의지와 능력에 대한 논쟁에 대해 아무런 변화를 가져다주지 못했고, 소극적 태도에 대해 공산 진영의 오판도 잠재우지 못했다.

애치슨은 나중에 그의 회고록에서 당시 연설 가운데 태평양방어선에 관한 한 전혀 새로운 내용이 없었다고 해명했다. 사실상 극동지역 주둔 미군의 임무를 알류샨 열도-일본-류큐 열도(오키나와)-필리핀을 잇는 도서방어선으로 한다는 전략은 이미 IV-1-1)-(1) '합참의 비상 전쟁계획과 한국' 항에서 설명한 합동참모본부(JCS)의 전문가그룹이 마련한 핀처(PINCHER) 작전계획상 공식 전쟁계획 개념에도 명시되어 있는 바이다. 또한, 같은 항목에서 살펴본 오프태클(OFFTACKLE) 계획에도 같은 내용이 있다.[39]

당시 미국의 능력과 전략환경 평가 관점에서 선택한 자산 배분과 운영 계획이었다고 볼 수 있다. 하지만 애치슨 연설의 극동방위선에 대한 공표는 잘못된 시기와 장소에서 이뤄졌고, 공개하지 않아도 될 전략적 의도를 너무도 명확히 전달하려 했다는 면에서 전략적 실수라고 말하지 않을 수 없었다. 주한미군의 완전한 철수, 경제 원조 법안의 부결, 중국의 상실에 이은 의회의

Korea, pp. 40-43. 재인용.

39   남시욱, "딘 애치슨과 미국의 한반도 정책: 한국전쟁 시기를 중심으로", pp. 126-127.

대립 등이 연속되던 시기였기에 구체적인 애치슨 라인의 공표는 한국에는 불운이었다.

애치슨이 공표한 방위선의 구체적인 위치는 자신의 자서전에서 밝힌 바 대로 합참이 작성한 핀처(PINCHER) 작전계획에도 반영된, 기계획된 방위선임은 분명하다. 그러나 그것을 공개하는 시간, 장소, 방법에 따라 전략적 메시지는 전혀 다를 수 있다. 소련 팽창에 대응하여 아시아 방위에 대한 확고한 의지와 명확한 계획의 존재를 내비치고 싶었던 공개 의도와는 달리 공산 진영은 한반도 전쟁에 대한 초대장으로 인식했다는 것이다.

공개 의도와 공개를 통해 일어난 파급효과에 대한 검토와는 별개로 미국이 방위선을 일본과 필리핀을 잇는 선으로 전략적 선택을 한 이유를 살펴볼 필요가 있다. 러스크는 밝힌 바대로 일본 점령군의 책임과 과거 미국 영토였던 필리핀에 대한 미국의 특별한 이익을 지키기 위한 서태평양의 한 구역을 밝힌 것에 불과하다고 미국의 전략적 행위를 설명하였다. 그러나 그 같은 전략적 선택을 한 배경은 완충지대를 가지는 주방어선을 설치한 것이다. 주방어선 밖에 있는 한국과 대만을 포기하려는 것이 아니었음은 전쟁 발발 직후에 태평양사령부의 군사력 운용을 통해 여실히 드러난다. 맥아더는 한국전쟁 발발 직후 7함대를 대만해협으로 전개하여 한반도 위기를 틈탄 중국의 대만 강점에 대비하였다. 그리고 한반도에도 해·공군 지원을 통해 자국민 철수와 이를 저해하는 북한 위협을 제거하였다.

미국은 자국에 대한 직접적 위협으로부터 지켜내야 하는 방위선이었다면 물리적 공간에서 한 치도 물러서지 않았을 것이다. 하지만, 서태평양 지역은 미 본토로부터 한참 멀었고, 소유적 관점보다는 이익적 관점이 작동하는 곳이었다. 완충지대를 가진 방어선 설치는 자연스러운 것이었으며, 공산세력과 직접적인 접촉상태에서 공격당할 위협 아래에 있지 않고자 하는 전략적 선택이었다. 대륙국가였다면 국경선에 대한 방어 의지가 작동하면서 방어선 상에 강도 높은 진지와 밀도 높은 병력배치를 거부할 수 없었을 것이다. 영토 측면에서 완충지대로 삼을 수 있는 공간을 두기가 불가능에 가까울 것이다. 해양국가로서 자국의 영토 밖에서 이뤄지는 전략적 대립상황에서 완충지대를 두고 방위선을 설치하는 것은 당연한 선택이었다. 완충지대를 통한 외부위협에 대한 선택적 접근을 원했던 것이다. 한국에는 불운한 일이었고, 봉쇄선을 지켜내기 위한 강력한 군사력 운용이 이뤄지지 못했음은 아쉬운 결정임이 분명하다.

(2) 전쟁 발발 이후: 직접적인 위협과 적극적인 개입

한국전쟁의 발발은 자유민주주의에 대한 공산세력의 팽창 시도로서 기존에 소련이 점령 또는 영향력을 발휘하지 않은 새로운 지역으로의 확장이었다. 또한, 애치슨이 입안한 대소봉쇄정책에 대한 소련의 정면 도전이었다. 이는 트루먼 행정부가 북한의 남침을 바라보는 공통된 인식이었다. 위협에 처한 한반도의 상황은 미국이 개입정책을 선택하는 데 있어서 전쟁 발발 이전의 상황과는 완전히 달라져 있었다. 자유민주주의 진영에 대한 리더 국가로서 소련의 팽창 시도에 대해 강력한 메시지를 주어야만 했다. 소련을 비롯한 공산 진영에는 세력 확장 시도가 무모하고 허용될 수 없을뿐더러 강력한 응징으로 인해 손실이 예상 이익보다 현저히 크다는 메시지를 줄 필요가 있었다. 그리고 자유 진영 국가에는 소련의 팽창에 대해 국제적인 자유민주주의 연대는 강력하며, 공산 진영의 침탈 시도에 놓인 국가가 홀로 남겨지지 않을 것을 명백히 보여줘야만 했다. 그래야만 결속은 더 강해지고 미국의 국제적 체면은 유지될 수가 있었다. 따라서 한국전쟁의 발발은 대소봉쇄정책에 대한 소련 공산 진영의 첫 도전이었기에 미국의 한반도에 대한 개입은 주저함이 없는 선택이었다.

한국전쟁 발발 이후 트루먼 대통령이 주말 자가 휴식 중에 전쟁 발발로 인해 유선상으로 관련 조치를 이어가다 워싱턴으로 복귀하는 비행기 안에서 가졌던 생각은 한반도에 대한 미국 개입정책 기조를 가장 핵심적으로 알게 해 준다. 중요 부분만을 다시 한번 인용하면 다음과 같다.

> "…만약 공산주의자들이 자유세계의 아무런 저항도 없이 한국으로 진격을 계속하도록 놓아둔다면 약소국들은 주변의 더 강한 공산국가의 공격 앞에서 저항할 용기를 상실하게 될 것이 분명하였다. 만약 이들의 침략행위가 용인된다면 이는 제2차 세계대전과 마찬가지로 제3차 세계대전이 될 것을 의미할 것이다. 또한, 한국에 대한 공격이 멈추어질 수 없다면 유엔의 설립목적과 원칙은 위기에 처하게 되리라는 것을 나는 확신하였다."[40] (강조 부분은 연구자)

미국은 1920~40년대의 고립주의가 제2차 세계대전 발발을 허용했다는 반성을 통해 유럽에서의 전쟁에 개입하였다. 제2차 세계대전에서 주축국인 독일, 일본, 이탈리아에 맞서 승리한 국제연합국을 중심으로 다자주의적 개입주의가 지속하였다. 유럽 우선주의를 지향했던 미국은 구성원 스스로가 자신을 지켜내려는 능력과 의지를 바탕으로 하는 북대서양 조약기구를 중심으로 했기에 유럽에서 소련 팽창에 맞서 성공할 수 있었다. 한반도에서 미국은 한국과 어떠한 조약도 맺지 않고 유엔의 틀 속에서 관리하며 홀연히 미

---

40 Truman, *Memoirs by Harry S. Truman, Vol. 2, Years of trial and hope*, pp. 378-379.

군을 철수하였다. 하지만, 유엔은 전쟁 억지력을 충분히 갖지 못했고, 실질적인 지원이 가능하리라는 믿음도 주지 못했다. 한국전쟁 발발 이전의 다자주의적 개입주의는 UN의 구성원, 특히 미국의 책임감과 물리적 대비태세에 대한 심리적 압박감을 줄여주었고 일본으로 물러나 방어선을 치는 데 아무런 거리낌을 갖지 않게 하였다. 그런데도 공산세력의 확장에 맞서 자유의 가치를 지켜야 한다는 인식은 변함이 없었으며, 전쟁 발발 후에 보인 즉각적인 개입을 통해서도 재확인할 수 있다.

트루먼의 술회에서 개입을 결정하는 데 또 한 가지 중요한 이유는 유엔의 설립목적과 원칙을 지켜내고자 함이었다. 유엔은 제2차 세계대전 이후 국제사회의 평화와 안보를 위한 구조를 마련하기 위해 제안되었다. 1945년 6월 유엔 창립 회의가 개최되어 유엔 설립을 결정하였고, 1945년 10월 24일 유엔 창립 조약이 공식적으로 발효되었다. 미국은 유엔을 통한 다자적 개입에 의존한 한국 문제 해결이라는 대한정책을 통해 유엔 감독 아래 단독정부 수립을 서둘렀고, 곧이어 주한미군을 철수하면서도 미국의 체면과 위상을 유지할 수 있었다. 북한의 무력남침이 발발하자 미국은 국제평화와 안정을 도모하려는 유엔의 존재가치에 대해 공산 진영의 정면 도전을 모른 채 지나친다면 국제사회 질서는 제2차 세계대전 이전의 무질서 상태로 회귀하게 되리라는 것을 우려하였다. 세계대전 이후 질서 유지에 있어서 마셜 플랜과 트루먼 독트린을 통해 주도해 온 미국은 유엔의 권위를 통해 세계질서를 안정적으로 이끌기를 원했다.

애치슨 장관은 북한의 남침 사실을 인지한 후 참모들과 논의를 거쳐 트루먼 대통령의 승인을 득한 후 유엔안전보장이사회의 긴급소집을 통해 북한의 무력공격을 비난하고 전투행위 중지와 38도선 이북으로의 철수를 주장하는 유엔 안보리 결의문을 채택하였다. 전쟁 이전의 유엔을 통한 한반도 개입이라는 정책 기조에 따른 신속하고 일사불란한 조치였다. 하지만, 북한군이 유엔 안보리 결의에 따를 기미가 보이지 않자 뉴욕 시각 6월 26일, 2차 블레어하우스 회의에서 자국민 철수지원에 한정되었던 해·공군 지원을 남한 전역으로 확대하였다. 즉 38도선 이남의 북한군 부대·전차·포병에 대한 공격을 포함하여 한국군을 최대한 지원하도록 확대하였다.

한국 시각 6월 29일, 맥아더는 한국전선 시찰을 마치고 육군부에 한국군은 붕괴하였으며, 한강 방어선을 저지하고 실지를 회복하기 위해 지상군 투입은 불가피함을 보고하였다. 맥아더는 2개 사단의 투입을 건의하였으나, 트루먼은 우선 1개 연대전투단 투입을 승인하고 후속 국가안전보장회의를 통해 2개 사단 증원을 승인하였다.[41]

트루먼 행정부가 지상군 투입을 일단 결정하자, 군은 전장에서 승리 추구와 이미 투입한 부대의 방호를 위해 적정 군사력 확보를 위해 그 규모가 지속적으로 확대되었다. 북한군의 공세는 미국의 생각보다 강력했고, 맥아더의 요청대로 규모는 계속 늘어났으며, 최종적으로 1개 야전군, 3개 군단, 9개 사단이 한반도에 전개되어 작전을 수행하였다.[42]

한국전쟁 발발 이전 미국은 외부위협에 대한 면제 심리의 작동으로 공산세력의 직접적인 위협으로부터 주한미군의 철수로 극동방위선 바깥에 완충지대 설치를 원했다. 하지만, 소련의 지원을 등에 업은 북한의 직접적인 공격으로 한국전쟁이 발발하자 자유민주주의 진영의 리더 국가로서 체면과 국제연합의 존재가치가 직접적인 위협 아래에 놓였을 때 적극적인 개입은 주저없이 선택되었다. 1930년대 미국의 고립정책이 유럽에서 전쟁을 불러왔다

---

41 *FRUS*, 1950, Vol. Ⅶ, Korea, p. 255.

42 남정옥, "미국의 국가안보체제 개편과 한국전쟁시 전쟁정책과 지도", p. 108.

는 인식이 미국의 정책결정자 사이에 강하게 작동하고 있었다. 외부위협에 선택적 접근을 할 수 있는 해양국가인 미국은 전쟁 이전의 완충지대 형성으로 선택적 접근을 택했지만, 전쟁 발발로 인해 자유민주주의가 직접적인 위협에 처하게 되자 적극적인 개입을 선택하였다.

2. 해 · 공군 우선 운용과 핵 의존(M-2)

(1) 전쟁 발발 이전: 방위선상에서 핵과 장거리 투발수단 의존

제2차 세계대전으로 미국은 전쟁이 가져다주는 참혹한 피해와 전비 부담, 사상자의 증가에 따라 국민들의 불만 증폭을 경험하였다. 해외 분쟁으로 인해 장기간의 많은 군사비 지출은 미국 경제의 안정을 해치는 장기적이고 심각한 위협으로 보았다. 생명을 존중하는 미국의 가치체계는 '화력이 병력보다 경제적이다(Firepower is cheaper than manpower)'라는 사고를 만들어 내었는데, 원자폭탄 투하는 이러한 미국의 전략문화에 상응하였다. 따라서 지상군을 비롯한 병력의 직접적인 배치와 대립을 통한 병력 손실보다는 핵과 전략공군에 의존하게 되었다. 미국은 1949년 5월, 한반도를 힘의 불균형 상태로 남겨두고 주한미군을 완전히 철수하였다. 이후 1950년 1월, 애치슨 라인 선언에서 극동방위선, 즉 오키나와와 필리핀을 연결하는 선을 발표하였다. 이는 전후 대만과 한반도에 대한 미국의 대응에서도 밝혀진 바와 같이 극동방위선 밖을 포기하겠다는 의미가 아니라 핵과 전략공군을 이용한 원거리 투사를 통해 대소봉쇄와 유사시 도발세력의 격멸이 가능하리라고 판단한 데서 이뤄진 조치였다.

하지만 핵에 대한 의존이 핵무기 사용에 대한 적극성을 의미하지는 않았다. 일본에 투하한 2발의 핵폭탄을 지켜본 경쟁국들이 핵에 대한 두려움으로 전면전을 회피하리라는 핵 억지에 관한 믿음 때문이었다. 제2차 세계대전 직후 한국전쟁이 발발하기 이전에 트루먼 행정부의 핵전략은 분명하지 않았다. 키신저는 "우리는 운용개념을 정립하지 않은 채 핵무기를 보유하였고, 전쟁의 목표는 오직 승리이며 전면전 외에 다른 작전방식은 없다는 전쟁 비전에 부합하는 새로운 수단으로 핵무기를 생각했다"[43]라고 말했다. 전면전이 불가피할 때 전쟁을 종결시키는 군사적 수단으로 핵무기를 인식하고 있었다.

트루먼 행정부는 인류역사상 핵폭탄을 무기로 처음 사용하여 많은 인명과 도시 파괴의 피해를 가져온 책임을 느끼고 있었다. 트루먼은 언론에 소련과 관련된 어떠한 상황에서든 핵무기 사용을 고려해야 한다고 하면서 동시에 원자폭탄이 다시는 사용되는 것을 보고 싶지 않다고도 말했다. "그것은 끔찍한 무기이며, 무고한 남자와 여자, 아이들에게 사용해서는 안 됩니다." 1953년 의회에서 가진 퇴임 연설에서 "핵무기 고도화에 있어서 우리는 상상할 수 없는 파괴적인 힘의 상태, 문명을 절멸할 수 있는 상태로 나아가고 있습니다. 그러한 전쟁은 정상적인 사람이 해서는 안 되는 정책입니다"[44]라고 말했다.

미국은 핵폭탄의 파괴력에 대한 우려에서 비롯한 '원자폭탄과 제조기술의 국제관리'를 제의하였다(1945년). 미국이 독점 중인 원자병기의 세계적 확산을 방지하고 원자무기에 의한 장래 인류의 재앙을 예방하기 위해서 유엔 원자력위원회(UNAEC)에 '원자무기·원자력 기술의 유엔 공동관리안'

---

43 Henry A. Kissinger and Gordon Dean, *Nuclear weapons and foreign policy*, (Routledge, 2019), p. 28.
44 President Truman refuses to rule out atomic weapons; https://www.history.com/this-day-in-history/truman-refuses-to-rule-out-atomic-weapons.(검색 일자: 2020년 5월 3일).

을 제출하였다. 이때 소련은 미국의 원자력 기술·원자무기의 독점 가능성이 우려된다는 이유로 즉각 반대하였다.[45] 소련은 이미 핵 개발을 추진하고 있었고, 대칭 전력으로 확보하려는 의지가 강했다.

소련은 미국의 예상보다 빠른 1949년 8월 29일, 카자흐스탄의 사막에서 22kt급 핵실험에 성공했다. 1949년 9월 3일 미국 정찰기가 일본에서 알래스카까지 정찰한 결과 핵 물질을 포집하였고, 8월 29일경 소련의 방사능 실험이 있었던 것으로 분석되었다.[46] 서방은 소련의 핵 개발이 50년대 중반에야 가능할 것으로 예상했지만, 각종 간첩 활동으로 빼돌린 미국의 핵 개발 정보와 핵물질이 소련의 핵 개발을 앞당겼다. 이제 소련은 핵보유국으로서 군사적으로 미국과 어깨를 나란히 하게 되었다. 소련의 핵 개발은 1947년 마셜 플랜 이후 경제 복구와 부흥에 박차를 가하고 있었던 서유럽 국가들에는 큰 위협이었다. 막상 소련의 핵 개발로부터 직접적인 피해를 본 것은 한반도였다. 소련의 핵 개발과 함께 중국의 공산주의 혁명으로 한껏 고무된 북한은 마오쩌둥의 지원과 스탈린의 승인 아래 남침을 감행하였다. 김일성의 전쟁계획에 반대했던 스탈린은 1950년 생각을 바꾸었다. 또한, 소련의 원자탄 보유는 한국전쟁 시기 미국이 원자탄 사용을 보류하는 데 중요한 원인이 되었다.

트루먼 행정부가 소련이 핵 개발에 성공한 상황에서 적극적인 핵 사용을 천명하지 않음은 핵 억제력에 대한 잘못된 믿음이 가져다준 비합리적인 전략이었다. 예상보다 빨랐던 소련의 핵 개발로 인해 변화된 핵 전략환경에 반해 미국이 비합리적이었던 핵 사용전략을 미처 수정하기 전에 한국전쟁이

---

45 문영일, 『미국의 국가안보전략사상사』 (서울: 을지서적, 1999), pp. 266-267.

46 Richard G. Hewlett and Francis Duncan, *Atomic Shield, 1947/1952*. Vol. 2. (University Park, PA: Pennsylvania State University Press, 1969), pp. 362-363.

발발하였다. 미국이 기존의 핵과 전략공군에 의존한 전략에서 적극적인 재래식 전력의 전방배치로 전환하기 전에 발 빠른 공산 진영의 행위는 자유 진영의 허를 찌른 것이었다. 미국의 대소련 봉쇄정책은 핵무기를 군사적 수단으로 사용할 수 있는 전략개념에 기반했다. 미국이 핵무기를 단독으로 가졌던 시기에도 핵을 통한 전쟁 종결수단 이외의 핵전략이 구체화되지 못했지만, 소련이 핵 개발에 성공한 이후에는 더더욱 그러하였다. 핵무기는 핵전략과 동시에 개발되어야 하며, 그래야만 억지 전력으로 합당하게 작동할 수 있다. 핵무기의 파괴력에 대한 상대의 두려움을 믿고 적극적인 사용 의지를 천명하지 않는다면, 핵 억지는 작동하지 않게 되는 것이다. 상대국도 이미 핵을 가진 상태에서 상대국의 자제심만을 바라는 것은 핵전략 부재에서 온 미숙한 판단이었다. 어쨌든 미국은 동아시아 지역에서 애치슨 라인이라 불리는 극동방위선으로 물러 나와 한반도와 대만을 포함하는 완충지대를 설정하고, 핵과 전략공군, 그리고 해군에 의존한 봉쇄전략을 펼치고 있었다.

(2) 전쟁 발발 이후: 해 · 공군 우선 투입과 핵의 군사 수단화

가. 해 · 공군 우선 운용

한국전쟁 발발 초기 군사력 운용은 극동방위선에서 해 · 공군으로 침략행위를 응징한다는 전쟁 이전에 고려했던 군사력 운용과 다름이 없었다. 먼저, 뉴욕 시각 6월 25일 밤 1차 블레어 회의에서 자국민 철수를 우선 지원하기 위한 해 · 공군 지원과 탄약 지원을 결정하였다. 군사력 투입에 대한 논의에서 지상군 투입에 대한 의견이 있었지만, 해 · 공군력만으로 충분하다는 의견이 득세하였다. 극동방위선 밖의 위협에 대해 해 · 공군과 핵 사용으로 대처하는 것에 동의하고 있었다. 필요한 최소한의 군사원조를 결정하기 위해서 조사단 파견을 결정하였다.

한국전쟁에서 트루먼 대통령은 한미연합군과 UN군의 최고 통수권자로서 가장 많은 결정권과 영향력을 지닌 위치에 있었다. 트루먼은 한국전쟁 발발 당시 집권 62개월을 맞이하고 있었고, 임기를 마치는 1953년 1월 20일까지 한국전쟁과 관련한 결심과 조치가 임기 중에서 가장 중요한 조치사항이었다. 한국전쟁 발발 초기 상황과 트루먼 대통령의 조치사항을 일자별로 정리하면 다음의 표와 같다. 지상군 투입이 이뤄진 1950년 6월 30일까지 긴박하고도 신속한 조치를 해 갔음을 알 수 있다.

〈표 5-2〉 한국전쟁 초기 상황과 트루먼 대통령의 조치사항(뉴욕 시각)

구분	내용
1950. 6. 24. 15:00	전쟁 발발
1950. 6. 24. 23:20	애치슨 국무 장관이 대통령에게 보고
1950. 6. 25. 14:00	유엔 안보리 소집
1950. 6. 25. 19:45	제1차 블레어 하우스 회의 개최 - 자국민 철수 보호를 위한 해·공군 운용 - 사태 파악을 위한 조사반 파견
1950. 6. 26.	제2차 블레어 하우스 회의 개최
1950. 6. 27.	트루먼 대통령의 성명서 발표
1950. 6. 30.	트루먼 대통령의 미 지상군 투입 결정 발표
1950. 7. 19.	트루먼 대통령의 의회 연설
1950. 9. 1.	트루먼 대통령의 대국민 방송 연설(라디오와 TV)
1950. 11. 30.	트루먼 대통령의 원자폭탄 사용 가능 시사(기자회견)
1950. 12. 8.	트루먼 대통령과 애틀리의 공동 선언문 발표
1950. 12. 16.	트루먼 대통령의 국가비상사태 선언

*출처: 남정옥, 『한미 군사 관계사』, p. 327을 부분 발췌하여 연구대상 시기에 맞춰서 재작성함.

트루먼 대통령이 백악관으로 복귀한 시간에 맞추어 한국 시각으로 26일 오전 (6월 25일 19:45~23:00 EDT) 백악관의 영빈관인 블레어 하우스

(Blair House)에서 1차 국가안전보장회의를 개최하였다. 여기에는 국무 · 국방 장관을 비롯한 육 · 해 · 공군 장관과 합참의장, 각 군 참모총장 등이 참석하였다.[47] 유엔 안보리 결의 추진과 함께 미국 자체로 필요한 군사적 조치를 결정하기 위한 회의였다.

애치슨은 먼저 대통령이 고려해야 할 다수의 문제를 요약하였다. 여기에는 맥아더에게 한국에 대한 원조계획에 의한 탄약 지원 이외에 무기와 장비에 대한 지원 권한을 허용하는 문제, 공군력을 한국에 있는 미국 여성과 아이들에 대한 소개(疏開) 작전을 방해하는 북한의 공군에 대항하여 투입하는 문제, 〈유엔 안보리 결의 82호〉 채택에 따라 추가적인 한국 지원사항이나 보완적인 결의문 채택 소요 등이 해당하였다. 또한, 애치슨은 앞서 맥아더의 건의대로 7함대를 대만해협에 배치할 것과 마지막으로 인도차이나 지역에 대한 지원이 이뤄져야 함을 건의하였다.[48] 제기된 문제와 건의된 내용에 대해서 대통령과 참석자는 모두 동의하였다. 소련의 팽창시도라고 명백히 인식한 참석자들은 대만, 인도차이나 지역으로 추가 확대 시도를 염두에 두고 자유민주주의 수호를 위해 즉각적인 조처를 하기로 하였다.

합참의장 브래들리는 공군력이 북한의 탱크를 탐지하기는 제한되더라도 한국의 사기를 높일 수 있고, 해군도 동해안 지역에 도움이 될 것이라고 말했다. 그리고 한국에 지원되는 보급물자에 대해 사용법을 모르는 한국군에게 도움이 되겠냐고 의문을 제기했다. 또한, 유엔에 대한 지지의 명분 아래 모든 조치가 이뤄져야 한다고 주장했다.[49] 초기 한국전쟁 상황에 대한 인식에서 비롯되었지만, 합참의장의 인식은 미 해 · 공군의 지원 자체만으로도

---

47   *FRUS*, 1950, Vol. Ⅶ, Korea, p. 157.

48   *FRUS*, 1950, Vol. Ⅶ, Korea, pp. 157-158.

49   *FRUS*, 1950, Vol. Ⅶ, Korea, p. 158.

한국의 사기 양양과 작전에 도움이 되리라는 판단을 하고 있었다.

육군총장 콜린스는 극동군사령관 맥아더에게 현지조사단을 보낼 권한을 부여했다고 보고하면서, 맥아더가 박격포, 포병, 기타 탄약을 적재하기 시작했고, 약 10일이면 한국에 도착할 것이라고 보고했다. 해군총장 셔먼(Forrest P. Sherman)은 소련은 아직은 전쟁을 원하지 않지만, 한국의 상황은 일본에 전략적 위협이 되리라는 판단과 더불어, 한반도 해역에 대한 통제권 장악 필요를 주장하였다. 공군총장 반덴버그(Hoyt S. Vandenberg)는 소련의 공군력에 대한 대통령의 물음에 대해 답하면서 핵폭탄으로 공군기지를 무력화할 수 있다고 답변했다. 이어서 국방 장관 존슨은 애치슨 장관의 의견에 동의하고, 지상군 투입은 반대한다고 언급하였다.[50] 한반도에 벌어진 도발 규모와 위협에 대해서 아직은 심각하게 받아들이지 않고 있었으며 지상군 투입도 고려되지 않았다. 다만 NSC 참석자들은 북한의 무력남침이 소련의 팽창 시도에 따른 공격이라는 점에 인식을 같이하고 있었다.

트루먼은 회의를 통해 결정한 바를 다음과 같이 명령으로 하달하도록 했다.

"① 맥아더 장군은 제안된 보급품을 한국군에 보내도록 한다.
② 맥아더 장군은 한국에 조사단을 파견한다.
③ 지시된 함대는 일본으로 파견한다.
④ 공군은 극동의 모든 소련 공군기지를 소탕할 계획을 준비해야 한다. 이것은 행동 명령이 아니라 계획을 세우라는 명령이다.
⑤ 소련의 행동이 일어날 수 있는 다음 가능한 장소를 신중하게 계산해야 한다. 국무부와 국방부가 완벽한 조사를 해야 한다."[51]

---

50 *FRUS*, 1950, Vol. Ⅶ, Korea, pp. 159-160.
51 *FRUS*, 1950, Vol. Ⅶ, Korea, p. 160.

합동참모본부는 대통령의 승인을 받아 회의의 결과를 명령으로 극동군사령부에 하달하였으며 다음과 같았다.

"① 이날보다 앞선 텔레타이프 회담(teletype conference)에서 요약한 그 목적을 위해서 한국에 조사반을 파견하도록 인가한다.
② 서울-김포-인천 지역의 상실을 예방하는 데 필요하다고 생각하는 탄약과 장비를 안전하게 도착시키기 위하여 적절한 해·공군의 엄호 아래 한국으로 수송하도록 인가한다.
③ 미국인 가족과 주한 미 대사관이 결정하는 다른 미국 비전투원의 안전한 철수를 보장하기 위하여 서울-김포-인천 지역이 유린당하지 않도록 하는 데 필요한 만큼의 해·공군에 의한 조처를 하도록 인가한다.
④ 제7함대는 즉시 사세보에 진출하여 극동해군사령관의 작전통제하에 들어가도록 명령한다."[52]

1차 블레어 회의 과정에서 한국군이 심각한 위험에 처하면 상황을 안정시키고 38도선 회복을 위해 미 지상군을 투입하는 것도 필요하리라는 의견이 있었다. 하지만, 해·공군 참모총장은 공군력만으로 충분하다고 말했고 존슨 국방 장관도 지상군 파견에는 반대하였다. 또한, 일본 안보가 위협을 받지 않는 범위 내에서 한국 방어에 필요한 최소한의 군사원조를 결정하기 위해 조사단 파견의 필요성에 대해 건의하였다.[53] 또한, 트루먼 대통령이 동아시아 지역의 소련 공군력을 제압할 수 있는지를 묻자 반덴버그 공군 참모총

---

52 남정옥, 『한미 군사 관계사: 1871~2002』, p. 301; 국방부전편위 역, 『미합동참모본부사 한국전쟁』, p. 72. 재인용.
53 *FRUS*, 1950, Vol. Ⅶ, Korea, pp. 157-161.

장은 시기의 문제일 뿐, 원자폭탄을 사용하면 가능하다고 말하였다.[54] 이때까지도 일본 열도 방위를 중심으로 한 극동방위선 밖의 위협에 대해 전략공군과 핵 사용을 중심으로 대처하고 있었다.

트루먼과 행정부는 북한의 남침 배후에 소련이 존재하고 있으며, 소련이 팽창을 위한 첫 번째 무력침공을 한반도에서 시작했음을 공통으로 인식하였다. 다만 전쟁 발발 이전에 수립하였던 대소작전계획에서 반격에 나서는 때에도 한반도를 우회한다고 했던 계획과는 상황에 있어 차이가 있었다. 미 합참과 극동군사령부의 대소 전쟁·작전계획에서 가정했던 소련과의 전면전이 발발했을 경우 수세적 입장에서 극동방위선을 확보하면서, 미국이 아시아 대륙으로 총반격할 때 한반도는 우회하는 것으로 명시되어 있었다.[55] 하지만 소련의 지원을 받아 김일성이 시작한 침공은 국지전의 성격을 띠고 있었다. 소련과의 전면전 시 한반도를 우회하여 중국 내륙으로 반격한다는 전략개념은 적용될 수가 없었다. 국지전 상황에서 제3차 세계대전으로의 확전을 방지하면서 전쟁 발발 이전으로 되돌릴 필요가 있었다.

미 합참의 지시에 따라 극동군사령부의 조치가 이뤄졌다. 주한 미 대사 무초의 결정에 따라 시작되었던 미국인 비전투원과 대사관이 승인한 제3국 국민에 대한 철수는 한국 시각 6월 26일 01:00부터 시작하여 6월 29일에야 해·공군을 동원하여 수송 및 호송을 완료하였다.[56] 미 공군은 비전투원 호

---

54 *FRUS*, 1950, Vol. Ⅶ, Korea, p. 159.

55 JCS, *The Joint Chiefs of Staff and National Policy 1947-1949*, pp. 159-163.

56 주한미군사고문단-주한미사절단의 미국인 소개계획(AKE-50)으로 한국전쟁 발발 이전에 준비하였지만, 워싱턴의 승인을 받지 못하고, 'New Draft Plan (AKE-50)'으로 실행되었다. 이 작전은 주한 미 대사이자 주한 미 사절단 단장인 무초가 책임자였다. 미국은 한반도 긴급사태 발생에 대비하여 한국 정부 수립 이전인 1947년에 이미 미국 민간인 여성과 부양가족에 대한 소개계획을 수립하였다. 그리고 1949년 6월 주한미군이 철수한 후 한반도 내의 내전과 소련과의 단기전도 고려하면서 해상과 공중수송 등 다양한 방법을 준비하고 있었다. 또한, 한국전쟁 발발 전인 1950년 6월 1일

송과정에서 북한 공군기와 교전을 통해 야크(Yak)기 3대를 격추하였다.[57] 미 해·공군의 임무가 한국군에 대한 직접적인 지원에 있지는 않았지만, 북한 군의 공군 위협을 제거하고 공중우세권을 확보하는 데 이바지하였다.

또한, 극동군사령부는 탄약 지원도 서둘렀다. 뉴욕 시각 26일 11:30에 있 었던 국무부 고위급 회담에 참석한 국방부 대표는 보급에 대한 한국 측 요 구에 10일 치의 긴급 보급이 벌써 한국으로 공중 엄호하에 이동하고 있다고 답변하였다.[58] 6월 27일에는 처치(John H. Church) 준장을 단장으로 하는 조사반을 구성하였으며[59] 이날 주한미군에 관한 작전통제권을 부여받음을 계기로 이를 주한 전방지휘소 및 연락단(ADCOM, Advance Command and Liaison Group in Korea)으로 명명하고 수원으로 파견하였다.[60] 주한미군사 고문단(KMAG)은 단장 대리였던 라이트 대령과 지휘부 일부만 남기고 27 일부터 29일 사이에 일본으로 철수하였는데, 이때부터 극동군사령부 예하 로 들어갔으며, 잔류자들은 전방지휘소에 합류하여 한국군 작전을 지원하였 고, 철수한 인원들도 지상군이 한반도로 전개할 때 함께 재투입되어 작전을

기준 미국인들의 명단을 이미 작성 완료하였다. 미국인 소개작업은 5가지로 진행되었는데 ① 서울 지역 미국인은 6월 26일 인천에서 선박으로 일본으로 이동했다. ② 여성들과 잔류 필수인원이 아닌 남성들은 27일 오전 김포공항에서 비행기로 일본으로 이동하였다. ③ 무초 대사와 함께 한국에 잔 류하기로 한 인원들 외에는 27일 오후 김포공항에서 비행기로 일본으로 이동하였다. ④ 주한미군 사고문단 요원들과 경제협조처 요원들은 한국의 남부 지역에서 소개된 요원들로서 6월 27일 수원 에서 비행기로 이동하였다. ⑤ 부산에서 선박과 비행기로 소개된 인원들도 있었다. 박영실, "한국전 쟁기 미국 정부의 자국민 소개계획", 『미국사 연구』, 제52집, 2020, pp. 35-61.

57 6월 26일 북한군 Yak기가 비전투원 후송에 분주한 미군 수송기를 공격하자 엄호 중이던 F-82 전 투기가 공중전을 펼쳐 북한군 YAK기 3대를 격추하였다. 공군본부, 『UN공군사』 (서울: 공군본부, 1975), p. 100.

58 *FRUS*, 1950, Vol. Ⅶ, Korea, p. 143.

59 *FRUS*, 1950, Vol. Ⅶ, Korea, p. 173.

60 남정옥, 『한미 군사 관계사』, p. 302.

지원하였다.[61]

이처럼 미국의 첫 번째 조치는 자국민의 안전한 철수를 위한 해·공군의 지원과 한국군에 대한 긴급한 보급지원, 극동군사령부에 의한 주한미군의 작전지휘체계 구축 등 향후의 군사작전 전개에 대비한 조치가 주로 이뤄졌다. 한국군 작전에 대한 해·공군의 직접적인 지원은 아직 이뤄지지 않고 있었다.

앞서 6월 25일에 취해졌던 유엔 안보리 결의에도 불구하고 북한군은 침공을 멈추지 않고 있었으며, 수도 서울이 위협받고 있었다. 한반도에 관한 불안한 소식들이 다각적으로 워싱턴에 도달하고 있었고, 북한이 〈유엔 안보리 결의 82호〉를 따를 기미가 없어 보이자 워싱턴은 다음 단계 조치를 위해 두 번째 블레어 하우스 회의를 개최하여 추가적인 군사 조치와 〈유엔 안보리 결의 83호〉를 추진하게 되었다.

나. 핵무기의 군사적 수단화

미국은 유럽에서 트루먼 독트린과 마셜 플랜, 그리고 북대서양조약기구 등으로 대소련 및 대공산세력 봉쇄정책을 펼쳤다. 이러한 정책과 전략적 배경에는 핵무기가 있었다. 핵무기가 가진 전쟁 억제력과 전쟁 종결성에 의존하여 봉쇄정책이 작동하고 있었다. 트루먼 행정부가 적용하였던 주변기지전략도 미국의 대소 우위인 미 공군력과 핵무기를 결합하여 소련의 주변에 공군기지를 설치하여 핵무기를 이용하여 소련의 침략을 봉쇄한다는 전략이었

---

61 남정옥, 『한미 군사 관계사』, p. 304; Roy E. Appleman, *South to the Naktong, North to the Yalu (June-November 1950)* (OFFICE OF THE CHIEF OF MILITARY HISTORY (ARMY) WASHINGTON DC, 1960), pp. 42-43. 재인용.

다. 그 결과 미국은 제2차 세계대전 시 동원했던 대규모 병력의 동원해제를 단행하고 군비를 축소했던 것도 이러한 연유에서이다.[62] 1945년에서 1950년 사이에 미 합동참모본부(JCS, Joint Chiefs of Staff)는 제2차 세계대전 당시 강조된 전략폭격 개념을 바탕으로 하여 핀처(PINCHER, 1946년), 브로일러(BROILER, 1947년), 크랭크섀프트(CRANKCHAFT, 1948년)로 명명된 세 가지 전쟁계획을 수립하였다. 이러한 전쟁계획들의 핵심적 목표는 소련과의 전쟁 발발 시 원자폭탄을 이용한 신속하고 파괴적인 전략공습으로 소련의 전쟁 수행능력을 마비시키는 것이었다.[63] 미국은 핵무기를 군사적 수단으로 사용할 계획을 세우고 있었다.

하지만, 트루먼 행정부는 한국전쟁 발발 초기에는 핵 사용 가능성에 대해 적극적으로 언급하지 않았으며, 핵무기 사용 정책을 적절히 펼치지 못했다. 억제력을 발휘할 수 있도록 핵 사용에 대한 명확한 의도를 밝혔어야 했다. 물론 트루먼 행정부가 1950년 7월부터 핵무기 사용을 검토하고 중공군 개입 후에는 핵무기 사용도 배제하지 않을 것이라는 발언도 하였지만 결국은 사용하지 못하였다. 이는 트루먼 행정부의 소극적 핵무기 정책 때문이었다. 트루먼 행정부는 한국전쟁에서 제2차 세계대전과 같이 먼저 재래식 전쟁으로 문제를 해결하다가 그것이 여의치 않으면 최종적으로 핵무기를 사용한다는 개념이었다.[64]

트루먼 행정부는 1950년 말 중공군의 개입으로 한국전쟁에서 두 번째 위기를 맞았다. 부산교두보 확보의 어려움은 인천상륙작전으로 타개할 수 있

---

62   남정욱, 『한미 군사 관계사』, pp. 376-379.
63   유진석, "핵 억지 형성기 최초의 전쟁으로서 6 · 25전쟁과 미국의 핵전략", 『한국과 국제정치』, 27(2) (서울: 경남대학교 극동문제연구소, 2011), pp. 95-96.
64   남정욱, 『한미 군사 관계사』, p. 379.

었지만, 중공군의 개입은 매우 당혹스럽게 하는 상황이었다. 미 합참은 합참에서의 핵무기 사용에 대해 검토하였으나 아직 결론을 못 내리고 있었다. 국방부 합동전략조사위원회는 11월 29일 '핵무기는 중공군으로부터 압도당하고 있는 한국에서 미국 군대를 구하는 데 필요할 수도 있다'라는 보고를 대통령에게 제출했다.[65]

11월 30일에 기자회견에서 트루먼은 현 상황에 대처하기 위해 모든 무기를 사용하겠다고 말했고, 기자가 원자폭탄도 포함하느냐고 묻자 미국이 소유한 모든 무기가 해당한다고 답변했다. 핵무기 사용을 적극적으로 검토하고 있는지를 묻자 언제나 적극적으로 고려해 온 일이라고 말하였다.[66] 트루먼의 발언은 공산 진영에 대해 압박으로 작동하지 않고, 이상한 쪽으로 번져나갔다. 연합군의 일원인 영국은 미국이 한반도에서 핵을 사용하면 자국군을 철수하겠다고 주장하며, 영국 총리 애틀리(Clement R. Attlee)가 워싱턴에 확인차 방문하였다. 양국 정상은 중국의 침략행위에 대해 어떤 보상적 유화 정책을 계획하지 않는다고 합의했고, 나토의 국방력 건설 추진을 통해 한반도의 위기 상황이 유럽에서 재현되지 않도록 하는 데 의견의 일치를 보았다. 또한, 핵 사용과 관련하여 트루먼은 핵무기를 사용할 만큼 국제정세가 되지 않으리라 판단했고, 애틀리는 상황 변화에 대한 정보공유를 요구했다.[67] 핵 사용에 대한 적극적인 정책을 상호 합의하지는 못한 채 정상 간의 협의는 종료되었다.

한국전쟁은 제2차 세계대전 이후 미국의 일시적인 핵무기 독점이 1949년

---

65 James I. Mattray, *Historical Dictionary od the Korean War*, (Westport, CT: Greenwood Press, 1991), p. 466.

66 *FRUS*, 1950, Vol. VII, Korea, pp. 1261-1262.

67 *FRUS*, 1950, Vol. VII, Korea, p. 1464.

소련의 핵실험 성공으로 인해 상실된 이후 발발한 최초의 전쟁이었다. 하지만 여전히 미국이 압도적인 핵 우위를 유지하고 있었고, 미·소는 제2 타격력(second strike)에 기반을 둔 안정적인 핵 억지가 아직 이뤄지지 않은 상황이었다. 대소전쟁계획과 작전계획에서 군사적인 수단으로 사용할 계획이 포함된 상태였다. 그렇다 하더라도 대통령에게 최종 권한이 있었기에 군사지휘관에 의해 사용이 결정될 수는 없는 상태였다. 트루먼 행정부 시기에는 핵전략이라고 할 수 있는 문건을 찾아볼 수 없으며, 핵 사용 여부에 대한 논의만이 있었을 뿐이다.

제2차 세계대전의 경험에서 핵의 전쟁 종결성에 대한 확신은 굳건했지만, 핵을 통한 전략은 성숙하지 못했으며, 전쟁을 종결하는 군사적 수단으로만 남아 있었다. 이는 유일하게 핵을 가졌던 때에도, 소련이 핵을 개발한 이후인 한국전쟁 발발 시에도 마찬가지였다. 또한, 미국은 핵전쟁, 제3차 세계대전으로 확전을 방지하기 위한 제한전쟁을 수행해야 한다는 현실 인식에서 다음 표와 같이 대한반도 정책목표를 수차례 변경하였다.

〈표 5-3〉 한국전쟁 시 미국의 대한반도 정책 변화

구분	대한반도 정책목표
전쟁 이전 (~'50. 6. 25.)	소련 봉쇄 -극동방위선(일본, 류큐, 필리핀)을 중심으로 소련의 남하를 저지 -한반도, 타이완은 방위선에서 제외
북한군 남침기 ('50. 6. 25.~9. 15.)	전쟁 이전 상태 회복 -유엔 안보리('50. 6. 26.)에서 북한의 남침을 불법으로 간주하고 '38도선 이북으로 철수하라'라는 결의문을 채택함

구분	대한반도 정책목표
반격 및 북진작전기 ('50. 9. 15.~10. 25.)	全 한반도 통일 -인천상륙작전과 반격작전으로 북한군이 궤멸하고 추격작전으로 중공과 소련의 개입이 없는 한 현재의 군사력으로 통일을 시킬 수 있다는 판단 -유엔총회 지지('50. 10. 7.) 획득으로 한반도 통일의 국제적 지지 획득과 정치적 융통성 확보
중공군 개입 및 유엔군 후퇴기 ('50. 10. 25.~'51. 2월)	중공군 저지 및 불가 시 일본으로 철수 -중공군의 세 차례 공세로 서울을 재피탈 당하고, 중공군 진출 저지의 자신감 상실 상태에서 세계전략 차원에서 서유럽과 일본 방위를 위한 군사력 보존 필요 -최대한 저지하다가 불가능할 경우 전투력 보존을 위해 일본 철수
유엔군 반격 및 38도선 재회복기 ('51. 2월~'53. 7. 27.)	조기 휴전 -제3차 세계대전으로 확전을 막고, 미국과 유엔참전국 내에 확산하는 반전여론, 미국의 대통령 선거 등의 영향으로 조기 휴전 선택

*출처: 김계동, "미국의 대한반도 군사정책변화(1948-1950): 철수 · 불개입정책에서 한반도 참전으로의 결정 과정", 『군사』, 20 (서울: 국방부 군사편찬연구소, 1990), pp. 141-187을 참고하여 연구자가 도표로 재정리함.

　　미국의 공식적 핵전략이 처음 등장한 것은 아이젠하워 행정부(1953~1961년) 때이다. 아이젠하워 행정부의 대량보복전략이 핵무기에 의존한다는 점에서 트루먼 행정부의 정책과 유사하다. 다만, 적용 면에서 두 정부의 핵전략은 차이가 있었다. 트루먼 행정부는 전쟁이나 분쟁에 임해서 재래식 무기로 해결되지 않으면 최후에 핵무기를 사용하는 전략을 택했지만, 아이젠하워 행정부는 모든 전쟁이나 분쟁과 관계없이 봉쇄정책을 실행하는 데 있어서 가장 먼저 핵무기를 사용하여 적의 침략을 분쇄한다는 전략이었다.[68] 트루먼 행정부의 한국전쟁 당시 전략은 핵무기에 의존하고 있었음에도, 제2차 세계대전 경험에서 비롯된 최종적인 군사수단이란 인식을 뒤집지 못하

68　남정욱, 『한미 군사 관계사』, p. 379.

고 소극적인 핵 정책에 그치고 있었다. 한국전쟁의 발발이나 중국군의 대규모 개입을 억지하지 못하였으며, 중공군 개입으로 위기에 처해 국가비상사태 선언(1950. 12. 16.)을 해야 하는 상황에서도 핵무기를 사용하지 못했다.

해양국가로서 미국은 전략공군을 통한 핵무기 투사를 전제하여 제2차 세계대전 이후의 대소 봉쇄정책을 펼치고 있었다. 제2차 세계대전 후 유럽의 경제 부흥과 NATO를 통한 대소련 봉쇄정책도, 대규모 군축과 예산 삭감도 핵무기에 대한 의존이 있었기에 가능했다. 다만, 핵무기를 군사적 수단으로 인식하여 최종 병기로서 사용하는 핵 사용의 소극성으로 인해 한국전쟁에서 억지력을 발휘하지 못했다.

3. 되새김

미국에 주어진 지리적 축복이 미국의 정책적 선호에 미친 영향은 강하고 선명했다. 미국은 대륙 내부에 적대세력이 없는 가운데 대서양·태평양에 둘러싸인 해양국가로서 아시아와 유럽지역으로부터 대양을 건너온 침략을 상상할 수 없는 나라가 되었다. 또한, 미국은 영토적 광활함과 자원의 풍부함으로 인해 영토확장의 유혹이 없는 선한 존재라는 자기 인식을 가지고 외부 위협에 대해 선택적으로 접근할 수 있게 되었다. 이러한 해양국가적 특징은 강력한 지상군으로 국경선을 수비해야 하는 부담 없이 완충공간을 가지고 핵무기와 해·공군에 의존하여 외교정책을 펼칠 수 있었다. 이러한 해양국가적 특징은 미국이 한국전쟁 발발 전후 한반도 개입정책을 선택하는 데 연속성 있게 영향을 미치고 있었다. 지리적 환경이 갖는 고착성만큼이나 미국 전략문화 중에서도 해양국가적 특징이 개입정책의 선택에 가장 강한 한정성을 보였다.

먼저, 한국전쟁 발발 이전 외부위협에 대한 면제 심리가 작동하는 해양국가로서 미국은 제2차 세계대전 종료 이후에도 소련군의 직접적인 위협 아래에 지상군을 두고 있는 상황을 받아들이기 어려웠다.(M-1) 미국은 38도선에서 주한미군이 공산세력과 마주하여 대치한 상황에 대해 불편해하고 있었으며, 국경선상에서 직접적인 위협과 대적하고 있는 대륙국가와는 외부위협에 대한 접근 태도가 달랐다. 주방어선 전방에 완충공간을 두고 해·공군, 핵무기를 투사할 수 있는 외선작전에 더 익숙했다.

한국전쟁 발발 이전 남한에 대한 위협은 미국의 이익과 추구가치에 대한 직접적인 위협은 아니었다. 그래서 공산세력이 후원하는 북한의 도발 위협에 대한 대응은 UN을 통한 다자적 개입이라는 틀을 통해서 선택적 접근을 택하였다. 그래서 한반도는 주방어선 밖의 완충지대 내에 놓이게 되었다. 이것은 해양국가들이 해상의 함선에서 함포로 원정작전을 해내고 해안선으로 접근하는 적을 해상에서 타격하여 방어하던 전략과 유사한 것이었다. 완충지대를 둔 방위선 개념은 대륙국가가 국경선을 맞대고 항시 존재하는 위협에 대비하며 영토를 지켜내는 적극적 방위 개념과는 확연히 달랐다.

북한의 무력침공으로 한국전쟁이 발발하자, 자유민주주의에 대한 침략행위이자 유엔의 설립목적과 원칙에 대한 위기감을 가져다주었다. 북한의 침공은 미 본토에 대한 침략은 아니었지만, 자유세계의 리더 국가로서의 체면과 국제연합의 설립목적이 직접적인 위협 아래에 놓이게 하였고, 미국은 직접적인 개입을 선택하였다. 북한의 무력침공이 미국의 체면, 가치에 대한 직접적인 위협이 된 전제에는 남한에서 뚜렷해진 자유민주주의의 가치를 발견했기 때문이다.

둘째, 해양국가인 미국은 해·공군 운용을 지상군 투입보다 우선하고 있었다.(M-2) 이는 지상군을 비롯한 병력의 직접적인 배치와 대립보다는 핵과 해·공군에 의존하게 했다. 미국은 제2차 세계대전에서 일본 본토 상륙시에 가져올 피아의 인명손실을 최소화하기 위해 핵 투발을 선택하였다. 제2차 세계대전 이후 미국은 핵의 문제 종결성에 대한 믿음을 가졌지만, 핵에 대한 이러한 의존이 핵무기 사용에 대한 적극성을 의미하지는 않았다. 일본에 투하한 2발의 핵폭탄을 지켜본 경쟁국들이 핵에 대한 두려움으로 전면전을 회피하리라는 핵 억지에 관한 믿음이 존재했다.

한국전쟁 발발 직후 군사력 운용은 전쟁 이전에 고려했던 군사력 운용과 다름이 없이 극동방위선에서 해·공군으로 침략행위를 응징한다는 대소전쟁계획의 준용이었다. 먼저, 뉴욕 시각 6월 25일 밤 1차 블레어 회의에서 자국민 철수를 우선 지원하기 위한 해·공군 지원과 탄약 지원을 결정하였다. 군사력 투입에 대한 논의에서 지상군 투입에 대한 의견이 있었지만, 해·공군력만으로 충분하다는 의견이 득세하였다. 극동방위선 밖의 위협에 대해 해·공군과 핵 사용으로 대처하는 것에 동의하고 있었다. 필요한 최소한의 군사원조를 결정하기 위해서 조사단 파견을 결정하였다.

다음으로 북한군이 유엔 안보리 결의에 따를 기미가 보이지 않자 뉴욕 시각 6월 26일, 2차 블레어 하우스 회의에서 자국민 철수지원에 한정되었던 해·공군 지원을 남한 전역으로 확대하였다. 즉 38도선 이남의 북한군 부대·전차·포병에 대한 공격을 포함하여 한국군을 최대한 지원하도록 확대하였다. 맥아더의 한국전선 시찰 결과보고가 있기까지 워싱턴의 외교정책은 해·공군만으로 한국군을 지원한다는 전쟁 발발 전의 대소전쟁계획과 다를 바가 없었다. 다만 소련과의 전면전이 아닌 국지전이라는 상황에 대해서 워싱턴은 당혹스러운 면이 있었으나 소련이 사주하거나 지원하지 않고는 일어날 수 없다는 것에 모두 동의하였다. 그리고 소련의 팽창 시도를 여기에서 멈춰 세워서 되돌려야 한다는 것에도 어렵지 않게 동의하였다.

맥아더가 현지 시찰 이후 한국군의 붕괴와 지상군 투입의 필요성을 제기하자 트루먼은 1개 연대전투단 투입 승인에 이어 국가안전보장회의에서 2개 사단 투입과 주일 지상군 운용의 자유를 보장해 주었다. 결국, 군은 군사작전의 승리와 투입된 부대의 방호를 위해 규모는 점진적으로 확대되어 최종 1개 야전군, 3개 군단, 9개 사단 규모까지 확대되었다.

미국은 한국전쟁 발발 직후도 여전히 해·공군 우선 운용만으로도 북한군 격퇴가 가능하리라고 생각했다. 미 국가안전보장회의는 미 해·공군의 출현만으로 북한군을 격퇴할 수 있으리라 판단했지만, 맥아더의 현지 시찰 결과보고로 직접적인 위협을 제거하기 위해 지상군 투입이 논의되었고, 투입된 군의 전문적 영역에서 군사적 승리와 투입된 부대의 방호를 위해 점진적으로 확대되었다.

본 장에서 지리적 환경에 대한 자기 인식인 해양국가적 특징이 전쟁 발발 이전에는 소극적인 개입, 발발 직후에는 적극적인 개입을 선택한 이유를 일정하게 설명하고 있었고 개입정책 선호에 연속성 있게 영향을 미치고 있음을 입증하였다. 해양국가적 특징을 기초로 연속성 측면에서 미국의 정책적 선호를 입증함으로써 시기별 기대와 효용에 기초한 합리적 선택을 이어갔다는 기존연구의 한계를 보완하여 전략문화적 연속성 측면에서 설명할 수 있었다.

VI

정치와 군사적 분절적 관점: 외교와 군사개입의 대안적 접근

역사적 경험과 환경을 통해 축적된 미국의 규범체계인 정치와 군사의 분절을 도출하였다. 유럽 사회로부터 오랜 시간을 통해 군사전략 사상을 수용했다. 군이 정치의 수단이 되어 문민 통제의 민주적 전통을 수립하였지만, 미국의 특수성으로 인해 전쟁은 정치의 연장수단이 되지 않았고 정치의 실패로 불가피하게 전쟁이 시작되었다.(S-1) 막상 전쟁이 시작되면 전문군대가 나아가 군의 독자적 영역과 전문성을 인정받으면서 수행하게 되는 전략문화가 형성되었다.(S-2)

규범체계로 정착된 정치와 군사의 분절이 미국 전략문화로서 적실하다면 한국전쟁 발발이라는 외생변수에도 불구하고 미국의 정책적 선호에 지속적으로 영향을 미쳐야 한다. 이러한 정치와 군사의 분절적 특징이 한국전쟁 발발 전후 미국의 한반도 개입정책의 선택에 연속성 있게 영향을 미치고 있는지를 입증하고, 더불어 미국 전략문화로 적실한지를 확인하고자 한다.

1. 정치의 실패로서 전쟁(S-1)

(1) 전쟁 발발 이전: 정치의 실패 이후 불가피한 선택, 전쟁

가. 대소련 봉쇄정책과 전쟁계획의 간극

한국전쟁 발발 이전 미국은 소련의 세력 확장에 봉쇄정책으로 맞서면서도 전쟁을 수단으로 택할 수도 있다는 적극적인 메시지를 소련에 전달하지 않았다. 실제로도 전쟁을 수행할 준비가 부족했다. 전쟁계획은 봉쇄정책을 뒷받침하기 위한 적극적인 전쟁목표와 전력 운용을 포함하지 않았고, 소련의 무력침공에 맞선 반격작전계획뿐이었다. 미국은 소련의 팽창 시도에 대해 정치를 통해 억제를 추구하다가 소련이 무력으로 침공하여 정치가 한계점에 봉착하면 불가피하게 전쟁을 수행하였다.[1]

제2차 세계대전이 끝났을 때 국제사회는 이 참혹한 전쟁이 다시는 일어나서는 안 된다는 값진 교훈을 실천하기 위해 1945년 10월 24일 국제연합(UN)을 설립하였다. 유엔은 국제사회가 국제평화에 대한 염원을 가지고 분쟁과 사태를 평화적으로 해결하고, 침략과 평화 파괴 행위에 대해 집단적 조치를 통해 해결하기 위한 노력의 산물이었다. 하지만 제2차 세계대전 전승국인 미국, 영국, 소련, 중국, 프랑스의 5개국이 안보리 상임이사국으로 참여하여 협력을 통해 국제사회 평화에 이바지하리라는 바람은 헛된 것이었다. 소련은 동유럽 지역에서 공산주의를 팽창하여 국경을 맞댄 동독, 폴란드, 헝가리, 루마니아, 불가리아, 유고슬라비아, 체코슬로바키아, 알바니아 등에 군

---

1 21세기 초 미국은 단일패권국으로서 정치적 목적을 위해 군사력을 투입하여 전쟁을 수행하는 데 주저함이 없었다. 하지만 전략문화로부터 미국의 일탈은 오래가지 않았다. 미국은 2022년 NDS에서 중국의 군사적 부상에 대한 경계감으로 다시 지역 분쟁에 대한 신중한 군사력 운용으로 회귀하였음을 밝혔다.

대를 파견하였고, 동아시아 지역에서는 만주와 북한에도 파견하여 공산정부 수립을 지원하였다. 자유중국이 마오쩌둥의 공산 세력에 패하여 타이완섬으로 옮겨가고, 중화인민공화국이 1949년에 출범하면서 유엔 상임이사국 지위를 요구하고 있었다. 세계는 제국주의에 맞서 이긴 승전국을 중심으로 한 유엔의 연대와 단결은 짧았고, 급속도로 민주 진영과 공산 진영 간의 대립으로 나아갔다.

영국의 처칠은 소련의 팽창 위협을 두고 '철의 장막(Iron Curtain)'이라며, 공산세력의 위협에 대한 경계심을 표현하였다. 수상에서 물러난 처칠[2]은 1946년 3월 5일 미국 미주리주 풀턴(Fulton)의 웨스트민스터(Westminster) 대학 명예박사 학위를 받는 자리에서 '평화의 원동력(Sinews of Peace)'이라는 제목의 연설을 하였다.

"소련은 팽창주의 국가이다. 발트해의 스태틴(Stettin)에서부터 아드리아해의 트리에스테(Trieste)까지 대륙을 가로질러 '철의 장막'이 내려져 있다. 이 장막의 뒤에 고대 중부 유럽 및 동부 유럽의 수도가 모두 들어있다. 바르샤바, 베를린, 프라하, 비엔나, 부다페스트, 베오그라드, 부카레스트, 소피아 등 역사적으로 유명한 모든 도시와 시민이 소련의 영향력 안에 있으며, 모두가 어떤 형태로든지 소련의 영향력을 받고 있을 뿐만 아니라 모스크바로부터 고도의 정치적 통제 및 조정을 받고 있다. 그

---

2 처칠(Winston S. Churchill, 1874. 11. 30.~1965. 1. 24.)은 제1차 세계대전 시에는 해군 장관직을 수행하다가 작전 실패에 책임을 지고 사임하였다. 이후 1917년 내각에 재참가하여 군수, 육군과 공군, 식민 장관을 역임했고, 전후 1924~1929년간 재무 장관을 역임하였다. 제2차 세계대전 발발로 해군 장관으로 재입각하여 1940년 총리에 취임하여 제2차 세계대전을 루스벨트 대통령과 함께 승리로 이끌었다. 1945년 총선 패배로 총리직에서 사임하였으며, 사임 후 1946년 방문한 웨스트민스터 대학에서 '철의 장막'을 언급하는 연설을 하였다. 이후 1951년 총리에 재취임하여 1955년까지 수행하였다. 재임 중 1953년 노벨 문학상을 받았다.

들이 원하는 것은 전쟁의 성과와 그들 세력 및 공산주의 이론의 무한한 확장뿐이다."[3]

철의 장막은 뚫을 수 없는 장벽이라는 표현으로 익히 사용됐고, 제2차 세계대전 중 독일의 선전 장관 괴벨스(Paul Joseph Goebbels)에 의해서도 사용되었지만, 처칠이 사용하면서 스탈린의 격한 반응을 이끌었고 냉전 구도의 시작을 알리게 되었다. 소련 수상 스탈린은 처칠을 전쟁 선동가라고 매도하며 처칠의 연설이 소련과의 전쟁을 부추기는 행위라고 격렬하게 비난하였다.

처칠의 연설은 스탈린이 세계 적화를 노리고 있다고 미국이 믿게 했다. 미국의 고위 정책수립자들은 전후 미국의 막강한 경제력과 군사력, 그리고 책임감만이 소련의 팽창을 막고 제3차 세계대전을 방지할 수 있다고 확신하게 되었다.[4] 미국 내 소련의 위협에 대한 위기의식을 공공연히 확산시켰고, 전후 경제 상황의 악화와 소련의 위협으로 인한 서유럽의 위기 상황은 미국이 대소 봉쇄정책의 수립을 서두르게 하였다. 그 당시 미국의 고위 정책결정자들은 소련의 팽창을 저지할 수 있는 봉쇄정책만이 소련 공산주의자들의 도전을 효과적으로 저지할 수 있는 최선의 조치라고 생각하였다.[5]

미 국무부 정책기획실 캐넌[6]은 대 소련 봉쇄정책에 대한 개념을 Foreign

---

3   Winston S. Churchill, "The Sinews of Peace, March 5, 1946", *Vital Speeches of the Day, Vol. 12* (March 15, 1946), p. 332; James A. Nathan and James K. Oliver, *United States Foreign Policy and World Order*, 3rd ed. (Boston: Little, Brown and Company, 1985), pp. 53-54.

4   James L. Gormly, *From Potsdam to the Cold War: Big Three Diplomacy, 1945-1947* (Wilmington: A Scholarly resources Inc., 1990), p. 221.

5   남정옥, "미국의 국가안보체제 개편과 한국전쟁시 전쟁정책과 지도", pp. 36-37.

6   캐넌(George F. Kennan, 1904. 2. 16.~2005. 3. 17.)은 조지 마셜 국무 장관의 요청으로 정책기획실을 구성하여 장기적인 미국의 대외정책을 수립하였으며, 미소 냉전기에 대소련 봉쇄정책을 기획하여 '봉쇄의 아버지'로 불리며, 미소 냉전의 핵심인물이 되었다. 북한이 남한을 침공했을 때 캐넌은 남

Affairs(1947년 7월호)에 게재한 논문 "소련 행위의 원천(The Source of Soviet Conduct)"에서 다음과 같이 제시하고 있다.

> "소련의 외교정책은 태엽을 감고 작동을 시키면 어떤 힘으로 막을 때까지 오직 한 방향으로만 계속 달리는 자동차와 같은 것이다…. [따라서] 미국의 소련에 대한 정책은 소련이 세계의 평화와 안정을 해치려는 표시를 보이는 모든 곳에서 변함없는 저항력을 갖고 소련에 대결하도록 의도된 강력한 봉쇄정책이어야 한다. … 또한, 미국의 대소 정책은 소련의 팽창주의적 경향에 대하여 장기적이고 인내심 있으면서 한편으로는 강력하고 절대 방심하지 않는 봉쇄정책이어야 한다."[7]

미국은 소련의 팽창정책에 맞서 서유럽을 총체적 위기에서 구하고자 1947년 트루먼 독트린과 마셜 플랜을 채택하였다. 트루먼 독트린의 직접적인 배경은 튀르키예[8]와 그리스였다. 튀르키예는 흑해에서 지중해로 나아가는 다르다넬스(Dardanelles)해협을 끼고 있는데, 소련은 튀르키예를 분할하여 이곳에 소련군을 주둔시키고자 했다. 그리스는 동유럽 국가의 지원을 받은 공산세력들에 의해 내전 상태로 빠졌지만, 경제적 어려움에 직면한 영국으로부터 더는 지원을 받을 수 없게 되면서 소련의 위성국가로 전락할 운명에 처해 있었다.

트루먼은 1947년 3월 12일 미국 상하원합동회의에서 그리스와 튀르키예

한을 방어하기 위해 미국의 군사력을 사용하는 것을 지지했지만, 봉쇄정책에 따라 정치적 목표는 현상 유지를 회복하는 것이어야 하며, 미군이 38선을 넘어서는 안 된다고 권고했다.

7 George F. Kennan, *Memoirs*, 1925~1950 (New York: Panthon Books, 1967), pp. 354-367.

8 기존의 터키는 '튀르크(Türk)인의 땅'이라는 의미가 있는 '튀르키예(Türkiye)'로 국호의 공식 영어 표기를 수정하였다.

상황에 대해 연설을 하였다.

"소련의 팽창주의 위협에 대한 향후 미국이 지향해야 할 정책은 소수의
무장 세력이나 외부의 압력에 굴복하지 않으려고 투쟁하는 자유민들의
노력을 지원하고, 자유민들이 그들 자신의 운명을 결정할 수 있도록 도와
주어야 할 것이다. … 미국의 원조는 경제적 안정과 평화적인 정치적 발
전에 필수적인 경제적·재정적 측면에서 이루어질 것이며, 미국이 이러
한 긴박한 사태를 맞아 세계 강대국으로서 지도력을 발휘하지 못하면, 세
계평화를 위태롭게 할 뿐만 아니라 미국의 복지도 위태롭게 할 것이다.
…나는 1948년 6월 30일까지 그리스와 튀르키예에 대해 4억 달러에 달
하는 원조를 제공할 수 있도록 의회가 승인해 주기를 요청한다."[9]

그리스와 튀르키예에 대한 지원계획인 트루먼 독트린은 민주당과 공화당
양당으로부터 초당적 지지를 받았고, 미국은 튀르키예에 1억 달러의 군사원
조를, 그리스에는 3억 달러의 경제 및 군사원조와 함께 군사 및 민간 전문가
를 지원하였다. 이 원조는 지중해 해역뿐만이 아니라 전 세계적으로 소련의
팽창을 막는 가장 효과적인 수단이 되었다.[10]

마셜 플랜은 1947년 6월 5일 당시 국무 장관이던 마셜이 하버드 대학 졸
업식에서 한 연설을 통해 공표되었다. 세계경제가 안정되지 않고서는 정치
적 안정도 확실한 평화도 있을 수 없다고 말하였다. 그러므로 유럽 경제를
다시 소생시키기 위해 미국의 지원이 절실하고, 위기상황이 있을 때마다 단

---

9   "Truman Doctrine", *Public Papers of the Presidents, Harry S. Truman, 1947* (Washington, D.C.: U.
    S. Government Printing Office, 1963), pp. 176-180.

10   Richard J. Barnet, "The Misconceptions of the Truman Doctrine", in Thomas G. Paterson, 2nd ed,
     The Origins of the Cold War (Lexington: D.C. Heath and Company, 1974), pp. 156-157.

편적으로 지원하기보다 완전한 치료책이 되어야 한다고 말하였다. 그러면서 유럽국가들 사이에 공동으로 합의된 자구적 노력이 필요함에 대해서도 강조하고 있다. 미국은 그러한 합의된 프로그램에 대해 우호적인 지원을 아끼지 않겠다고 강조해 두고 있다.

"나는 모든 지원이 다양한 위기 상황에 대한 단편적인 이유에 기반하지 않아야 함을 확신한다. 미국이 장래 유럽에 제공할 어떤 지원도 단순한 진통제이기보다는 치료제여야만 한다. 유럽 회복을 위해 기꺼이 지원에 나서는 어떠한 정부도 미국 정부에 대한 전면적인 협조 방법을 발견할 것임을 확신한다. 다른 나라의 회복을 막기 위해 책동하는 어떤 정부도 우리에게 도움을 기대할 수 없다. 게다가, 정치적 혹은 다른 방법으로 이익을 얻기 위해 인간의 비참함을 영구화하려는 정부, 정당 또는 단체들은 미국의 반대에 부딪힐 것이다.

미국 정부가 상황을 완화하고 유럽 세계가 회복의 길로 들어서는 것을 돕기 위한 노력을 더 진행하기 전에, 상황의 요건과 그 국가들이 스스로 명령할 부분에 대해 유럽국가들 사이에 약간의 합의가 있어야 한다는 것은 이미 명백하다. 미국 정부가 취할 수 있는 모든 조치에 대한 적절한 효과, 다시 말해서 미국 정부가 일방적으로 유럽을 경제적으로 자립시킬 수 있도록 고안된 프로그램을 짜는 것은 적절하지도 효율적이지도 않을 것이다. 이것은 유럽인들의 일이다. 그 계획은, 내 생각에, 유럽에서 나와야 한다. 이 나라의 역할은 유럽 프로그램 초안에 대한 우호적인 지원과 우리가 그렇게 하는 것이 실용적일 수 있는 한 그러한 프로그램에 대한 추후 지원으로 구성되어야 한다. 이 프로그램은 모든 유럽국

가는 아니더라도 다수의 동의를 얻은 공동 프로그램이어야 한다."[11] (강조 부분은 연구자)

유럽에서 소련의 팽창에 맞서서 자유주의를 지켜내기 위한 미국의 대소 봉쇄정책은 질서정연하였고, 효과를 발휘하였다. 반면 동아시아 지역은 동일하게 소련의 팽창노선 위에 놓여 있었지만, 유럽에 견주어 적극적이고 시의적절한 봉쇄정책이 제시되지 않았다. 미국은 지켜내야 할 가치인 자유민주주의를 적극적인 개입과 봉쇄를 통해 지켜내려 했지만, 제2차 세계대전 후 현격히 줄어든 군사력과 제한된 경제력을 고려하지 않을 수 없었고, 전략적 가치를 고려한 우선순위에 따른 군사력 투입 지역의 선택과 그 외 지역에서의 군사력 절약은 현실적이었다.

미국의 한국전쟁 발발 전 대소 전쟁계획과 작전계획을 동아시아 지역을 중심으로 정리하면 다음 표와 같다.

〈표 6-1〉 미국의 대소 전쟁 · 작전계획

시기	내용
1946. 여름.	대소전쟁계획(PINCHER) - 소련이 유럽과 중동을 지향할 것으로 가정 - 핵무기 사용계획 수립(20개 주요 도시 대상으로 50개 핵폭탄 투하) *핵 보유 수량, 투발 수단 불충분
1946.	동아시아 지역 전쟁계획(MOONRISE) - 동아시아 지역 미군 열세 인정 - 소련군 20일 이내 한반도 석권, 40~50일 이내 만주 · 중국 북부 점령, 100일이면 황하강선 점령 *홋카이도, 류큐스, 대만을 연하여 방어선 설정

---

11   The British Commonwealth: Europe, *FRUS* 1947, Vol. Ⅲ, pp. 237-239.

시기	내용
1948. 3.	대소작전계획(GUNPOWDER) - 문라이즈 계획과 유사
1949. 12.	대소작전계획(OFFTACKLE) - 미·소 간 전쟁 발발 시 수세 입장에서 오키나와, 대만, 필리핀선 확보 - 총반격 시 한반도 우회

*출처: Kenneth W. Condit, *History of the Joint Chiefs of Staff: The Joint Chiefs of Staff and National Policy 1947-1949*, Vol. Ⅱ. (Washington, D.C.: Office of the Chairman of the Joint Chiefs of Staff, 1996)에서 언급된 대소전쟁계획, 대소작전계획들을 연구자가 정리함.

1946년 여름이 되자 미·소 간의 관계는 점점 더 악화하여 '핀처(PINCHER)'라는 암호명의 대소 전쟁계획을 수립하였다.[12] 이 전쟁계획은 소련이 세계전쟁을 일으킬 경우, 유럽과 중동을 지향하여 점령할 것이라고 가정을 하고, 이에 대응하여 미국은 재래식 전쟁을 수행함과 동시에 핵무기 사용계획을 수립하였다. 소련의 20개 주요 도시에 50개의 핵무기를 투하하여 소련의 산업시설을 50% 파괴한다는 것이었다.[13] 하지만 미국은 이 핵 전쟁계획을 수행할 만한 수량의 핵무기를 아직 보유하지 못했고, 전략적 종심까지 투사할 확실한 투발 수단도 충분하지 않았으며, 공격목표에 대한 구체적인 분석도 준비되지 않았다.

이러한 전략은 동아시아 지역 전쟁계획인 문라이즈(MOONRISE) 계획에서 구체화되었다. 문라이즈 계획은 핀처 계획이 완성되기 이전에 이미 만들어졌다. 이 계획을 통해 동아시아 지역에서 병력, 공군력, 수송력 등 소련

---

12 Kenneth W. Condit, *History of the Joint Chiefs of Staff: The Joint Chiefs of Staff and National Policy 1947-1949*, Vol. Ⅱ. (Washington, D.C.: Office of the Chairman of the Joint Chiefs of Staff, 1996), p. 153.

13 Genrikh Aleksandrovich Trofimenko, *The US Military Doctrine* (Progress Publishers, 1986), p. 59; Gregg Herken, *The Winning Weapon: The Atomic Bomb in the Cold War, 1945-1950*, Vol. 926. (Princeton University Press, 2014), pp. 219-224.

군과 비교하여 미군 전력의 열세를 명확히 인식하고 있었다. 소련군은 20일 이내에 한반도를 석권하고, 40~50일 이내에 만주와 중국 북부 대부분을 점령할 수 있으며, 추가 100일 이내에 황하강에 이르는 대륙을 다 차지할 수 있다. 미국 기획가들은 이것을 멈추기 위해 방어선을 검토해 봤지만 어떤 것도 효과적이지 못했고, 단지 홋카이도, 류큐스, 대만을 잇는 선만이 미군에 의해 유지 가능한 방어선임을 판단하게 되었다. 이런 평가는 동아시아 지역에서 미국이 수세 전략을 지향하게 했다.[14]

극동군사령부가 1948년 3월 말에 작성한 대소 작전계획인 건파우더(GUNPOWDER) 계획은 문라이즈 계획을 그대로 반영하고 있었다. 이후 1949년 12월에 작성한 오프태클(OFFTACKLE) 계획에는 여전히 서부 유라시아에서 전략적 공세를 펼치고 극동에서는 전략적 수세를 취할 것이라고 했다. 미·소 간에 동아시아 지역에서 전면전이 발발할 경우 수세적인 입장에서 오키나와–대만–필리핀 선을 확보하면서도 아시아 대륙을 총반격할 때 한반도는 우회하는 것으로 명시되어 있었다.[15]

오프태클에 명시된 군의 임무는 다음과 같다.

"a. 서반구와 특히 유럽에서 필수적인 동맹 지역에 대한 합리적인 초기 방어를 제공한다.

b. 최소 동원 기지를 보호한다.

---

14   Roger Dingman, "Strategic Planning and the Policy Process: American Plans for War in East Asia, 1945~1950", *Naval War College Review*, 32 (1979), p. 11. 애치슨이 공표한 방어선은 일본열도와 필리핀을 연결하는 선이었으며, 대만은 포함되지 않았다.

15   Kenneth W. Condit, *The History of the Joint Chiefs of Staff: The Joint Chiefs of Staff and National Policy, Volume II, 1947-1949* (Historical Division, Joint Secretariat, Joint Chiefs of Staff, 1976), pp. 159-163.

c. 소련 전쟁 수행능력의 핵심요소를 파괴하고 적의 공격작전을 방해하기 위해 공군과 해군 공세를 실시한다.

d. 필요한 기본 구역과 통신 라인을 방어한다.

e. 동맹국에 원조를 제공한다."[16]

이 시기에 대소 전쟁계획과 극동군사령부의 작전계획에서 보듯이 극동에서 미국은 핵무기와 해·공군력에 의존한 도서방위전략이었다. 미국의 전쟁·작전계획에는 소련의 한반도 남하에 대한 대응계획이 없었으며, 중국 내륙에 대한 공격에 나설 때도 한반도는 우회한다는 계획이었다. 미국의 사활적 이익지대인 서유럽에서는 전략적 공세를 취하고, 상대적으로 전략적 가치가 낮은 동아시아 지역에서는 전략적 수세를 취한다는 전략을 세우고 있었다. 봉쇄정책에서 나타난 봉쇄선인 38선과 미 합참의 전쟁계획상에 나타난 극동방위선 간에는 상당한 차이가 있었음을 알 수 있다. 동아시아 지역에서의 소련 팽창에 대한 봉쇄정책에도 불구하고 전쟁계획과 작전계획에서 한반도에 대한 적극적인 군사력 운용은 찾아볼 수가 없었다. 정치적 목표와 군사적 자원의 불균형에서 오는 간격을 다시금 확인할 수 있다.

미국은 대소봉쇄라는 정책목표를 위해 전쟁을 수단으로 택하려는 시도는 어디에도 찾아볼 수 없다. 전쟁은 소련의 팽창 시도가 현실화하였을 때의 대응적 수단이었으며, 전쟁 억제를 위한 정치적 노력의 실패가 전쟁을 택하게 하였다. 어디에도 팽창을 시도하는 소련에 대해 전쟁을 결행할 결기나 계획은 없었다. 클라우제비츠가 말한 "전쟁은 정치적 행동일 뿐만 아니라, 진정한 정치적 도구이고 정치적 교류의 연속이며 다른 수단에 의한 정치적 교

---

16 Eric V. Larson, *Force Planning Scenarios, 1945~2016: Their Origins and Use in Defense Strategic Planning* (RAND Cooperation, 2019), pp. 15-16.

류의 실행이다"[17]라는 명제를 미국은 받아들이지 않았다. 전쟁을 정치적 수단으로 택하지 않는 것은 미국의 이념, 지리적 환경 등이 복합적으로 작동한 것이었다.[18]

미국은 소련 팽창에 대한 봉쇄라는 정책목표에 대해 전쟁을 수단으로 선택할 수 있는 결기가 없었고 주한미군마저 철수하여 한반도에 전력 공백 상태를 만들었다. 1947년 국가안전보장법과 1949년 국가안전보장 수정법으로 국방부를 중심으로 군사기구를 정비하여 제2차 세계대전 기간 군이 득세한 데 이어 군의 입김은 더욱 커졌다. 전쟁은 정치의 연장선에 있지 않았고, 정치의 한계 속에서 불가피하게 수행되는 정치와 군사의 분절된 모습은 계속되었다.

트루먼 행정부가 한국전쟁 발발 이전 추구했던 전략개념과 태세, 전략위험에 대한 평가는 다음과 같다.

"한국전쟁 전에, 트루먼 정부는 상대적으로 적은 수의 병력을 유지했고, 새로운 무기 시스템을 조달하는 데 적은 금액만을 썼다. 주요 고려사항은 다음 전쟁이 제2차 세계대전을 본뜬 것(총력전)이라는 믿음이었다. 이것은 우리가 (당시 우리는 핵무기에 대한 독점권을 가지고 있었지만) 공격에 대한 즉각적이고 강력한 대응이 아니라, 우리의 자원을 총동

---

17 클라우제비츠, 류제승 역, 『전쟁론』, p. 55.

18 본 연구의 대상 시기는 벗어나지만, 미국은 냉전의 붕괴 이후 2000년대 초까지 대적할 만한 군사적 라이벌이 없었기에 '초강대국'이라는 위상을 가지고 이라크전, 아프가니스탄전 등 군사적 모험을 벌였다. 일시적으로 클라우제비츠의 "전쟁은 다른 수단에 의한 정치의 연속이다"라고 명제를 따르는 듯이 보였다. 하지만 미국은 성급했던 군사력 투사를 통한 민주화 노력에서 벗어나 중국의 A2AD(Anti Access and Area Denial, 반접근 지역거부)에 대응한 MDO(Multi Domain Operations, 다영역작전), JADO(Joint All Domain Operations, 합동전영역작전)를 추구하면서 클라우제비츠와의 관계는 다시 멀어지는 것으로 보인다.

원한 후에 궁극적으로 패배를 안겨줄 것이라는 확신으로 소련을 저지할 수 있다는 것을 의미했다. 이 전략은 장기적 요인에 대한 자신감 때문에 단기적으로 높은 위험을 무릅쓴 것이었다."[19] (강조 부분은 연구자)

트루먼 행정부는 다음 전쟁이 제2차 세계대전과 동일하게 총력전이 되리라 판단했다. 동아시아 지역의 현재 군사력의 배치나 능력이 아닌 국가 동원능력에 의한 장기전 수행능력이 전쟁을 억제하고 궁극적으로 승리하리라는 믿음이 있었다. 그래서 한반도라는 돌출부에 군사력의 사전 배치와 추가적인 원조에 소극적이었다. 해양국가는 외부위협으로부터 자신을 분리하여 생각할 수 있는 환경을 가지고 있었다. 하지만 제한된 수단과 목표를 추구하는 제한전쟁이 이와 같은 미국의 전략적 판단이 가진 틈을 파고들었다. 한국전쟁 발발 초기 정책목표가 '38도선 회복으로 전쟁 이전 상태 회복'이었음을 볼 때 전쟁 발발 이후에는 제한전쟁의 불가피성을 현실로 인식했다고 보인다. 전쟁 발발 이전의 총력전을 통한 국가 동원능력이 억제력을 가질 것이라는 믿음으로 사전 배치와 억제 노력이 부족했던 점은 분명한 오류였다.

나. 정치와 군사의 분절이 낳은 남침 유도설

1950년 4월 12일 미 국가안전보장회의는 NSC-48을 대체하여 NSC-68 '미국 국가안보에 대한 목표와 계획'을 작성하였다. 이 문서에서 미국은 소련을 서구 문명을 파괴하려는 악의 세력으로 규정하여 선악 분립의 기독교적인 세계관을 다시금 보였고, 국방예산을 대폭 증가하고 자본주의의 우월

---

19 Leslie H. Gelb and Arnold M. Kuzmack, "General Purpose Forces, in Henry Owen, ed.", *The Next Phase in Foreign Policy* (Washington, D.C.: Brookings Institution Press, 1973), p. 212.

한 경제로 군사적 우위를 점하도록 전환하는 결정적 문건이었다. NSC-68 문서는 한국전쟁 이전 작성되어 승인을 득하지 못하다가 한국전쟁이 발발하면서 소련의 위협이 가시화되면서 개정을 거쳐 트루먼의 승인을 득하였다. 1950년대 초반 미국의 대소련 안보 및 군비증강 정책을 규정한 문서이다.[20] 한국전쟁 발발에 따라 미국은 NSC-68 문서를 급히 개정하여 1952년 6월 말까지 일차적으로 군비증강이 끝나도록 계획을 조정함은 물론, 1950년 12월 16일에는 한국에서 유엔군의 38도선으로의 후퇴 상황에 직면하게 되자 트루먼 대통령에게 국가비상사태를 선포하게 하는 등 군비증강 노력을 위해 더욱 박차를 가하게 되었다.[21]

NSC-68은 전쟁 발발 이전에 입안되고, 전쟁 발발 직후 기다렸다는 듯이 신속한 승인 과정을 거치면서 미국의 '남침유도설'이라는 그릇된 주장의 원인을 제공하였다. 전쟁 발발 이전 미국의 주한미군 철수와 군사원조에 대한 소극적인 태도는 소련의 지원으로 무장된 12만 명의 병력을 갖춘 북한에 남침을 위한 초대장을 보낸 것과 마찬가지였다. 이런 미국의 태도는 재무장 추진을 위해 의도적으로 남침을 유도했다는 그릇된 주장을 양산했다. 전쟁 이전 주한미군의 철수에 관해 국무부와 군의 논쟁에서도 알 수 있듯이 현실적인 능력과 전략적 가치 판단에 기초한 정책적 선호였으며, 전쟁 발발 유도라는 주장은 근거가 미약하다. 군사적 입장에서 전쟁수행의 관점에서 소련의 봉쇄선인 38도선이 인접하여 지상군을 배치하는 것이 덜 효율적이고, 주둔

---

20 NSC-68(4. 14.), *FRUS*, 1950, I, pp. 234-292. NSC-68이 미국의 군비증강을 위해 북한의 남침을 유도하였다는 주장이 있으나, 북한의 남침으로 미국의 군비증강을 서두르는 계기가 되었다고 보는 것이 맞다. 남침 초기에 NSC의 대응 과정에서 개입의 수단과 규모의 점진적 변화, 북한의 남침에 대한 인식 변화에 대한 혼선과 고심을 생각하면 확인할 수 있다.

21 남정옥, 『한미 군사 관계사』, p. 367.

비용과 가용병력, 한국에 대한 전략적 가치 판단을 고려하여 철수를 주장했던 군이 힘을 얻은 까닭이다. 군이 정치의 수단으로 문민 우위를 이루었지만, 군의 판단과 능력은 정책에 변화를 가져다주었음을 여기서 알 수 있다. 제2차 세계대전을 겪으면서 군의 입지는 강해졌고, 통합군사령관이 대통령 후보로 주목받고 아이젠하워가 대통령이 된 사실을 봐도 그렇다. 전쟁이 정치의 연속선에서 선택되는 것이 아니라 정치의 한계 속에서 군의 독자적이고 전문적인 영역이 되면서 군사적 판단과 건의는 무게 있게 고려되었고 정치와의 분절된 모습으로 비쳤다.

미 국방부가 NSC-68에 따라 'SL-17'[22]이라는 한반도 전쟁계획을 1949년 9월에 미리 완성하고 전쟁을 준비했었다는 주장이 있다. 주된 내용은 북한이 침공한다면 침공 세력의 병참선을 길게 늘어뜨려 놓은 후 적 후방의 취약 부위를 타격하는 것이었다. 이 계획에서는 북한군이 남침하는 경우 부산 교두보 지역으로 후퇴한 후 지역을 방어하고 적의 병참선을 차단하기 위한 인천상륙작전을 실시할 것을 계획하였다. SL-17이 북한의 공격에 대비한 작전계획이라는 데는 이론이 많다. 커밍스(Bruce Cumings)와 같은 수정주의자들이 SL-17 존재 자체를 미국이 재군비를 위한 전기를 마련하기 위해 북한 남침을 유도했다는 주장의 근거로 언급하고 있다. 하지만 언급되는 해당 문서는 작전계획 수립과는 거리가 먼 육군본부 군수참모부(Army G-4)에서 연구한 군수 분야 연구자료(logistics study)라고 그 근거를 언급하고 있어 작전계획으로 보기에는 제한된다.

SL-17은 북한의 남침 징후가 점증하고 전쟁이 임박한 상황에서 예상되

---

22 리처드 C. 쏜턴, 권영근·권율 역, 『강대국 국제정치와 한반도: 트루먼, 스탈린, 마오쩌둥 그리고 6.25 전쟁의 기원』 (서울: 한국국방연구원, 2020), p. 328; "Logistic Study Covering Operations in Korea", *National Archives*, Records Group 319, Army G-4, Decimal 1949~1950, Box 59. 재인용.

는 우발 상황에 대한 군사 분야의 사전 연구서였다. 점증하던 북한의 침략 징후가 우발 상황에 대비한 분야별 대비 방안에 관한 연구나 논의는 증가하였지만, 이전의 노력이 한반도 전쟁에 대비한 군사대비계획이나 실질적인 군사력 운용이나 배치로 이어지지는 않았음을 알 수 있다.

전쟁 발발 이후 유엔 안보리 결의안 초안을 입안했던 미 국무부의 전쟁목표는 '전쟁 이전 상태의 회복'이었으며, 서울 수복 이후 맥아더의 강력한 주장에 따라 38도선 돌파와 추격 작전으로 전환할 때까지 초기 전쟁목표는 같았다. 정치의 전쟁목표와 군의 작전목표 사이의 간격을 엿볼 수 있다. 미군 재군비를 위해 한반도 전쟁계획을 사전준비하여 북의 남침을 유도했다는 주장이 있으나 정치와 군사의 서로 다른 목표를 보더라도 전략 차원의 일관된 추진이었다기보다 임박한 위협에 대비한 군사대비계획 방안 연구나 논의였다고 보는 것이 타당하다. 더욱이 실제로 전쟁을 수행해야 할 극동군사령부는 이 계획을 위해 사전에 준비된 상태가 아니었기 때문이다. 지상군 투입 결정 과정에서 군의 역할, 특히 현지 지휘관의 역할을 통해 정치와 군사의 분절적 특징이 일정하게 작동하고 있음을 살펴볼 것이다.

(2) 전쟁 발발 이후: 지상군 투입 결정 과정과 군의 주도적 역할

전쟁 발발 직후 미국은 자국민 철수지원 위주의 제한된 해·공군 운용을 허락했다가 남한 전 지역으로 확대 운용을 승인하였다. 그러나 여전히 미국은 해·공군 투입만을 고려하고 있었고, 미 공군기의 등장만으로 전세를 뒤집을 수 있다고 판단하고 있었다. NSC 내부에서 지상군 투입은 진지하게 논의되지 않았다.

6월 27일 10:00(6. 26. 21:00 EDT), 한국전쟁 발발 이후 두 번째 국가안

전보장회의를 실시하였다. 회의 목적은 북한군이 적대행위를 중지하고 38도선 이북으로 철수하라는 유엔 안보리 결의를 무시하고 침공행위를 지속하고 있음을 주목하고 북한의 침공을 저지하기 위한 추가적인 군사조치를 논의하기 위함이었다. 브래들리 합참의장은 먼저 극동군사령부가 보내온 최근 전선 상황을 보고하였다.

> "한국군 제3사단과 제5사단이 서울 방어에 축차적으로 투입되었으나, 지난 이틀 동안 수도 서울을 점령하기 위한 북한군의 끈질긴 침투 공세를 막는 데는 역부족이었다. 북한군 전차가 서울 근교로 들어오고 있고 한국 정부는 남쪽으로 이동하였다. … (중략)
> 한국군은 북한군 공세를 저지할 능력이 없다. 북한군이 전차와 전투기를 보유하고 있어 크게 우위를 점하고 있다. … 한국군은 … 저항능력이나 싸우려는 의지를 가진 것 같지 않으며 한국군의 완전한 붕괴가 임박했다고 평가한다."[23]

트루먼 대통령이 한국군을 지원할 구체적 행동에 대해 논의를 지시하자, 애치슨은 한반도에서 해·공군 사용에 대한 모든 제한을 철폐할 것을 건의했다. 트루먼은 이를 수용하면서 38도선 이남으로 우선 한정하였다. 콜린스 육군참모총장은 한국이 지금 붕괴 직전이라고 보고했고, 애치슨 국무 장관은 더 직접적인 미국의 개입이 필요하다고 말했다. 반면, 존슨 국방부 장관은 육군참모총장의 의견에 반대하며, 이미 충분히 지원했다고 언급했다. 그러나 트루먼은 애치슨의 말에 동의하면서 한국 상황을 도울 무엇이든 해야 한

---

23 Truman, *Memoirs by Harry S. Truman, Vol. 2. Years of Trial and Hope*, p. 337.

다고 말하였다. 합참의장과 육참총장은 대통령의 언급에 대해 동원이 이뤄져야만 가능하며, 의회의 승인과 예산이 필요할 것이라고 언급하였다. 트루먼은 전쟁으로 가기를 원하지 않지만, 동원을 통한 한반도 개입을 검토할 필요가 있다고 언급했다. 한국을 위해, 그리고 유엔을 위해 할 수 있는 모든 것을 해야 한다고 말했다.[24] 여전히 지상군 투입은 미국의 자원대비 도전적인 전략적 선택이라는 것이 중론이었다.

워싱턴은 미 해·공군에 내려진 자국민 철수지원에 한정한 군사력 운용 지침을 철회하고, 38도선 이남의 북한군 부대·전차·포병에 대한 공격을 포함하여 한국군에게 최대한의 지원을 제공하도록 결정하였다.[25] 그리고 북한지역의 군사목표에 한정하여 군사 활동 권한을 부여하고, 지상군은 부산-진해의 항구와 공군기지를 확보하기 위해 절대적으로 필요한 전투부대와 지원부대를 한정한다고 결정하여 극동군사령부에 훈령으로 하달하였다.

"6월 25일과 27일(뉴욕 시각) 유엔 안보리 결의안을 지지하는 의도에서… 귀관(맥아더)은 남한군대가 남한 전역으로부터 북한군을 물리칠 수 있도록 극동군사령부 휘하의 해군과 공군으로 북한의 군사목표를 공격하여 한국군을 최대한 지원할 수 있다. 지상군 규모는 절대적으로 필요한 규모에 한정한다. 그러나 부산-진해 지역 내에 있는 항구와 공군기지를 확보하기 위해 전투부대와 지원부대를 사용할 수 있다….
적의 공군기지와 군수기지, 전차, 농장, 군대, 순수한 군사목표를 공격하는 군사활동을 북한지역까지 확대할 권한을 부여한다. 그러나 이러한 활동은 앞서 임무를 수행하는 데 꼭 필요하거나 아군의 불필요한 피해

---

24   *FRUS*, 1950, Vol. Ⅶ, Korea, p. 183.
25   *FRUS*, 1950, Vol. Ⅶ, Korea, pp. 181-182.

를 방지하는 데에만 목적을 두어야 한다. 북한에서의 군사 활동에 있어서 소·만 국경에 접근하지 않도록 특별한 주의를 기울여야 할 것이다. 한국군을 엄호하고 지원하기 위해 미국의 해군과 공군, 제한된 지상군 병력을 투입한다는 결정은 만일 소련이 한국에 개입할 때 소련과 전쟁을 한다는 것과는 별개의 것이다. … 만일 소련이 한국에서 능동적으로 미군 활동에 대항해 온다면 미 극동군은 자체방위에만 힘쓰고 사태를 악화시키는 어떠한 조치도 취해서는 안 된다. 그리고 귀관은 그러한 사태가 발생하면 즉각적으로 워싱턴에 보고해야 한다."[26] (강조 부분은 연구자)

워싱턴은 남한 전역의 북한군을 격멸하기 위해 공군의 작전 가능 지역을 확대하였고, 부산-진해 지역의 항구와 공군기지를 확보하기 위해 지상군의 한정된 전투부대와 지원부대를 제한적으로 사용할 수 있다고 지시하였다. 전쟁 발발 이전과 같이 방위선상에 주 전투력을 유지한 상태에서 해·공군을 우선으로 투입하여 원상을 회복하려는 태도를 이어가고 있었다. 그러면서 소련과의 전면전을 우려해 매우 조심스러운 태도를 보였다. 소련의 봉쇄를 위한 전략적 수세 전략에 한정된 전략적 행위였다.

6월 29일 맥아더는 한국전선 시찰을 마치고 육군부에서 준비한 텔레타이프 회의에서 맥아더는 한국군은 붕괴하였으며, 한강 방어선을 저지하고 실지를 회복하기 위해 지상군 투입은 불가피하고, 2개 사단 규모의 증강이 더 필요하다고 말하였다. 페이스(Frank Pace) 육군 장관으로부터 이 내용을 보고받은 트루먼 대통령은 1개 연대전투단 투입을 우선 승인하였다. 그리

---

26   남정옥, "미국의 국가안보체제 개편과 한국전쟁시 전쟁정책과 지도", p. 92; Glenn D. Paige, *The Korean Decision: June 24-30, 1950* (Northwestern University, 1959), p. 251. 재인용.

고 추가적인 파견을 검토하기 위해 국가안전보장회의를 개최하였다.[27] 주한 미군 철수를 건의했던 극동군이 다시 한반도에 개입하기 위해 현장지휘관에 의해 지상군 투입이 건의되는 중요한 시점이다. 군의 판단과 건의가 전략적 선택에 있어서 중요한 모멘텀을 갖고 있고, 정치의 한계에 의해 군이 등장하여 전장에 나서게 되는 중요한 지점이다.

6월 30일 09:30(뉴욕 시각) 트루먼은 국무 · 국방 장관, 합참의장, 각 군 장관, 기타 관련자들이 참여한 가운데 백악관에서 긴급회의를 했다. 트루먼은 벌써 투입이 승인된 1개 연대전투단에 추가하여 지상군 투입을 승인하였다.[28] 회의 참석자들은 2개 사단만 증원해 준다면 맥아더 장군이 북한의 침공을 막을 수 있다고 생각하였고, 예상되는 여러 제한 사항이 있었지만 반대하는 참석자는 없었다. 트루먼은 맥아더에게 극동군 예하의 가용한 모든 육군전력을 사용할 권한을 부여하기로 하였다.[29] 합참의장은 국동군사령부에 전문을 보내 "1950년 6월 30일 자로 1950년 6월 29일에 취해졌던 육군전력의 투입제한 조치를 해제한다"[30]고 지시하였다. 이로써 지상군 투입이 6월 30일부로 결정된 것이다. 다음의 표는 한국전쟁 발발 이후 미군의 개입이 확대되는 과정과 UN군사령부 설치에 따른 지휘 단일화 과정을 정리한 것이다.

---

27 *FRUS*, 1950, Vol. Ⅶ, Korea, pp. 250-251.

28 *FRUS*, 1950, Vol. Ⅶ, Korea, p. 255.

29 한국전쟁 발발 당시 극동군사령부 예하에 미 육군은 제24 · 25 · 7보병사단과 1공수그룹, 1공수대대가 있었다.

30 *FRUS*, 1950, Vol. Ⅶ, Korea, p. 263.

<표 6-2> 미군의 한국전쟁 개입과정(한국 시각)

일자	내용
6. 26.	한국 내 미국 민간인 철수를 위한 해·공군의 엄호(1차 NSC 회의)
6. 28.	38선 남쪽에서 해·공군 작전으로 한국군 지원, 꼭 필요한 경우 북한지역 내 순수한 군사목표는 공격할 수 있으나 소·만 국경 접근 금지, 부산-진해 지역 내에 있는 항구와 공군기지를 확보하기 위해 전투부대와 지원부대를 사용(2차 NSC 회의)
6. 29.	맥아더, 한국 전선 시찰 후 지상군 투입 시급 건의(2개 사단 규모) *트루먼, 1개 연대전투단의 즉각 투입 승인 후 2개 사단 추가 승인
6. 30.	맥아더에게 휘하 전체 육군전력의 사용 권한 부여(긴급 백악관회의) *UN에도 보고, 영국, 오스트레일리아, 캐나다, 뉴질랜드, 네덜란드 등 6개 국가가 군대 파견 약속
7. 1.	미 24사단 선견대 부산항 도착
7. 5.	스미스 특임부대가 오산 죽미령에서 최초 북한군과 접전
7. 7.	UN군 사령부 설치에 관한 〈UN 안보리 결의안 제84호〉 가결
7. 10.	극동군 사령관 맥아더 장군을 UN군 사령관으로 지명
7. 12.	미 8군에 한반도 지상작전 책임 부여
7. 15.	한국군 작전지휘권 이양(이승만 대통령 → 맥아더 장군)
7. 23.	한국 경찰(적 게릴라 색출 목적)도 배속 전환
7. 24.	UN군 사령부 설치 완료

*각종 문헌에 기록된 사실을 기초로 연대기순으로 연구자가 도표로 작성함.

맥아더 장군은 6월 30일 지상군 투입이 결정 나자 곧바로 제8군사령관에게 주일미군 중 규슈(九州)에 주둔한 제24사단을 파견하도록 명령하였다. 이때는 한강 선에서 공방전이 전개되고 있어서 전개 시간의 단축이 무엇보다 우선 고려되어 한국에 가장 가까운 제24사단이 제일 먼저 투입 명령을 받았다.

사단의 선견대인 제21연대 제1대 대장 스미스(Charles B. Smith) 중령은 2개 중대 규모로 스미스 특수임무부대를 편성하여 이다츠케(板付) 비행장을 출발하여 7월 1일 08:45에 부산 수영비행장에 도착하였다. 20:00에 기차로 부산에서 출발, 7월 2일 08:00에 대전에 도착하여 오산 북방 죽미령에 대한 지형정찰에 이어 배치를 완료하였고, 4일에는 사단 포병 1개 포대가 추가 전개하여 합류하였다. 사단 선견대인 스미스 특수임무부대를 후속하여 본대인 제34연대가 선박으로 7월 2일에 부산에 도착하여 4일에 북쪽으로 이동하기 시작하였고, 제21연대(-), 제19연대 순으로 4일 부산에 도착하였다. 지상군 투입 결정이 내려지고 4일 만에 제24보병사단이 전개를 완료하였다.

정치가 지상군 투입을 일단 결정하자, 군은 전장에서 승리를 추구하고 이미 투입된 부대의 방호를 보장하는 과정에서 '적정 군사력 확보'라는 심연으로 빠져들게 되었다. 맥아더 장군은 6월 29일 한강 방어선을 시찰한 후 올린 보고서에서 한강 방어선 고수와 실지 회복을 위해 필요한 적정 지상군 규모를 1개 연대전투단과 2개 사단 규모라고 판단하였다. 하지만 미 24사단의 선발대인 스미스 특임부대가 오산 죽미령 전투에서 패퇴하고 난 후 7월 9일에 올린 보고서에서는 "우리 군대는 기대에 부응하고 있으며 10 대 1의 압도적인 열세에 맞서 용감하게 싸우고 있다. 이러한 상황에서 한국의 남단을 충분히 지탱하기에 어려움을 겪고 있다. 나는 이미 투입된 병력 이외에 완편된 최소한 4개 사단으로 구성된 군대가 바로 가능한 모든 수송수단을 통해 이 지역으로 파견될 것을 강력히 촉구한다. 상황은 대규모 작전으로 발전했다"[31]고 말하였다. 또한, 콜린스 육군참모총장과 회담할 때에 한국전쟁에 필요한 전투력 규모는 1개 야전군사령부와 8개 보병사단이 더 필요하다고 말했다.[32] 실제로 한국전쟁 기간 최초 맥아더가 판단했던 1개 야전군, 3개 군단, 9개 사단이 한반도에 전개되어 작전을 수행하였다.[33]

---

31   *FRUS*, 1950, Vol. VII, Korea, p. 334.

32   James F. Schnabel, *Policy and Direction, The First Year, Vol. 3.* (Washington, D.C.: Center Military History, United State Army, 1992), p. 57.

33   남정옥, "미국의 국가안보체제 개편과 한국전쟁시 전쟁정책과 지도", p. 108.

정치가 더는 문제를 해결할 수 없는 한계 지점에서 군이 자율성과 독자적 영역을 인정받으며 전쟁을 시작하는 미국의 정치와 군사의 분절이라는 전략문화가 한국전쟁이 격화되면서 더욱 뚜렷하게 나타나고 있었다. 미군은 전쟁 발발 이전에 신생국가 대한민국의 내부적 안정과 자위력 확보를 위해 주한미군 주둔이 필요하다는 국무부의 주장에도 불구하고, 자원 부족과 전략적 가치를 이유로 철수를 감행하여 목표와 자원의 불균형을 초래한 정치와의 분절을 보였었는데 이제 전쟁 발발 이후 또 다른 모습으로 분절을 드러내고 있었다. 대규모 병력 투입이 결정된 이후 전세 판단에 기초하여 군사적 승리를 추구하는 군사지휘관의 판단과 조치가 무대를 주도하기 시작하였다.

2. 군의 독자적 영역 인정(S-2)

(1) 전쟁 발발 이전: 정치적 의도와 군사적 수단의 갈등

1947년까지 미국의 국방조직에는 군령과 군정을 총괄하는 군 최고기구인 '국방부'가 존재하지 않았다. 대신 육·해군을 각각 지휘·감독하는 전쟁부와 해군부가 내각의 일원으로 구성되어 있었으며, 아직 공군은 육군의 일부였다. 합동참모본부도 제2차 세계대전 당시 유럽에서 연합작전 지휘를 위해 설치된 임시기구에 불과했다. 따라서 육·해·공군을 효과적으로 통합하고 국가안보에 관한 계획과 정책 일체를 통합할 필요성이 제기되었다. 1947년 7월 25일에 국가안전보장법(National Security Act)을 제정함으로써 전쟁부와 해군부의 상급부서로 '국방군사기구(NME, National Military Establishment)'를 창설하였다. 이후 미 공군이 육군에서 분리되어 1947년 9

월 18일에 창설되었고 공군부 장관도 신설되었다.[34]

한국전쟁 발발 전후 미 행정부의 전쟁지도체계와 미 극동군사령부의 작전지휘체계를 포함하여 도식하면 아래 그림과 같다. 극동군사령부 작전지휘체계는 한국전쟁 발발 이후 유엔군사령부 창설 이후 시점에 형성된 지휘관계로 작성되었다.

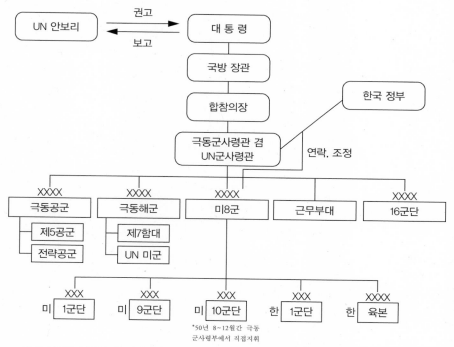

*출처: 정길현, "미국의 한국전쟁 수행 연구: 극동군사령부 전구작전을 중심으로"(북한대학원대학교 박사학위 논문, 2014. 1.), p. 24; 쉬나벨 · 왓슨(James F. Schnabel and Robert J. Watson), 「미국 합동참모본부사: 제3집 한국전쟁(상)」, pp. 6-7의 내용에서 미 10군단 지휘관계 등 부분 수정함.

〈그림 6-1〉 미국의 한국전쟁 지도 및 지휘체계

---

34   남정옥, 『한미 군사 관계사』, p. 312.

1949년 8월 국가안전보장법을 개정하여 각 군 장관의 기능을 내각에서 제외하고 국방군사기구를 국방부로 개칭하고 국방 장관이 실질적인 군령 및 군정권을 행사하는 문민 우위 체제를 확립하게 되었다. 또한, 합동참모본부 기능도 강화하여 합참의장직을 신설하고 대통령과 국방부 장관의 지시나 명령을 해당 전구의 통합사령관에게 하달하는 실질적인 군령권을 행사하도록 하였다.[35] 하지만 국방기구가 완전히 정비된 지 채 1년이 되지 않은 상태에서 한국전쟁이 발발하였다.

1950년 7월 7일 UN 안전보장이사회가 채택한 'UN군사령부 설치에 대한 결의 제84호'를 근거로 하여 UN 사무총장이 아닌 미 대통령이 한국전쟁을 지도하게 되었다. 전쟁지도 체계 내적으로 미 대통령은 한국전쟁 지도에 관하여 직접 개입하거나 국가안전보장회의를 통해 결정하였고, 합동참모본부를 통하여 훈령으로 정책과 전략지침을 극동군사령관에게 하달하였다.[36]

국가안전보장회의의 구성은 몇 차례 변화가 있었는데 아래 표와 같으며, 한국전쟁 당시에는 대통령, 부통령, 국무·국방·재무 장관, 국가안보자원위원회 위원장, 합참의장과 고문 격인 중앙정보국장이 참가할 수 있었다.

---

35   남정욱, 『한미 군사 관계사』, p. 314.
36   남정욱, 『한미 군사 관계사』, pp. 465~466.

<표 6-3> 미 국가안전보장회의 구성인원의 변화

구분	상설위원	필요시
1947년 국가안전보장법	대통령, 국무 장관, 국방 장관, 육·해·공군 장관, 국가안보자원위원회(National Security Resource Board) 위원장 등 7명	다른 장관, 군사위원회(Munition Board) 위원장, 연구개발위원회(Research and Development Board) 위원장 등 상원동의
1949년 국가안전보장법	대통령, 국무 장관, 국방 장관, 국가안보자원위원회 위원장 등 4명 *각 군 장관 자격상실	
1950년	대통령, 부통령, 국무 장관, 국방 장관, 재무 장관, 합참의장, 국가안보자원위원회 위원장 등 7명 *부통령, 재무 장관, 합참의장 추가, 대통령 부재 시 부통령이 대행, 중앙정보국장이 고문 겸 옵서버로 참가	기타 중앙행정부서 및 육·해·공군 장·차관 등 고문 자격 참가
1950년 7월	특별보좌관 3명 추가 임명	
1950년 말	방위동원국장(Director of Defense Mobilization), 상호안보국장(Director of Mutual Security) 추가 임명	
1951년	심리전략위원회 설치(국무 차관, 국방 차관, 중앙정보국장을 상임위원으로 임명, 심리전략 협조 발전)	

*출처: 남정옥, 『한미 군사 관계사』, pp. 350-353의 내용을 연구자가 도표로 작성함.

트루먼은 1947년 국가안전보장회의가 처음 발족한 한국전쟁 발발 이전까지 총 56회 중 11회만 직접 주관하고 그 외에는 국무 장관에게 위임했다. 트루먼은 국가안전보장회의의 기능이 헌법상 대통령 권한에 대해 침해할 수 있다는 우려로 위임할 때가 많았다.[37] 한국전쟁 발발 이전에는 활성화되지 못한 면이 있었다. 한국전쟁이 발발하자 국가안전보장회의는 안보정책에 대

---

37 남정옥, 『한미 군사 관계사』, p. 351; Carl W. Borklund and Karl W. Borklund, *The Department of Defense*, No. 11. (New York: FA Praeger, 1968), p. 83. 재인용.

해 부처와 기능 간의 협의와 조율을 통해 대통령에게 건의하여 결심을 돕고, 결심한 바를 합참을 통해 훈령으로 하달하는 정책 통합과 자문을 위한 조직으로 활성화되었다. 한국전쟁 동안 총 50회 이상의 회의를 개최하고 300회 이상의 승인 및 건의사항 등에 대해 조처를 하였다.

한국전쟁 지도체계와 미 극동군사령부의 작전지휘체계의 개별 기구 단위로 좀 더 살펴보자. 먼저, 국방부의 창설과정이다. 1947년 7월 25일에 국가안전보장법(National Security Act) 제정으로 국방 분야를 총괄하기 위해 국방부 장관을 수장으로 하는 '국방군사기구(National Military Establishment)'를 창설하였다. 그 이전에는 전쟁부와 해군부가 각각 육군과 해군을 담당하여 내각 일부로서 활동하였었다. 하지만 국방군사기구는 제대로 기능 발휘를 하지 못하였다. 국방부 장관은 실질적인 권한이 부족하였고, 참모들의 보좌 기능도 약하여 각 군의 협의 및 조정을 담당하였으나 군령과 군정에 관한 권한은 부족하였다. 국방부 장관과 육·해·공군 장관은 내각의 일원으로서 각각 군정 및 군령권을 여전히 행사하고 있었고, 국방부 장관은 국방업무를 협조·조정하는 협의체의 장에 불과하였다. 실질적으로 각 군을 통합하고 국가안보와 관련한 정책을 통합할 기구가 필요하였다.

미 의회는 국방조직의 이러한 문제점을 보완하기 위해 1949년 8월 10일 국가안전보장법을 개정하여 '국방군사기구'를 대신하여 '국방부'를 신설하였다. 이제까지 내각의 구성으로서, 또 각 군에 대해 독자적인 권한 행사를 해 왔던 육·해·공군부는 1949년 국가안전보장법에 의거 내각 구성원의 지위가 박탈되고, 새로 신설된 국방부의 예하 부서가 됨에 따라 각 군 장관은 국방부 장관의 지휘 감독을 받는 관계가 되었다. 이에 따라 국방부 내에서 각 군 장관의 지위는 각료급에서 국방부 차관과 차관보의 중간지위로 격하되고, 각 군 본부도 행정부 내의 위치에서 국방부의 지휘 감독을 받는 각

군부(육 · 해 · 공군부)의 소속으로 바뀌게 되었다.[38]

한국전쟁이 발발했을 때 국방부는 신설된 지 10개월도 되지 않은 상태였다. 조직과 편성, 운영 등 여러 면에서 효과적으로 대응체계를 갖추는 데 시간이 부족하였다. 국가안전보장회의 운영을 비롯하여 한반도 문제에 대한 안보정책과 전쟁지도에 대해 많은 부분을 국무부가 주로 처리하였으며, 주요 군사 분야는 주로 합동참모부에서 처리하였다.

미국의 합동참모본부(Joint Chiefs of Staff)는 1942년 제2차 세계대전 중에 임시기구로 설치되었다. 제2차 세계대전 시 미국과 영국은 양국의 군사 사항을 협의하기 위해 연합참모총장회의를 설치하였고, 미 합참은 여기에 참석하는 미국 측 대표부 역할을 수행하였다. 또한, 각 군의 군사적 노력의 지시 및 협조를 위한 대통령 보좌 기관의 역할을 하였다. 제2차 세계대전이 끝나고 1947년 국가안전보장법에 따라 합동참모본부는 상설기구가 되었다.[39]

합참의장은 여전히 육 · 해 · 공군 참모총장이 돌아가면서 합동참모회의를 주재하였고, 각 군으로부터 동일 숫자인 100명의 장교로 합동 참모를 구성하였다. 합동참모본부는 지휘권이 없는 자문기구에 불과하였다. 즉 합동참모회의의 위원들은 대통령, 국가안전보장회의, 국방부 장관의 주요 군사 자문 역할을 담당하였다. 또한, 합동참모본부는 군 통수권자인 대통령, 실질적인 군 책임자인 국방부 장관, 국가안전보장회의의 의결 내용을 지시나 훈령으로 각 전구의 통합사령관에게 전달하는 기능을 수행하였다. 한국전쟁에 있어서 합참이 통합사령관인 극동군사령관 맥아더에게 지시나 훈령을 하달하는 기능을 수행하였다.

38　남정옥, 『한미 군사 관계사』, p. 317.
39　남정옥, 『한미 군사 관계사』, p. 318.

1949년 국가안전보장법의 개정에 따라 합동참모의장직이 신설되었다. 임기 4년으로 하여 각 군 현역 장성 중 최선임 장성을 임명하였으며 합동참모본부는 상설기구이자 회의체로서 기능을 충실히 하게 되었다. 한국전쟁은 신설된 합동참모본부의 시험장이었으며, 초대 합참의장은 브래들리(Omar N. Bradley) 원수였다.

다음으로 미 극동군사령부(FECOM, Far East Command)는 제2차 세계대전 당시 남서태평양사령부의 후신으로 1947년 1월 1일 창설되었다. 극동군사령부는 통합사령부였지만, 완전한 통합군 편제는 아니었다. 극동군사령부는 원래의 육군사령부 편성을 그대로 유지하고 있었기 때문에 해군과 공군은 육군사령관 예하의 육군 참모들이 내린 지시사항들을 따라 수행하는 구조였다. 맥아더 장군은 극동군사령관이자 미 극동육군사령관이기도 하여서 극동해군이나 극동공군은 맥아더가 겸직하고 있는 극동육군보다 그 격이 떨어질 수밖에 없었다. 육군 장교로만 편성된 극동군사령부는 합동작전을 수행할 수 있는 체계가 미비하였다.

또한, 미 극동군사령부는 1950년 7월 7일 UN 안전보장이사회가 채택한 'UN군사령부 설치에 대한 결의 제84호'를 근거로 하여 연합군 전체를 지휘할 권한을 가진 UN군사령부(UNC, United Nation Command)로서 임무와 기능을 부여받았다.[40] 극동군사령부는 16개 참전국의 군대를 지휘하는 UN군사령부가 되었다.[41] 맥아더는 극동군사령관과 UN군사령관을 겸하였고 1950년 7월 14일 이승만 대통령으로부터 한국군의 작전지휘권을 이양받았다.

---

40 남정옥, 『한미 군사 관계사』, p. 322.

41 극동군사령부는 한국전쟁 이후 하와이 호놀룰루(Honolulu)로 이동한 후 1957년 6월 30일부로 해체되어 미 태평양사령부에 통합되었다.

극동군사령부이자 UN군사령부는 한국전선의 지상군부대인 미 제8군과 미 제10군단(1950년 8~12월), 한국 육군, UN참전국 육군에 대한 직접적인 지휘권을 행사하였다. 제5공군과 전략공군은 극동공군사령부를 통해 지휘하였으며, 제7함대와 UN 해군은 극동해군사령부를 통해 지휘하였다.

제2차 세계대전을 치르면서 임시조직으로 존재했던 합동참모본부는 한국전쟁 발발 이전에 군령의 정점으로서 체계를 구축하였으나 국방부는 출범한 지 7개월여밖에 지나지 않은 채로 한국전쟁을 맞았다. 한국전쟁의 발발 전후 정책적 보좌와 수납은 국무부가 주도하고 있었다. 국방부 장관으로 군인이 아닌 민간인 신분의 정치인인 포레스털(James V. Forrestal), 이어서 존슨(Louis A. Johnson)이 임명되어 문민 통제의 정신을 구현하였다. 이는 정치와 군사의 관계에 대한 클라우제비츠 사상의 골자 중에서 '정치에 대해 군의 종속'을 충분히 구현하고 있었다.

반면 군은 군사력 운용에 관해 독자적이고 전문적인 영역을 인정받고자 하였고 정치는 이를 허용하고 있었다. 주한미군 철수에 관한 정책적 판단과 군사적 판단 사이에 있었던 간격은 컸고, 수렴적 태도를 찾아보기 어려웠다. 주한미군 철수 여부에 대하여 국무부와 군은 철수를 완료하는 시점까지도 의견의 일치를 보지 못했다. 육군은 1948년 8월 15일 대한민국이 수립되고 30일 후인 9월 15일에 주한미군 철수를 추진하려다가 주북 소련군의 12월 말 철수에 맞추어 12월 15일 철수를 결정하였다. 국무부는 철수계획의 유연성을 지속 주장하였고, 섣부른 철수가 한국을 위험에 빠트리고 비난을 살 수 있다고 주장했다.

제2차 세계대전 이후 군은 엄청난 규모의 감군과 예산 부족이라는 현실적 이유를 들어 지속적으로 철수를 주장했지만, 새롭게 출범한 한국 정부가 안정을 찾고 자체 방호력을 갖출 때까지 기다려야 한다는 정치적 판단에 대한 이해와 수용적 태도는 부족했다. 이 과정에서 한국의 국내정치 현실을 지켜보던 군정사령관 하지 장군은 조기 철수의 부당함을 주장하다가 파직되었고, 웨드마이어 장군의 현장 확인이 있는 다음에야 대부분 철수하고 남은 주한미군 5천여 명의 철수 완료 시기를 5개월여 늦출 수 있었다.

현지 지휘관 하지 장군과 국무부는 한국 국내외 여건이 아직 성숙하지 않아 미군이 철수하기에 이르다고 판단하였지만, 육군부를 필두로 한 주한미군 조기 철수라는 군의 주장은 관철되었다. 군의 주장은 정치적 판단에 영향을 강하게 주고 있었으며, 정치의 수단으로만 남지 않은 군의 독자적 영역 보장은 역으로 정치적 판단과 결정에 강력한 영향을 미치고 있었다. 분절된 군과 정치의 역학적 산물이었다. 일찍이 미국 정치는 건국 이후에 강력한 군대에 의한 정치의 훼손을 우려하여 군 엘리트 양성을 위한 미 육군사관학교의 설립을 반대하였고, 토목기술을 가르치는 장교양성소 형식을 빌려 사관학교를 개설할 수 있었다. 미국은 건국 이후 지금까지 정치와 군사의 영역을 뛰어넘는 군사 쿠데타를 경험하지 않았지만, 군과 정치의 관계에 있어서 한계는 여전히 존재해 보인다. 정치적 목적을 구현하는 수단으로서 자리하고, 정치에 의해 지나친 수단화로 전락하지 않기 위해 노력이 필요하다. 미국의 규범 체계적 특징으로 한국전쟁 발발 이전에 나타난 정치와 군사의 분절은 주한미군의 철수 과정을 통해 여실히 드러났다.

(2) 전쟁 발발 이후: 군사작전의 확대와 정치와의 분절

전쟁 발발 이후 지상군 투입 규모의 확대를 통해 군사적 승리를 추구하는 과정에서 정치의 전쟁목표와의 분절은 심화하였다. 군은 전쟁에서 독자적인 영역은 확대되고 급기야 한계를 넘어서기에 이른다. 군의 독자적인 영역 인정이라는 전략문화의 특징이 전쟁 발발 이후에 어떻게 영향을 미치는지 살펴보자.

키신저도 정치와 군사 사이의 분절된 사고방식이 한국전쟁의 전세를 더욱 어렵게 만들었다고 설명하였고, 클라크(Mark Wayne Clark) 장군도 회고록에서 "많은 군인이 군의 전투 임무와 국익 보호를 위한 국무부의 노력 사이에 명확한 경계선을 그으면서, 군의 역할은 단지 전쟁에서 싸워 이기는 것이라고 확신했다."[42]라고 지적했다. 군사적 개입 결정으로 전장에 나선 현장지휘관, 맥아더는 부대의 방호와 군사적 승리를 추구해야 하는 본연의 과업 앞에서 군사력 투입 규모와 군사작전의 확대를 향해 빠르게 나아가고 있었다. 맥아더가 중심이 된 군은 전쟁에서 군이 추구하는 군사적 승리가 정치가 추구하는 전쟁목표와 다를 수 있다는 사실에 둔감했다.

맥아더는 전쟁 발발 이전 대한민국의 낮은 전략적 가치와 가용 자원의 합리적 배분을 고려하여 주한미군의 철수를 추진하였다. 발발 초기에도 한반도 문제에 대한 개입보다는 대만에 대한 중국의 점령 시도에 더 민감했었고, 일본에 대한 위협을 중심으로 사고하고 있었다. 하지만, 전장에 대한 현지 시찰을 마친 맥아더가 제기한 2개 사단 규모 추가 요청은 워싱턴의 지상군 투입 결정을 이끌었다. 또한, 앞서 알아본 바와 같이 맥아더의 지상군 투입 요청 규모도 지속적으로 증가하였다. 그것은 북한군이 그토록 잘 훈련되고 군기가 엄정하며, 전투준비가 잘된 부대라고 미처 생각하지 못한 결과였다.[43] 맥아더가 콜린스 육군참모총장에게 한국전선에 신속히 병력을 증강해 줄 것

---

42 Wesley K. Clark, *Waging Modern War: Bosnia, Kosovo, and the Future of Combat* (New York: Public Affairs Press, 2002), XXVIII.

43 남정옥, "미국의 국가안보체제 개편과 한국전쟁시 전쟁정책과 지도", p. 105; Matthew B. Ridgway, *The Korean War* (Garden city, New York: Doubleday and Comp., 1967), p. 22. 재인용.

을 역설하면서 들었던 비유를 통해 전쟁 발발 전후 맥아더의 인식 변화를 엿볼 수 있다.

> "세계를 하나의 수도(首都)로 비유하고, 수도에 불이 났을 때 화재진압 우선순위가 있다고 가정하자. 만약 우선순위 4번 지역에 불이 났다고 해서 1번 지역에 사용될 화재진압 장비를 사용하지 않을 수 있느냐? 이제 소화 장비를 우선순위가 4번째인 지역으로 보내야 한다."[44]

맥아더는 작전 허용 지역 범위를 지속적으로 확대 요청하거나 승인 이전에 독자적으로 지시하였다. 한국 시찰에 나서는 비행기 안에서 남한지역에서 활동하는 북한군 위협의 근원적 제거를 위해 38도선 이북지역에 대한 공군작전을 워싱턴의 승인 이전에 먼저 지시하였다. 또한, 인천상륙작전의 성공 이후 38도선 이북지역에 대한 지상군의 진출이 아직 결정되기도 전에 맥아더는 북한군을 격퇴하려는 것이 아니라 격멸하고자 하며, 전쟁 종결 이후의 문제는 한국을 하나로 통일하는 것이라고 공공연하게 주장하였다.[45] 마침내 9월 11일, 트루먼 대통령은 북한지역으로 지상작전을 확대할 것을 결정하였다. 이 결정은 소련과 중국의 개입이 없는 경우에 한정되며, 실제 38선 돌파는 대통령의 승인을 받도록 하였다. 이후, 9월 27일 UN군의 38도선 돌파를 승인하였다.

미 행정부가 전쟁 발발 초기에 세웠던 정책목표는 침공 이전의 상태로 회복, 즉 북한군을 격퇴하는 데 있었다. 하지만 맥아더 장군은 북한군 격멸을

---

44   Schnabel, *Policy and Direction*, p. 107.
45   김행복, 『한국전쟁의 전쟁지도: 한국군 및 UN군 편』 (서울: 국방군사연구소, 1999), pp. 331-332.

목표로 작전을 수행하였고, 이런 군사지휘관의 주장은 정책의 목표조차도 일시적으로 변경하게 하여 트루먼 행정부가 38도선 이북으로 지상군을 투입하게 하는 결정을 내리게 하였다.

반격을 통해 크리스마스까지 본국으로의 복귀를 생각하던 UN군은 중공군의 개입으로 위기에 처했다. 맥아더는 중국 개입 차단을 위한 적극적인 폭격을 주장하고 나섰지만, 행정부의 확전 방지 의도는 명확했다. 맥아더는 전투에 대한 불공정한 제한 사항, 불충분한 전력 탓에 한국에서 전쟁을 수행하고 일본을 방위하는 것이 어렵다고 불만을 표했다.[46] 전쟁에서 승리만이 유일한 답이며, 이를 대체할 것은 없다는 맥아더의 주장은 군인으로서 전쟁에 대한 그의 명확한 인식을 보여준다.

맥아더의 주장에 대해 국무부 정책기획국장을 지낸 캐넌의 생각은 달랐다. 1951년에 시카고 대학에서 진행한 강의 기록인 『American Diplomacy 1900-1950』에서 다음과 같이 말했다.

"얼마 전 저명한 미국인(맥아더)에 의해 '전쟁의 목적은 바로 승리'이며 '전쟁에서 승리를 대체할 수 있는 것은 없다'라고 주장되었다. 아마도 여기에서 혼란은 '승리'라는 용어가 의미하는 것이 무엇인지에 있다. 아마도 그 용어가 실제로 잘못 사용된 것 같다. 전투에서는 그러한 '승리'가 있을 수 있지만, 전쟁에서는 목표의 달성이나 미달성만이 가능하다. 옛날에는 전시 목표가 일반적으로 제한적이고 실용적이었으며, 군사작전의 성공을 목표에 근접하게 하는 정도에 따라 측정하는 것이 일반적이었다. 그러나 당신의 목표가 도덕적이고 이념적이며 전체 국민의 태

---

46 Michael Schaller, *Douglas MacArthur: The Far Eastern General* (New York: Oxford University Press, 1989), p. 227.

도와 전통을 바꾸거나 정권의 성격을 바꾸는 데 달려 있다면 승리는 아마도 전적으로 군사적 수단이나 실제로 어떤 짧은 시간 내에 달성될 수 없는 것이며 아마도 그것이 우리의 혼란의 근원일 것이다."[47] (강조 부분은 연구자)

전쟁에서 정치와 군사가 추구하는 목표의 차이에 대한 캐넌의 인식은 오늘날에는 보편적으로 받아들여지는 명제이지만, 생존과 존망을 다투는 암울한 전쟁의 한복판에서 52년을 보낸 군인 맥아더가 받아들이기에는 맥 빠지는 얘기이자 군의 존재에 대한 이해 부족에서 나온 미숙한 얘기일 뿐이었다. 하지만, 맥아더가 정치와 군의 역할을 구분하지 못해 군의 입장만을 주장한 것은 아니었다. 전통적 군사 엘리트의 대표 격인 맥아더의 한국전쟁에 관한 시각은 정치와는 달랐으나 전략적 접근에 대한 이해가 깊었다. 정치가 추구하는 제한전쟁에 맥아더가 동의할 수 없었던 또 다른 이유는 다음과 같다.

"트루먼과 비슷하게 맥아더는 이 전쟁을 적(북한, 중국, 소련)에게 피를 흘리게 하고 소련 제국의 주변 지역을 해방하며, 최근 미국 정책에서 본 후퇴의 패턴을 뒤집을 놀라운 기회로 보았다. 행정부는 전쟁을 제한된 수단과 목적 중 하나로 보았지만, 맥아더는 전쟁을 아시아의 공산화 파고에 과감하게 맞서 역전시킬 기회로 생각했다."[48]

맥아더는 한반도에서 전쟁을 계기로 공산 세력들에게 치명적 피해를 안겨다 주어서 주변 지역을 해방하고 판도를 뒤집을 계기라고 보았다. 맥아더

---

47   George F. Kennan, "American Diplomacy, 1900-1950", *Ethics*, 62.3 (1952), p. 88.
48   Michael Schaller, *Douglas MacArthur: The Far Eastern General*, p. 183.

의 주장처럼 중국과 소련에서 북한으로 진입하는 통로를 공격하는 개입 차단의 차원을 넘어서 중국 본토 지역의 군사목표를 타격하고 핵폭탄을 적극적으로 사용했다면 전쟁의 결과는 달라졌을 수 있다.

맥아더는 한국전쟁에 대한 정책목표가 지향하는 제한전쟁에 동의하지 않은 채, 군사적 승리를 위해 군사작전을 확대하려 들면서 정치적으로 부여된 한계를 넘어서거나 도전함으로써 월권이 나오게 되었다. 물론 맥아더가 워싱턴 정계에 대해 가졌던 불신과 군사적 자신감이 함께 작동하면서 정책에 맞서는 언행의 반복과 합참의 지시에 반하는 군사력 운용이 거듭되어 끝내 1951년 4월 11일 해임이 결정되었다. 맥아더 장군의 월권 사례를 연대기순으로 정리하면 다음 표와 같다.

〈표 6-4〉 한국전쟁 시 맥아더 장군의 월권 사례

구분	내용
1950. 6. 29.	승인 이전에 38선 이북지역 공군작전 허용 (한국전선 시찰을 위해 이동하는 비행기 안에서 허용함)
8월	38선 이북 지상군 진출 결정 이전 북괴군 격멸을 위해 38선 이북지역으로 진출과 한국통일 추진의 필요성 주장
9월 중순	존슨 국방부 장관 해임 (정책에 반하는 맥아더를 편들었다고 판단하여 해임함)
10월 중순	대통령의 웨이크섬 방문, 훈장 수여 시 경례 생략 (인천상륙작전에 성공한 자신을 정치소품으로 사용한다고 생각함) 대통령의 점심 초청을 거절하고 도쿄로 복귀함 (대통령의 초청은 명령의 효력을 가짐 - 군사 전통)
1951. 3월 말	중국 해안과 본토 내부 군사기지 공격을 주장하는 성명 발표 (워싱턴의 제3차 세계대전 발발을 우려하는 군사정책과 맞섬, 정치적 언급을 금한 대통령 지시에 정면 도전함)
3월	공화당 마틴 의원, 맥아더 장군이 보낸 편지를 언론 공개 (대통령 비판, "승리를 대체하는 것은 없다"라고 주장, 제한전쟁을 추구하는 정책과 맞섬)

*출처: 토머스 릭스, 김영식 · 최재호 역, 『제너럴스 The Generals』 (서울: 플래닛미디어, 2022), pp. 164-275의 내용을 연구자가 도표로 작성함.

한국전쟁 초기 전략적 행위의 결정 과정에서 무엇보다 최고결정권자인 트루먼의 인식관과 전략적 선택이 가장 큰 영향을 미쳤다. 제2차 세계대전 발발 과정에 대한 반성과 문제의식, 공산주의 팽창에 대한 위기감이 주효하였다. 트루먼 대통령의 개인적인 선택처럼 보이지만, 실상은 축적된 전략문화가 전략적 행위자에게 영향을 미쳤고 전략적 행위를 이끈 것이었다. 미국은 자신들이 지향하는 가치인 자유민주주의에 대한 수호 의지가 작동하면서 눈앞에 침공에 대하여 제2차 세계대전의 연속선상에서 고립이 아닌 개입을 택했다. 하지만, 제2차 세계대전 초기의 고립주의에 비해 한국전쟁 발발 초기부터 개입주의로 나섰던 것은 제2차 세계대전의 유럽과 태평양 지역에서 겪었던 뼈아픈 '1930년대 교훈'이 작동하였기 때문이다. 고립으로 자유주의 가치를 지켜낼 수는 없었다. 눈앞에서 소련의 지원을 받은 북한의 침공으로 자유민주주의가 심각하게 위협받고 있었기 때문이다. 공산 진영이 한반도를 장악하면 곧바로 일본이 위협받고, 인도차이나와 서유럽에도 적신호가 켜지기 때문에 개입만이 그들을 멈춰 세울 수 있는 선택이었다.

초기 개입과정에서 보인 전략공군과 핵전력에 기초한 도서방위전략은 미국의 지리적 영향인 해양국가가 가지는 특징이었다. 또한, 맥아더의 건의로 확장된 지상군 투입 규모와 전장의 확대는 미 행정부가 설정한 원상회복이라는 정책목표를 변경하게 했다. 여기서 정치와 군사의 분절이 가져다준 한계를 엿볼 수 있다. 미 본토에서 치르는 총력전이 아니라 원정작전의 특성에 의해 정치를 벗어난 현장지휘관의 역할이 더 강하게 작동하는 현상이었다. 물론 행위자인 맥아더의 개인적 특성도 크게 영향을 주었다. 70세가 넘은 노장으로 전통적인 군 엘리트의 대표였으며, 필리핀 총독인 아버지를 따라 군사고문으로 필리핀에서 생활하며 워싱턴과는 소통이 적었던 군사지휘관이었다. 워싱턴에 대한 오만, 참모 조언조차 무시하던 자신감을 넘어선 자만심이 정치와의 분절을 더 부추겼다. 맥아더의 이런 태도는 제2차 세계대전을 경험하면서 군의 독자적 영역을 인정받는 환경에서 키워진 사고체계였으나 한국전쟁이 갖는 제한전쟁의 틀 속에서는 용인될 수 없었다. 국방부를 편성하고 민간인 장관을 임명하여 문민 통제를 완성하였고 합동참모본부를 통한 군령 체계를 구축한 1949년 이후의 변화한 정치와 군의 관계를 맥아더가 이해하고 행동으로 옮기기에는 제한되었고 이미 고형화되어 있었다.

3. 되새김

규범체계 측면에서 도출한 미국 전략문화인 정치와 군사의 분절이 가진 세부 특징인 정치의 실패로서의 전쟁, 군의 독자적 영역 인정이라는 전략문화가 한국전쟁 발발 전후 미국의 한반도 개입정책 선호에 연속성 있게 영향을 미치고 있음을 확인했다.

먼저 한국전쟁 발발 이전 주한미군이 철수한 상황에서 한국 정부는 자위력을 갖추기 위한 무기 지원을 미국에 요청하였으나 미국은 계속해서 거부하였다. 북한은 중국으로부터 항일투쟁 당시 지원했던 조선의용군들을 전환받았으며, 소련은 일본군 노획 무기들을 포함하여 대량의 중화기를 북한에 지원하였다. 미국은 전쟁을 염두에 둔 군사력의 사전 배치, 군사원조나 지원에 소극적이었다. 전쟁이 정치의 연장수단으로서 상시 고려될 수 있다는 명제를 미국의 전략문화는 받아들이지 않았다.(S-1) 대소봉쇄를 위한 억제정책이 한계에 부딪히는 지점에서 전쟁에 불리어 나가는 군사와 정치의 분절을 여실히 보여주었다.

제2차 세계대전이 종식되자 세계는 공산세력과의 대립으로 치닫게 되었다. 팽창을 시도하는 공산세력은 자유민주주의를 위협하는 '악'이 되었다. 소련의 팽창에 대해 위협을 느낀 미국은 즉각적으로 봉쇄정책을 펼쳤다. 서유럽의 경제적 부흥을 통해 공산세력에 맞설 수 있도록 트루먼 독트린과 마셜 플랜이 대대적으로 추진되었다. 하지만, 소련의 팽창을 위한 첫 번째 무력충돌이 한반도에서 벌어진 결과적 관점에서 본다면 대소 봉쇄정책과 적정 군사력의 사전 배치, 전쟁계획 준비 등 군사력 운용과의 사이에는 괴리가 존재했음을 알 수 있다.

동아시아 지역에서 미국의 군사력 운용은 해양국가적 위협대응 방식인 핵무기와 해·공군력에 의존한 도서방위전략이었다. 소련군이 한반도 진입 시 20일 이내 한반도 석권을 예상했지만, 지상군의 상대적 열세를 이유로 소련의 남하에 대응한 계획이 없었으며, 중국 내륙에 대한 반격에 나설 때도 한반도를 우회한다는 작전계획을 세우고 있었다. 전략문화에 존재하는 정치와 군의 분절을 보여준다. 군은 정부의 봉쇄정책이 실효성을 거두도록 군사력 운용으로 뒷받침하여야 함에도 군사적 능력의 제한을 이유로 하여 역으로 정책 결정에 영향을 미치고 있었다.

자유중국이 대만으로 쫓겨가고 중화인민공화국이 건국하였으며, 미국의 쐐기 전략에도 중국과 소련이 동맹 체결을 추진하였다. 동아시아 지역에서 소련의 팽창이 우려되는 상황에서 아시아 정책의 부재를 비난받고 있던 미국은 떠밀리듯 대아시아 정책을 제시했다. 하지만 해당 정책의 공표과정에서 한반도에 대한 미국의 소극적 태도를 여과 없이 내보이고 있었다. 미국의 전략적 행위가 전하는 메시지는 한반도 문제에 대해 미국이 개입하지 않으리라는 인상을 주었다. 동아시아 지역, 좁게는 한반도에 대한 미국의 소극적 정책을 여과 없이 노출했던 것은 정책의 부재에 대한 여론의 질타에 대응하는 과정에서 나타났다.

한국전쟁 발발 초기 맥아더는 정치기구의 지침과 훈령에 대한 수동적 이행의 입장이었다. 하지만, 1950년 6월 29일 한국전선을 시찰하고 난 이후에는 지상군 투입에 적극적인 태도로 변하기 시작했다. 맥아더는 1개 연대전투단을 즉각 파견해 주고, 반격에 이용될 2개 사단을 가능한 한 빨리 투입할 것을 요청하여 승인을 받았다. 이후 최초 투입된 미 24사단의 선견대인 스미스 특수임무부대(TF)가 7월 5일 오산 전투에서 패퇴하자 맥아더는 적정 지상군 규모를 다시 판단하게 되었다. 이미 투입된 병력 이외에 최소 4개 사단을 추가 요청하였다. 이후 콜린스 육군총장과의 회담에서 1개 야전군, 8개 사단 규모를 요청하였으며, 이 규모는 최종적으로 한국전쟁 간 한반도에 전개한 부대 규모와 유사하였다. 정치적 봉쇄 노력이 한계에 부딪혀 군의 투입이 결정된 이후에 전장에 나선 군은 군의 숙명인 군사적 승리와 부대 방호를 위해 시간과 노력을 투입해야 하는 현실에 처하게 된 것이다.

둘째, 전쟁에서 군의 독자적 영역을 인정하는 특징이 한국전쟁 발발 전후에 연속성 있게 정책적 선호에 영향을 주고 있었다.(S-2) 전쟁 발발 이전 주한미군 철수에 부정적이었던 국무부 입장과 달리 군은 병력감축과 예산의 한계를 이유로 철수를 주장하여 정책결정을 이끌었다. 전쟁이 발발한 이후에는 지상군의 투입과 투입 규모의 확대, 그리고 38도선 이북으로 전장의 확대 과정에서 군의 의견과 건의가 주효하게 작동하였다. 이는 전쟁에 있어서 군의 독자적이고 전문적인 영역이 있음을 인정받는 일반적인 모습을 넘어서고 있었다. 본토 밖에서 일어나는 전쟁이라는 미국의 지리적 환경에서 발생하는 '정치와 군사의 분절'이 지속적으로 작동함을 확인할 수 있다.

또한, 자유민주주의가 북한의 침공으로 심각하게 위협받아 지상군의 투입이 결정된 상황에 이르자, 현지 지휘관의 판단과 건의는 지상군 투입 규모와 전장의 확대를 넘어 전쟁목표를 변경할 만큼 주효하였다. 정치로부터 분절된 군의 역할은 끝내 정치적 요구를 벗어나 월권행위로까지 나타났고, 맥아더의 해임으로 일단락되었다.

미국의 한국전쟁 발발 전후 한반도 개입정책의 선택과정에서 군의 역할이 컸다. 주한미군 철수를 결정하는 과정에서 군은 군사적 합리성을 들어 정치적 고려를 압도하였으며, 국무부와의 갈등 속에서도 주한미군 철수를 주도했다. 막상 전쟁이 발발하고 해·공군력만을 가지고 개입을 시작했던 정치에 반해 현지 감각을 가진 군은 지상군의 투입을 주장하여 적극적 개입정책 선택을 이끌었다. 군이 전쟁에서 독자적 영역을 인정받고, 전쟁 수행에서 자율성을 인정받는 현상을 엿볼 수 있다.

미국은 전쟁을 정치의 연장 수단화하여 외교적 문제를 해결하려는 접근은 전략문화로 받아들여지지 않았다. 전쟁 이전에 수립되었던 전쟁계획, 작전계획에서 소련의 물리적인 세력 확장 시도에 대한 대응적 차원에서 전쟁을 준비하고 있었다. 이후의 세계에서 명확한 악을 제거하기 위해 개입을 선택하기도 하였지만, 전쟁을 정치 수단화하여 언제든 창고에서 가져다 쓸 수 있는 연장으로 고려하지 않았다. 정치와 군사의 분절적 특징들은 한국전쟁 발발이라는 외생변수에도 불구하고 전쟁 발발 전후 미국의 한반도 개입정책에 일정하게 영향을 미치고 있었다. 미국은 정치와 군사의 분절이라는 전략문화에 영향을 받아 개입정책에 관한 연속성 있는 정책적 선호를 보였음을 입증하였다.

다만, 21세기 초 미국은 유일 군사강대국으로서 테러와의 전쟁을 빌미로 군사적 개입에 스스럼없었고, 군사적 개입으로 정치적 목적을 추구하는 듯이 보였다. 그래서 정치와 군사의 분절은 지속성과 포괄성 있는 전략문화적 특징이 아닐 수 있다는 의구심이 제기될 수 있다. 그러나 미국의 전략문화로부터 일탈은 오래가지 않아 회귀하였다. 군사적 개입이 실익이 없이 마감되고 강성해진 중국과의 대규모 전쟁을 준비하기 위한 신중한 개입정책으로 다시 돌아섰다. 다시 말해 정치와 군사의 분절이라는 미국 전략문화의 테두리로 되돌아왔다. 정치와 군사의 분절은 지속성과 포괄성 있는 전략문화의 특징임이 틀림없다.

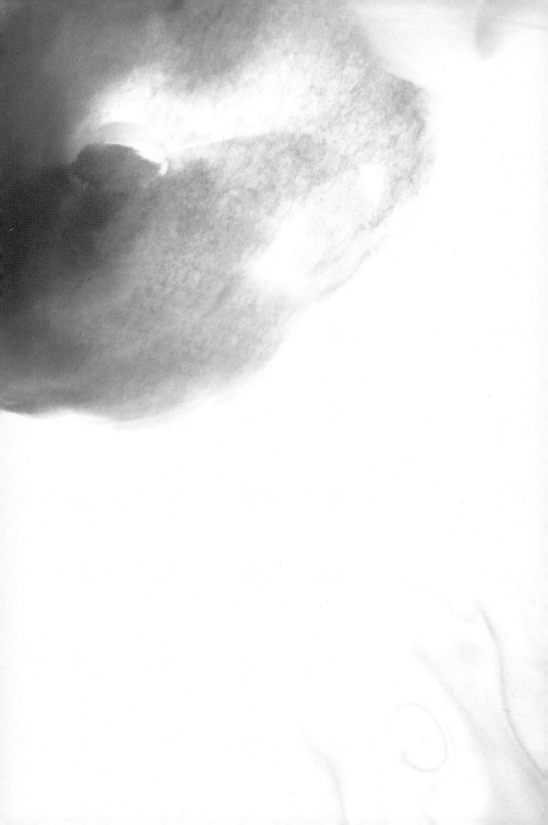

VII

결론

1. 연구내용 요약

신생독립국 대한민국의 간절한 지원요청에도 불구하고 한국전쟁 발발 이전 한반도 문제 개입에 소극적이었던 미국이 전쟁 발발 직후 단시간 내 해·공군 지원에 이어 지상군을 투입하는 적극적 개입으로 전환하였다. 한국전쟁 발발 전후 미국의 한반도 개입정책 변화를 합리적 의사결정이론만으로 설명하는 것은 한계가 있다. 미국이라는 거대 전략적 행위자가 어떠한 방향성이나 연속성도 없이 사안별 기대와 효용에 의한 의사결정을 단편적으로 이어갔다고 보는 것은 한계가 있다. 본 연구는 미국 고유의 특성인 전략문화를 통해 미국의 한반도 개입정책에 관한 '정책적 선호에 내재된 연속성'을 확인하였다. 개입정책 선택의 배경을 설명하는 데 있어 기존의 합리적 의사결정이론이 가진 한계를 전략문화에 기초한 정책적 선호로 보완하여 설명할 수 있었다.

본 연구가 도출했던 미국 전략문화를 통해 한국전쟁 발발 전후 미국의 한반도 개입정책의 기저에서 확인한 연속성은 다음과 같다. 먼저, '예외주의적 전략문화'의 자유민주주의 가치의 수호와 확산 측면에서 살펴보았다.(E-1) 전쟁 발발 이전 미국은 대소봉쇄정책에도 불구하고 주한미군 철수 이후 군사지원 요청, 태평양연맹 안을 수용하지 않았다. 미국이 공산세력의 확산 시도가 인도차이나를 지향하리라고 판단한 까닭도 있었지만, 수호해야 할 자유민주주의 가치의 확고한 공유를 확신하지 못한 탓도 존재한다. 미국은 남한에 대한 군사적 지원이 무력을 통한 민족통일의 도구로 활용될 것을 우려하고 있었다. 한국전쟁이 발발하자 침공당한 자유민주주의는 공산세력과 대비되어 비로소 선명해졌다. 자유민주주의 리더인 미국은 국가적 체면과 UN의 설립 목적에 대한 직접적인 도전을 방관할 수 없게 되었다.

다음으로 선악 분리라는 측면에서(E-2) 제2차 세계대전이 종료되자 제국주의를 대신하여 세력을 확장하던 공산주의는 자유민주주의를 위협하는 '악'으로 규정되었다. 미국은 악의 세력 확장이 중국에 이어 인도차이나반도를 지향하리라 생각하였다. 하지만, 한반도에서 공산세력의 첫 확장 시도가 발생하자 악을 제거하여 자유민주주의를 악으로부터 지켜내기 위한 개입의 필요성이 명확해졌다.

둘째, '해양국가'라는 지리적 환경 차원의 자기 인식에서 비롯한 외부위협 면제 심리와 선택적 접근이라는 세부 특징 면에서(M-1) 전쟁 발발 이전 미국은 공산세력의 직접적인 위협 아래 미 지상군을 주둔시켜 원하지 않는 전쟁에 휘말려 들고 싶지 않았다. 또한, 완충지대를 두고 방위선 안으로 물러나 방위선 밖에서 일어나는 지역 분쟁에 선택적으로 개입하기를 원했다. 그러나 한국전쟁이 발발하자 자유민주주의는 소련의 지원이 확실해 보이는 침공의 직접적인 위협 아래 놓였다. 미국의 가치와 체면, 이익이 악의 직접적인 공격을 받았기에 미국은 그 직접적인 위협에 대한 적극적인 개입을 선택하게 되었다.

해 · 공군 우선 운용과 핵 의존 측면에서(M-2) 미국은 제2차 세계대전 중 핵 개발에 성공하였고 2개의 핵폭탄을 투하하여 자국군의 최소희생과 비용으로 태평양 전쟁을 종결하는 도구로 사용하였다. 핵과 장거리 투발수단인 전략공군을 이용하여 사전 배치와 대립으로 인한 병력 손실을 대체하고

자 했기에 주한미군을 완전히 철수하고 애치슨 라인을 설정하여 완충지대를 두었다. 이와 같은 전쟁 이전의 정책은 북한의 침략행위를 방위선상에서 해·공군으로 응징하려 했던 한국전쟁 발발 초기 정책과 같았다. 미국은 현지 지휘관 맥아더의 지상군 투입건의가 있기까지 해·공군을 우선 운용하는 개입정책을 유지하였다. 또한, 미국은 적극적인 핵 사용전략이 성숙하지 않은 가운데 전쟁 종결을 위한 군사적 수단으로서 핵 의존 전략을 유지하였다.

셋째, '정치와 군사의 분절'의 세부 특징인 정치의 실패로서 전쟁을 시작한다는 관점에서(S-1) 전쟁 발발 이전 미국은 대소봉쇄정책의 수단으로 전쟁을 고려하지 않았고 그저 무력공격에 대해 반격에 나서는 전쟁계획과 작전계획을 가지고 있었을 뿐이었다. 미국은 한국전쟁이 발발한 직후 정치가 더는 문제를 해결할 수 없는 불가피한 상황에서 전쟁에 나서게 되었다. 자유민주주의 수호를 위해 미국은 전쟁을 도구로 사용하여 소련의 확장 차단을 강제할 의지가 있음을 명확히 전달하지 않았다.

전쟁에 관해 군의 독자적 영역을 인정하는 문화 관점에서(S-2) 전쟁 발발 이전 주한미군 철수 결정에 관하여 미 국무부는 한국 내부의 이념대립과 혼란으로 인해 아직 철수 여건이 성숙하지 못했다고 주장했다. 하지만, 군은 병력과 예산 부족, 한국의 전략적 가치 등 군사적 합리성을 들어 국무부의 반대에도 불구하고 주한미군 철수를 관철하였다. 반면, 전쟁 발발 직후에는 NSC가 해·공군 투입을 우선으로 무력침공에 대응하고 있는 사이에 맥아더가 현지 시찰 이후 지상군 투입을 건의하였고 트루먼은 2개 사단 규모를 승인하였다. 이후 38도선 회복이라는 전쟁목표와는 달리 군사적 승리와 북한군 격멸을 추구하면서 군의 주장대로 투입 규모는 1개 야전군, 3개 군단, 8개 사단 규모로 증가하였고, 전장은 38도선 이북으로 확장되었다.

이상과 같이 미국 전략문화의 특징이 한국전쟁 발발 전후 미국의 한반도 개입정책 선택에 내재된 일정한 맥락인 정책적 선호를 효과적으로 설명하고 있음을 입증하였다. 결국, 미국이 추구하는 자유민주주의라는 지고한 가치를 수호하기 위해 완충지대를 형성하고 핵에 의존하면서 해·공군 위주로 운용하였으며, 전장에 나선 군의 독자적 영역과 자율성은 역으로 정책적 결정에 주된 영향을 주었다. 해양국가적 특징은 지속성과 영향력 면에서 전략문화 특징 면에서 가장 강력하였으며, 자유민주주의 가치를 확고히 공유하고 있다는 유대감 형성과 현지 군사지휘관과의 위협과 대응에 대한 공감대 형성이 중요하였다.

2. 시사점과 도전

본 연구는 미국의 개입정책이나 미국 전략문화에 관한 기존연구와 비교하여 몇 가지 시사점이 있다. 먼저, 적실한 미국 전략문화와 그 세부 특징을 도출하였다는 점이다. 미국 전략문화의 형성과정을 자세히 살펴서 전략문화와 그 세부 특징을 도출하고, 전략문화의 특징이 한국전쟁 발발 전후에 연속성 있게 개입정책 선택에 영향을 주었음을 확인하였다. 한국전쟁 발발이라는 외생변수에도 불구하고 개입정책과 전략문화 특징 간의 상관관계를 순환적으로 반복 검증하여 지속성과 포괄성이 있는 전략문화 특징을 도출하였다.

둘째, 미국 전략문화가 한국전쟁 발발 전후 한반도 개입정책의 기저에 있는 연속성을 효과적으로 설명함을 역사문화적 분석을 통해 실증하였다. 한국전쟁 발발 전후 미국 전략문화라는 프리즘을 통해 미국의 개입정책 선택이 갖는 연속성을 설명할 수 있었다. 이는 사안별 또는 시기별 기대와 효용에 따른 선택만으로 설명하는 합리적 의사결정이론에 의한 분석을 보완하여 연속성 측면에서 정책적 선택을 바라볼 수 있게 한다.

셋째, 기존 전략문화 연구는 특정 집단이 문화적 패권을 발휘함으로써 전략문화가 변질할 수 있다는 점을 지적하였다. 본 연구에서는 군(軍)이 그러한 집단으로 고려될 수 있지만, '정치와 군사의 분절'이라는 전략문화의 특징을 통해 개입정책을 설명할 수 있었다. 한국전쟁 발발 전후 군이라는 집단이 문화패권을 가졌었다고 단정할 수 없으며, 미국 전략문화의 특징에 군의 탈정치성을 포함하여 군이 주도하는 공간에 관해 설명할 수 있는 연구성과가 있었다. 다만, 규범체계는 역사적 경험, 지리적 환경보다 변화 가능성이 상대적으로 크기 때문에 변화 여부를 추적해야 한다.

본 연구가 전략문화 형성에 주된 영향요인을 기반으로 하여 지속성, 차별성이 있는 전략문화의 특징을 한정하여 분석하였는데, 영향요인과 전략문화적 특징이 연구를 위해 간략화되었을 수 있다. 후속 연구에서 전략문화의 특징을 보완하려는 시도는 의미가 있다. 다만, 지속성이 없어 변화가 잦거나 지엽적이어서 다양한 전략적 행위를 포괄하여 영향을 미치지 못하고, 도출된 특징 사이에 차별성이 없는 특징은 제외되어야 한다. 1세대 전략문화이론가들이 전략문화의 정의에서 밝힌 세부적인 전략문화 특징 제시의 필요성에 반해 단순한 결론을 도출했다는 비판을 받았음을 염두에 두어야 한다.

후속 연구를 한다면 본 연구에서 분석한 전략문화의 특징이 미국의 다른 전략적 행위에도 동일하게 영향을 미치고 있는지를 연구할 필요가 있다. 한국전쟁 발발 전후 미국의 한반도 개입정책은 미국 전략문화의 영향 여부를 추적하는 데 유용한 사례였다. 한반도 이외 이라크, 아프가니스탄, 우크라이나 등 다른 지역이나 한반도 내에서도 푸에블로호 납치나 천안함 폭침 등 다른 도발에 관한 미국의 개입정책에 관한 연구도 충분히 가치가 있다.

3. 정책적 함의

미국의 전략문화가 전략적 행위의 근원에서 연속성 있게 작동하고 있다는 본 연구의 결과가 주는 함의는 다음과 같다. 우선, 미국은 국가 이익에 기초하여 기대와 효용에 따라 합리적 선택을 하려 할 것이다. 그런데도 정책적 선택의 기저에서는 전략문화가 지속적으로 작동하면서 선택에 영향을 준다. 사후적 관점에서 바라본다면, 합리적 의사결정이론으로 설명하지 못하는 여백을 전략문화적 분석방법이 채워주었다. 미국의 정책적 선호를 판단하는 데 기대와 효용에 따른 합리적 선택과 기저에 있는 미국 전략문화의 영향 측면을 보완적으로 분석한다면 더 유용한 산물을 얻을 수 있을 것이다.

둘째, 한·미군 상호 간의 결속과 유대가 중요하다. 본 연구에서 미국 전략문화인 정치와 군사의 분절이 한국전쟁 발발 전후에 개입정책 선택에 미치는 영향을 확인하였다. 국무부의 정책적 판단과 달리 현장에 서 있는 군의 주장과 입장은 최종결정에 중요한 변인이 되었다. 미국 영토 외에서 발생한 전쟁에서 현지 지휘관의 독자적 영역과 자율성을 인정하는 전략문화를 통해 군의 의견이 정책적 선택에 역으로 영향을 주고 있음을 확인하였다. 따라서 한·미군 간의 군사적 유대관계를 강화하여 현지 지휘관의 전략적 판단과 결정에 우호적 영향을 주어야 한다. 2022년 미국 국방전략서의 내용처럼 미국은 주적인 중국 이외 지역에 대한 개입정책에 대해 신중할 수밖에 없으므로 한·미연합군 상호 간 군사적 유대는 더욱 중요해졌다. 연합방위체제의 굳건함 속에서 유엔사의 전력제공 및 통합에 대한 주요한 역할의 지속, 강한 힘을 통한 평화, 유사시 즉각 응징과 북 정권 절멸 등에 대한 굳건한 공감대를 평소에 다져나가야 한다.

장차 한반도에 전쟁의 창이 다시 열리게 된다면 일방의 소멸과 영토적 통일을 이룩하기 위한 절대전쟁으로 치닫기보다 제한전쟁으로 치러질 가능성이 크다. 한반도에 이해관계를 가지고 있는 주변 강대국들이 유·무형적으로 개입하려 들 것이다. 한국전쟁 당시에 중국은 고심 끝에 지상군 투입을 택했고, 소련은 직접적인 미국과의 대결 대신에 간접적 지원을 택했다. 하지만 21세기 중국은 1950년과는 달리 핵을 가졌고 반접근 지역거부(A2AD) 전략을 통해 미국의 한반도 지역에 대한 자유로운 전력투사에 마찰을 가져올 것이다. 과거 천안함 피침 사건 당시 한미 공동 위기대응 차원의 미 항모 서해 진입 시도를 거부하여 끝내 동해에서 무력시위를 하게 한 사례가 있다. 러시아도 2022년 시작한 우크라이나와의 전쟁 장기화에 따라 생산능력을 초과하는 포탄 소비량을 북한의 지원을 통해 극복하고자 군사협력을 강화하고 있다. 북한의 적극적인 지원에 대한 러시아의 부채감과 미군 개입에 따른 공산 진영 위축에 대한 위기감이 작동한다면 러시아의 지원은 한국전쟁 당시와 같이 간접적 지원으로만 남아 있지 않을 수 있다.

또한, 북한이 핵 보복 능력(second strike)의 확보로 미국과 상호 확증파괴에까지 이르지는 못하더라도 다양한 투발수단을 포함하는 현재의 핵 능력만으로도 충분히 미국의 적극적 개입 결정에 대해 딜레마를 안겨줄 것이다. 미국은 서울의 안전을 위해 L.A.의 안전을 희생할 결기를 요구받게 될 가능성이 크다. 이처럼 제2의 한국전쟁 발발은 삼국 개입(TPI, Third Party Intervention)과 상호 핵 억지력이 작동하며 제1의 한국전쟁과 비교하여 더 제약받는 제한전쟁이 될 것이다. 따라서 제한전쟁이라는 현실 앞에서 미국의 개입정책 선호를 '예외주의, 해양국가, 군과 정치의 분절'이라는 미국 전략문화 차원에서 면밀하게 관찰하고 분석 노력을 통해 한반도 역사에 대한 주동적인 접근을 해 나가야 한다.

1. 국문 문헌

가. 단행본

공군본부.『UN공군사』. 서울: 공군본부, 1975.

국방부 군사편찬연구소.『라주바예프의 6 · 25전쟁 보고서(제1권)』. 서울: 국방부, 2001.

권영근.『한반도와 강대국의 국제정치: 미국의 한반도 정책을 중심으로(1943~1954)』. 서울: 행복에너지, 2021.

김덕기.『6 · 25전쟁에서 미국의 정치적 목적과 군사적 목표』. 충남: 육군군사연구소, 2016.

김영호.『한국전쟁의 기원과 전개 과정』. 서울: 두레, 1998.

김원모.『한미외교관계 100년사』. 서울: 철학과 현실사, 2002.

김주환.『미국의 세계전략과 한국전쟁』. 서울: 靑史, 1989.

김행복.『한국전쟁의 전쟁지도: 한국군 및 UN군 편』. 서울: 국방군사연구소, 1999.

남시욱.『6 · 25전쟁과 미국: 트루먼, 애치슨, 맥아더의 역할』. 서울: 청미디어, 2015.

남정옥.『미국은 왜 한국전쟁에서 휴전할 수밖에 없었을까: 미국의 새로운 국가안보체제하의 전쟁정책과 전쟁지도를 중심으로』. 서울: 한국학술정보, 2010.

_____.『한미 군사 관계사: 1872~2002』. 서울: 국방부 군사편찬연구소, 2002.

데이비드 쑤이. 한국전략문제연구소 역.『중국의 6 · 25전쟁 참전』. 서울: 한국전략문제연구소, 2011.

데이비드 C. 하네스. 국방대학원 역.『미국의 전쟁전략과 정책』. 서울: 국방대학원, 1993.

도널드 M. 스노우 · 데이스 M. 드류. 권영근 역.『미국은 왜 전쟁을 하는가: 전쟁과 정치
　　의 관계』. 서울: 연경문화사, 2003.

로렌스 손드하우스. 이내주 역.『전략문화와 세계 각국의 전쟁 수행 방식』. 서울: 육사
　　화랑대 연구소, 2007.

로저 버몬트. 육사 인문사회과학처 역.『미국의 씨이저 맥아더 원수』. 서울: 병학사, 1984.

리처드 C. 쏜턴. 권영근 · 권율 역.『강대국 국제정치와 한반도: 트루먼, 스탈린, 마오쩌
　　둥 그리고 6.25 전쟁의 기원』. 서울: 한국국방연구원, 2020.

문영일.『미국의 국가안보전략사상사』. 서울: 을지서적, 1999.

미국정치연구회 편.『미국 정부와 정치 2』. 서울: 오름출판, 2013.

박명림.『한국전쟁의 발발과 기원 1 · 2권』. 서울: 나남출판, 1996.

뱅상 데포르트. 최석영 역.『프랑스 장군이 바라본 미국의 전략문화』. 서울: 21세기 군사
　　연구소, 2013.

세미무어 마틴 립셋. 문지영 · 강정인 · 하상복 · 이지윤 역.『미국 예외주의: 미국에는
　　왜 사회주의 정당이 없는가』. 서울: 휴마니타스, 2006.

안병영.『현대 공산주의연구: 역사적 상황 · 이데올로기 · 체제변동』. 서울: 한길사, 1982.

양희용. "미국 전략문화의 관점에서 본 이라크 자유 작전."『국제관계연구』. 2019년 겨
　　울호 제24권 제2호(통권 제47호). 서울: 고려대학교 일민국제관계연구원, 2019.

윌리엄 맨체스터. 육사 인문사회과학처 역.『미국의 씨이저 맥아더 원수』. 서울:병학사, 1984.

윌리엄 스톡. 서은경 역.『한국전쟁과 미국외교정책』. 서울: 나남출판, 2005.

유재갑.『한국전쟁과 한 · 미관계의 성격: 전쟁의 원인, 과정, 결과에 비추어 본 양국관
　　계의 역사적 성격』. 서울: 경남대학교 극동문제연구소, 1987.

육군사관학교.『한국전쟁사』. 서울, 1992.

이미숙.『6 · 25전쟁기 미국의 한국군 증강정책과 그 특징』. 국방부 군사편찬연구소, 2008.

이삼성.『미국의 대한정책과 한국 민족주의』. 서울: 한길사, 1993.

이상호.『미국의 한국전쟁 개입과 태평양안보정책』. 한국미국사학회, 1999.

이수형 역.『미국 외교정책사』. 서울: 한울 아카데미, 1997.

이한흥.『독일군 장군 참모제도』. 서울: 화랑대연구소, 2004.

이호재.『한국외교정책의 이상과 현실: 이승만 외교와 미국(1945~1953)』. 서울: 법문사,
        1980.

정길현.『미국의 6·25 전쟁사: 왜 비긴 전쟁으로 마무리할 수밖에 없었을까?』. 서울:
        북코리아, 2015.

정의길.『지정학의 포로들』. 서울: 한겨레출판, 2018.

조용상.『한국전쟁: 미국과 UN의 역할』. 경북대학교 환태평양연구소, 1991.

존 J. 미어샤이머. 박인숙 역.『미국 외교의 비극』. 서울: 도서출판 늘함께, 1995.

주성완.『한국전쟁을 전후한 미국의 대한정책』. 평화문제연구소, 1990.

차상철.『해방 전후 미국의 한반도 정책』. 서울: 지식산업사, 1991.

차태서.『은폐된 혁명: 아메리카 예외주의 계보학적 분석』. 서울: 한국학술정보, 2007.

카를 폰 클라우제비츠. 류제승 역.『전쟁론』. 서울: 책세상, 2004.

팀 마셜. 김미선 역.『지리의 힘』. 서울: 사이, 2016.

하리마오.『38선도 6.25 전쟁도 미국의 작품이었다!』. 서울: 새로운 사람들, 1998.

하성우.『지략: 全勝을 꿈꾸다』. 서울: 플래닛 미디어, 2015.

한국 역사연구회 현대사분과.『역사학의 시선으로 읽는 한국전쟁』. 서울: 휴머니스트, 2010.

한표욱.『한미외교요람기』. 서울: 중앙일보사, 1984.

나. 논문

강택구.『美國 行政府의 韓國戰爭에 대한 認識硏究』. 경주사학회, 1989.

계용호. "미국의 세계주의 군사개입과 관여정책에 관한 연구." 경기대학교 정치전문대
        학원 박사학위 논문, 2017.

김계동. "미국의 대한반도 군사정책변화(1948-1950): 철수·불개입정책에서 한반도
        참전으로의 결정 과정."『군사』. (20), 1990, pp. 141-187.

_____. "한국전쟁과 유럽: 유럽 냉전과 영국 참전의 함의." 강성학 편.『유엔과 한국전
        쟁』. 서울: 리북, 2004.

김문경. "남북 전략문화 비교 연구: 1990-2020 방어우위신화 대 공격우위신화를 중심
        으로." 경기대학교 정치전문대학원 박사학위 논문, 2021.

김영준. "미국과 미군, 몰락하고 있는가?: 미국의 전쟁수행방식과 전쟁문화를 중심으로." 『전략연구』. 24(3), 2017, pp. 263-279.

김태현. "트럼프 시대 미국의 대중국 군사전략: '경쟁전략'과 '비용부과.'" 『국가전략』. 26(2), 2020, pp. 35-63.

남시욱. "딘 애치슨과 미국의 한반도 정책." 서울대학교 대학원 박사학위 논문, 2015.

남정욱. "미국의 국가안보체제 개편과 한국전쟁시 전쟁정책과 지도." 단국대학교 대학원 박사학위 논문, 2006.

민병원. "자유주의 국제질서의 위기와 롤즈의 정치적 자유주의: 불량국가 담론과의 연관성을 중심으로." 『한국정치연구』. 29.3 (2020), pp. 67-92.

박명서. "한국전쟁과 미국의 군사개입 요인 분석." 『안보논단』. 4권 0호, 2006, pp. 181-199.

박상군. "미국의 대한반도 정책 변화 고찰: 6·25전쟁을 중심으로." 한남대학교 행정정책대학원 석사학위 논문, 2006.

박영실. "한국전쟁기 미국 정부의 자국민 소개계획." 『미국사 연구』. 제52집, 2020, pp. 35-61.

박정이. "6·25 전쟁과 한국의 국가건설." 경기대학교 정치전문대학원 박사학위 논문, 2013.

박창희. "현대 중국의 전략문화와 전쟁수행방식." 『군사』. 제74호, 2010, pp. 245-280.

설인효. "군사혁신(RMA)의 전파와 미·중 군사혁신 경쟁." 『國際政治 論叢』. 52.3, 2012, pp. 141-169.

양영조. "한국전쟁 이전 미국의 한반도 군사정책, 포기인가, 고수인가." 『군사』. 431집, 2000, pp. 73-110.

오영달. "1950년 한국전쟁과 유엔의 역할." 『한국동양정치사상사연구』. 19(2), 2020, pp. 129-157.

_____. "유엔의 한국전 개입이 유엔체제에 미친 영향." 강성학 편. 『유엔과 한국전쟁』. 서울: 리북, 2004.

유진석. "핵 억지 형성기 최초의 전쟁으로서 6·25전쟁과 미국의 핵전략." 『한국과 국제정치』. 27(2), 2011, pp. 89-118.

이기봉. "한국전쟁의 발발원인에 관한 연구: 국내·외적 배경을 중심으로." 경희대학교 대학원 석사학위 논문, 1993.

이장희. "도쿄국제군사재판과 뉘른베르크 국제군사재판에 대한 국제법적 비교 연구." 『동북아 역사논총』. 제5호. 서울: 동북아역사재단, 2009.

이재훈. "한국전쟁의 원인에 관한 연구사적 검토." 서강대학교 교육대학원 석사학위 논문, 2001.

임성채. "미국의 6·25전쟁 전략이 한국해군력에 미친 영향 연구." 명지대학교 일반대학원 박사학위 논문, 2009.

임재동. "한국전쟁과 미국의 전쟁정책: 미국의 UN 정책과 UN에서의 한국문제 처리를 중심으로." 서울대학교 대학원 석사학위 논문, 1991.

정길현. "미국의 한국전쟁 수행 연구: 극동군사령부 전구작전을 중심으로." 북한대학원 대학교 박사학위 논문, 2014.

차태서. "예외주의의 종언? 트럼프 시대 미국패권의 타락한 영혼." 『국제·지역연구』. 28권 3호, 서울대학교 국제학연구소, 2019.

홍용표. "북한의 전략문화와 안보정책." 『통일연구원 연구총서』. 2000-34, 2000.

황병무. "중국의 전략문화와 군비증강의 의미." 『계간 사상』. 1993.

황일도. "북한의 전략문화와 군사행태: 핵무기 개발, 재래식 전력배치, 연평도 포격 사례를 중심으로." 연세대학교 대학원 박사학위 논문, 2013.

_____. "전략문화이론의 소개와 북한에 대한 적용: 최근 상황과 관련한 시사점." 『JPI 정책포럼』. No. 2013-6, 7, 8, 2013.

다. 기타 자료

미국의 영토확장 과정; http://www.etoland.co.kr/plugin/mobile/board.php?bo_table=etohumor&wr_id=1717909. (검색일: 2022년 9월 11일).

유엔 안보리 결의 84호; https://digitallibrary.un.org/record/112027(검색일: 2022년 11월 5일).

『조선일보』. 1949년 7월 16일 자.

"美의 대극동방위선은…." 『경향신문』. 1950년 1월 12일 자.

2. 외국 문헌

가. 단행본

Appleman, Roy E. *South to the Naktong, North to the Yalu (June-November 1950)*. OFFICE OF THE CHIEF OF MILITARY HISTORY (ARMY) WASHINGTON DC, 1960.

Black, Jeremy. *America as a Military Power: From the American Revolution to the Civil War*. Greenwood 2002.

Bonura, Michael A. *French Thought and the American Military Mind: A History of French Influence on the American Way of Warfare from 1814 Through 1941*. Florida State University Libraries, 2008.

Booth, Ken. and Russell B. Trood. eds. *Strategic Cultures in the Asia-Pacific Region*. New York: St. Martin's Press, 1999.

Borklund, Carl W., and Borklund, Karl W. *The Department of Defense. No. 11*. New York: FA Praeger, 1968.

Carvin, Stephanie and Williams, Michael J. *Law, Science, Liberalism, and the American Way of Warfare*. Cambridge University Press, 2014.

Clark, Wesley K. *Waging Modern War: Bosnia, Kosovo, and the Future of Combat*. New York: Public Affairs Press, 2002.

Condit, Doris M. *History of the Office of the Secretary of Defense, Vol. II, The Test of War, 1950~1953*, Washington, D.C.: Government Printing Office, 1988.

Condit, Kenneth W. *The History of the Joint Chiefs of Staff: The Joint Chiefs of Staff and National Policy, Volume II, 1947-1949*. Historical Division, Joint Secretariat, Joint Chiefs of Staff, 1976.

Cumings, Bruce. *The Origins of the Korean War: Liberation and the Emergence of Separate Regimes, 1945~1947*. Princeton, N. J.: Princeton Univ. Press, 1981.

Department of Defense. *The 2022 National Defense Strategy of the United States of*

America. Washington United States, 2022.

Deudney, Daniel. *Bounding Power: Republican Security Theory from the Polis to the Global Village*. Princeton: Princeton University Press, 2007.

Divine, Robert A. *Perpetual War for Perpetual Peace*. College Station: Texas A & M University Press, 2000.

Geertz, Clifford. *The Interpretation of Cultures*. New York: Basic Books, 1973.

Goodrich, Leland M. and Simons, Anne P. *The United Nations and the Maintenance of International Peace and Security*. Washington, D.C.: The Brookings Institution, 1957.

Gormly, James L. *From Potsdam to the Cold War: Big Three Diplomacy, 1945~1947*. Wilmington: A Scholarly resources Inc., 1990.

Hartmann, Frederick H., and Robert L. Wendzel. *Defending America's security*. Potomac Books Incorporated, 1990.

Hartz, Louis. *The Liberal Tradition in America: An Interpretation of American Political Thought since the Revolution*. New York: Harcourt, Brace and Company, 1955.

Herken, Gregg. *The Winning Weapon: The Atomic Bomb in the Cold War, 1945- 1950*. Vol. 926. Princeton University Press, 2014.

Hewlett, Richard G., and Francis Duncan. *Atomic Shield, 1947/1952*. Vol. 2. University Park, PA: Pennsylvania State University Press, 1969.

Jacobson, Mark R. *Minds then hearts: United States political and psychological warfare during the Korean War*. The Ohio State University, 2005.

Johnson, Jeannie L. *Strategic Culture: Refining the Theoretical Construct*. McLean, VA: SAIC, 2006.

Johnston, Alastair. I. *Cultural Realism: Strategic Culture and Grand Strategy in Chinese History*. New Jersey: Princeton University Press, 1998a.

Kahn, Herman. *The Nature and Feasibility of War and Deterrence*. Santa Monica, CA: Rand Corporation, 1960.

Kennan, George F. *Memoirs, 1925~1950*. New York: Panthon Books, 1967.

Larson, Eric V. *Force Planning Scenarios, 1945~2016: Their Origins and Use in Defense Strategic Planning*. RAND Cooperation, 2019.

LeRoy, Klingberg F. *Cyclinic Trends in American Foreign Policy Moods: The Unfolding of America's World Role*. Lanham, MD: University Press of America, 1983.

Lie, Trygve. *In the Cause of Peace: Seven Years with the United Nations*. New York: The Macmillan Company, 1954.

Longhurst, Kerry. *Germany and the Use of Force*. Manchester: Manchester University Press, 2004.

Matloff, Maurice. *American Military History*. Washington, D.C.: Government Printing Office, 1973.

Mattray, James I. *Historical Dictionary od the Korean War*, Westport, CT: Greenwood Press, 1991.

Oliver, Robert. *Syngman Rhee: The Man behind the Myth*. New York: Dodd Mead & Co., 1960.

Paige, Glenn D. *The Korean Decision: June 24-30, 1950*. Northwestern University, 1959.

Ridgway, Matthew B. *The Korean War*. Garden city, New York: Doubleday and comp., 1967.

Sawyer, Robert. *Military Advisors in Korea: KMAG in Peace and War*. Washington, D.C.: Office of the Chief Military History Department the Army, 1962.

Schaller, Michael. *Douglas MacArthur: The Far Eastern General*. New York: Oxford University Press, 1989.

Schelling, Thomas. *Arms and Influence: With a New Preface and Afterward*. New Haven: Yale University Press, 2008.

Schnabel, James F. *Policy and Direction: The first year*. Vol. 3. Office of the Chief of

Military History, United States Army, 1972.

Schnabel, James F. and Watson, Robert. *The History of the Joint Chiefs of Staff: The Joint Chiefs of Staff and National Policy, Vol. III -The Korean War*. Washington, D.C.: The Joint Chiefs of Staff, 1978.

Snyder, Jack L. *The Soviet Strategic Culture. Implications for Limited Nuclear Operations*. Rand Corp Santa Monica Calif, 1977.

Stueck, William. *Rethinking the Korean War: A New Diplomatic and Strategic History*. Princeton University Press, 2002.

Tocqueville, Alexis de. *Democracy in America: An Annotated Text Backgrounds Interpretations*. New York: W.W. Norton & Company, 2007.

Trofimenko, Genrikh Aleksandrovich. *The US Military Doctrine*. Progress Publishers, 1986.

Truman, Harry S. *Memoirs by Harry S. Truman, Vol. 2. Years of trial and hope*. Garden City, N.Y.: Doubleday & Company, 1956.

Weigley, Russell F. *The American way of war: A history of United States military strategy and policy*. Indiana University Press, 1977.

Wylie, J. C. *Military Strategy: A General Theory of Power Control*. New Brunswick, NJ: Rutgers University Press, 1967.

Young, Charles S. *Name, rank, and serial number: Korean War POWs and the politics of limited war*. Rutgers The State University of New Jersey-New Brunswick, 2003.

나. 논문

Barnet, Richard J. "The Misconceptions of the Truman Doctrine. in Thomas G. Paterson, 2nd ed." *The Origins of the Cold War*. Lexington: Heath and Company, 1974.

Bartel, Ronald F. "Attitudes toward limited war: An Analysis of elite and public opinion during the Korean conflict." Ph. D. dissertation. University of Illinois, 1970.

Bernstein, Barton J. "Truman's Secret Thoughts on Ending the Korean War." *Foreign Service Journal* 57: 31-33, 44. November 1980.

Booth, Ken. "The Concept of Strategic Culture Affirmed." *Strategic Power: USA/ USSR*, edited by Jacobsen, Carl G. London: Macmillan, 1990.

Cha, Taesuh. "The Formation of American Exceptional Identities: A Three-Tier Model of the 'standard of Civilization' in US Foreign Policy." *European Journal of International Relations*, 2015.

Churchill, Winston S. "The Sinews of Peace." *Vital Speeches of the Day*, Vol. 12, 1946.

Dingman, Roger. "Strategic Planning and the Policy Process: American Plans for War in East Asia, 1945~1950." *Naval War College Review* 32. November~December, 1979.

Gelb, Leslie H. and Kuzmack, Arnold M. "General Purpose Forces. in Henry Owen, ed." *The Next Phase in Foreign Policy*. Washington, D.C.: Brookings Institution Press, 1973.

Gray, Colin S. "National Style in Strategy: The American Example." *International Security*, Vol. 6, No. 2, 1981.

_____. "Comparative Strategic Culture." *Parameters* 14, No. 4, 1984.

_____. "Strategic culture as context: the first generation of theory strikes back." *Review of international studies*. 25.1, 1999, pp. 49-69.

Haass, Richard N. "Five Not-So-Easy Pieces." *Brookings Review* 18.2: 38-38, 2000.

Harris, Brice F. "United States strategic culture and Asia-Pacific security." *Contemporary Security Policy*. 35.2, 2014, pp. 290-309.

Howlett, Darryl. "Strategic Culture: Reviewing Recent Literature." *Strategic Insights* 4, No. 10, 2005.

Johnston, Alastair I. "Thinking about Strategic Culture." *International Security*, Vol. 19, No. 4: 37-39, Spring 1995.

_____. "Strategic cultures revisited: reply to Colin Gray." *Review of International*

Studies, Vol. 25, No. 3, 1999.

Jones, David R. "Soviet Strategic Culture." *Strategic power: USA/USSR*. ed. by Carl G. Jacobsen. London: Palgrave Macmillan, 1990.

Joseph, Robert Gregory. "Commitments and Capabilities: United States Foreign and defense policy coordination, 1945 to the Korean War." Ph. D. dissertation, Columbia University, 1978.

Kennan, George F. "American Diplomacy, 1900-1950." *Ethics* 62.3 (1952).

Kenneth, Flint Roy. "The Tragic Flaw: MacArthur, The Joint Chiefs, and the Korean War." Ph. D. dissertation, Duke University, 1976.

Kier, Elizabeth. "Culture and Military Doctrine: France between the Wars." *International Security, Vol. 19, No. 4*, 1995.

Kim, Chull Baum. "9 The Korean Scholars on the Korean War." *The Korean War: Handbook of the Literature and Research* (1996): 157.

Kissinger, Henry A. and Gordon Dean. *Nuclear weapons and foreign policy*. Routledge, 2019.

Klein, Bradley S. "Hegemony and Strategic Culture: American Power Projection and Alliance Defence Politics." *Review of International Studies, Vol. 14, No. 2*, 1988.

Lantis, Jeffrey S. "Strategic culture: From Clausewitz to constructivism." *Strategic Culture and Weapons of Mass Destruction, 33-52*. Palgrave Macmillan, NY, 2009.

_____. "Strategic Culture and National Security Policy." *International Studies Review 4, No. 3*, 2002.

Legro, Jeffrey W. "Military Culture and Inadvertent Escalation in World War Ⅱ." *International Security, 18-4*, 1994.

Lord, Carnes. "American strategic culture." *Comparative Strategy*. 5:3, 269-293, 1985.

Mahnken, Thomas G. "US strategic and organizational subcultures", in Jennie L. Johnson, Kerry M. Kartchner, Jeffrey A. Larsen (eds.), *Strategic Culture and Weapons of Mass Destruction*. New York: Palgrave Macmillan, 2009.

Matray, James I. "the Korean war 101 causes course and conclusion of the conflict." *Education about ASIA, Vol 17:3*. Winter 2012, pp. 23-28.

McCrisken, Trevor B. "Exceptionalism." in Alexander Deconde, Richard Dean Burns, Fredrik Logevall, and Louise B. Ketz ed. *Encyclopedia of American Foreign Policy 2nd ed., Vol. 2*. New York: Scribner, 2002.

O'Reilly, K. P. "A Rogue Doctrine?: The Role of Strategic Culture on US Foreign Policy Behavior." *Foreign Policy Analysis*. 9(1), 2013, pp. 57-77.

Sanders, Jerry W. "Peddlers of Crisis: The Committee on the President danger and the Legitimation of Containment Militarism in the Korean War and Post-Vietnam Periods." Ph. D. dissertation, University of California, 1980.

Snyder, Jack L. "The Concept of Strategic Culture: Caveat Emptor." *Strategic Power: USA/USSR*. Carl G. Jacobsen ed. London: Macmillan, 1990.

Twedt, Michael S. "The War Rhetoric of Harry S. Truman during the Korean Conflict." Ph. D. dissertation, University of Kansas, 1969.

다. 공식 자료

National Archives.

Record Group 59. General Records of the Department of State Decimal Files.

740.00119 (Control) Korea Category. 1945~1949.

795.00 Category. 1950.

Record Group 218. Records of the U.S. Joint Chiefs of Staff.

CCS 383.21 Korea (3-19-45).

Record Group 273. Records of the National Security Council.

Record Group 319. Records of the Army Staff.

Plans & Operations 091 Korea.

Plans & Operations 091 Korea TS.

Plans & Operations 092 TS.

Army G-4, Decimal 1949~1950, Box 59.

Record Group 338, Ear East Command.

CINCFE to CG Eighth Army. 7 December 1950.

CINCCUNC to CG Eighth Army. 8 December 1950.

CINCFE to Department of Army. 5 April 1951.

CINCFE to CG Eigth Army. 19 April 1951.

DOCUMENTS OF THE NATIONAL SECURITY COUNCIL: KOREA I (1948~1950).

DOCUMENTS OF THE NATIONAL SECURITY COUNCIL: KOREA II (1951~1954).

DOCUMENTS OF THE NATIONAL SECURITY COUNCIL: CHINA & JAPAN(1948~1954).

EUSAK. Command Report. 1950. 8. ~1953. 7.

EUSAK. Office of the Commanding General. General Orders No. 1 (1950.7.13.).

FECCOM. Staff Study OPERATION "GUNPOWDER" (1949.4.12.).

GHQ. UNC. Operation Order No. 1(1950. 8. 30.).

GHQ. UNC. Operation Order No. 2(1950. 10. 2.).

JCS to MacArthur. 29 December 1950.

JCS to CINCFE. 9 October 1950.

JCS to Secretary of Defense. 18 May 1951.

JCS to Secretary of Defense. 27 March 1953.

MacArthur to JCS. 7 July 1950.

Memorandum of JCS for Secretary of Defense. 9 November 1950.

Office of the Secretary of Defense Historical Office. *The Department of Defense: Documents on Establishment and Organization* 1944~1978. Washington D.C.: 1978.

Policy Planning Staff Paper on United States Policy Toward Southeast Asia, 1949. 3. 28.

SWNCC 76. 77. 78. 79(1945.3.19.). SWNCC 101, 1945. 4. 7.

SWNCC 21(945.8.11). SWNCC. SWNCC. 176/30, 1947. 8. 4.

SANACC. 176/35(1948.1.14.). SANACC. SANACC 176/37(1948.1.29.). 176/39,

1948. 3. 22.

UNC/FEC. Command Report. 1950.7.~1953.7. RG 338. NA.

UNC/FEC. Intelligence Digest & Command Report. 1950.7.~1953.7. RG 338. NA.

U. S. The Constitution of the United States. 1787. 9. 17.

U. S. Department of Commerce. *The Historical Statistics of the United States From the Colonial Times to 1957*. Bureau of the Census. Washington. D.C.: Government Printing Office. 1960.

U. S. Department of State. *Foreign Relations of United States*. 1946. Vol. 8. The Far East. Washington D.C.: Government Printing Office. 1969.

_____. *Foreign Relations of United States*. 1947. Vol. VI. The Far East. 1973.

_____. *Foreign Relations of United States*. 1948. Vol. VII. The Far East and Australia. 1976.

_____. *Foreign Relations of United States*. 1950. Vol. VII. Korea. 1976.

_____. *Foreign Relations of United States*. 1951. Vol. VII. Korea and China. 1983.

_____. *Foreign Relations of United States*. 1952~54. Vol. XV. Korea. 1984.

JCS 1483/47(1947.11.24.), JCS 1483/49(1948.1.15.), JCS 1483/58(1948.11.22.), JCS 1483/60 (1949.2.1.), JCS 1483/72(1949.7.21.), JCS 1641/4 (1946.4.6.), JCS 1641/5(1946.4.11.), JCS 1769/1(1947.4.29.), JCS 1776/3(1949.6.13.), JCS 1776/4(1949.6.20.), JCS 1776/6(1950.6.29.), JCS 1776/8(1950.6.29.), JCS 1776 /9(1950.6.30.), JCS 1776/10(1950.7.1.), JCS 1776/16 (1950.7.3.), JCS 1776/20(1950.7.6.), JCS 1726/5 (1950.7.9.), JCS 1776/27 (1950.7.10.), JCS 1776/39(1950.7.18.), JCS 1776/41(1950.7.19.), JCS 1776/54 (1950.7.24.), JCS 1776/61 (1950.7.28.), JCS 1776/62(1950.7.29.), JCS 1776/70(1950.8.5.), JCS 1776/76 (1950.8.16.), JCS 1776/78(1950.8.21.), JCS 1776/96(1950.9.4.), JCS 1776/102(1950.9.13.)

U. S. National Security Council, NSC-8(1948.4.2.); NSC-8/1(1949.3.16.); NSC-8/2(1949.3.22.); NSC-48(1949.6.10.); NSC-48/1(1949.12.23.); NSC-48/2(1949.12.30.); NSC-48/3(1951.4.26.); NSC-48/4(1951.5.4.); NSC-

48/5(1951.5.17.); NSC-68(1950.4.14.); NSC-68/1(1950.9.21.); NSC-68/2(1950.9.30.); NSC-68/3(1950.12.8.); NSC-68/4(1950.12.14.); NSC-80(1950.9.1.); NSC-81(1950.9.1.); NSC-81/1(1950.9.9.)

라. 기타 자료

Department of State Bulletin, XXII, No. 551 (January 23, 1950).

"Eisenhower Scores Acheson 'Mistake'", New York Times, 1952. 9. 23.

"Four Areas Listed⋯", New York Times, 1950. 1. 13.

Hearing before the Committee on Foreign Affairs, House of Representatives, 81st Congress, 1st Session, on H. R. 5330: A Bill to Promote World Peace and the General Welfare in Department of State, National Interest, and Foreign Policy of the United States by Foreign Aid to the Republic of Korea(Washington D.C.: Government Printing Office, 1949).

President Truman refuses to rule out atomic weapons; https://www.history.com/this-day-in-history/truman-refuses-to-rule-out-atomic-weapons.(검색 일자: 2020년 5월 3일).

Remarks by President Trump at the 2020 United States Military Academy at West Point Graduation Ceremony(2020. 6. 13.); https://www.whitehouse.gov/briefings-tatements/remarks-president-trump-2020-united-states-military-academy-west-point-graduation-ceremony/(검색 일자: 2022년 9월 10일).

U.S. Embassy & Consulates in the United Kingdom, Policy & History: https://uk.usembassy.gov/our-relationship/policy-history/(검색 일자: 2022년 9월 11일).

William S. White, "Korea Aid Program Draws GOP Attack", New York Times, 1949. 6. 9.

_____. "$150,000 Aid to South Korea Gets Backing of House Committee", New York Times, 1949. 6. 25.

미국의 전략문화와 한반도 개입정책

초판인쇄 2024년 01월 08일
초판발행 2024년 01월 08일

지은이 하성우
펴낸이 채종준
펴낸곳 한국학술정보(주)
주 소 경기도 파주시 회동길 230(문발동)
전 화 031-908-3181(대표)
팩 스 031-908-3189
홈페이지 http://ebook.kstudy.com
E-mail 출판사업부 publish@kstudy.com
등 록 제일산-115호(2000. 6. 19)

ISBN 979-11-6983-895-5 93340